Effectual Entrepreneurship
2nd Edition

卓有成效的
创业

（原书第2版）

［美］ 斯图尔特·瑞德（Stuart Read） 萨阿斯·萨阿斯瓦斯（Saras Sarasvathy） 著
尼克·德鲁（Nick Dew） 罗伯特·维特班克（Robert Wiltbank）

李华晶 赵向阳 等译

图书在版编目（CIP）数据

卓有成效的创业（原书第 2 版）/（美）斯图尔特·瑞德（Stuart Read）等著；李华晶等译 . —北京：机械工业出版社，2020.9（2023.4 重印）

书名原文：Effectual Entrepreneurship

ISBN 978-7-111-66417-8

I. 卓… II. ① 斯… ② 李… III. 企业管理 IV. F272

中国版本图书馆 CIP 数据核字（2020）第 165594 号

北京市版权局著作权合同登记　图字：01-2020-1962 号。

Stuart Read, Saras Sarasvathy, Nick Dew, Robert Wiltbank. Effectual Entrepreneurship, 2nd Edition.

ISBN 978-1-138-92378-2

Copyright © 2017 by Stuart Read, Saras Sarasvathy, Nick Dew and Robert Wiltbank.

Authorized translation from English language edition published by Routledge, part of Taylor & Francis Group LLC. All rights reserved.

Simplified Chinese Edition Copyright © 2020 by China Machine Press.

China Machine Press is authorized to publish and distribute exclusively the Chinese (Simplified Characters) language edition. This edition is authorized for sale in the Chinese mainland (excluding Hong Kong SAR, Macao SAR and Taiwan).

No part of the publication may be reproduced or distributed by any means, or stored in a database or retrieval system, without the prior written permission of the publisher.

Copies of this book sold without a Taylor & Francis sticker on the back cover are unauthorized and illegal.

本书原版由 Taylor & Francis 出版集团旗下 Routledge 出版公司出版，并经其授权翻译出版。版权所有，侵权必究。

本书中文简体翻译版授权由机械工业出版社独家出版，仅限在中国大陆地区（不包括香港、澳门特别行政区及台湾地区）销售。未经出版者书面许可，不得以任何方式复制或发行本书的任何部分。

本书封底贴有 Taylor & Francis 公司防伪标签，无标签者不得销售。

卓有成效的创业（原书第 2 版）

出版发行：机械工业出版社（北京市西城区百万庄大街 22 号　邮政编码：100037）	
责任编辑：邵淑君	责任校对：李秋荣
印　　刷：固安县铭成印刷有限公司	版　　次：2023 年 4 月第 1 版第 2 次印刷
开　　本：170mm×230mm　1/16	印　　张：26.75
书　　号：ISBN 978-7-111-66417-8	定　　价：79.00 元

客服电话：(010) 88361066　68326294

版权所有·侵权必究
封底无防伪标均为盗版

CONTENTS / 目录

推荐序一 萨阿斯·萨阿斯瓦斯、效果逻辑与不确定性
推荐序二 创业的极简路径与方法
前　　言 创业的逻辑
如何使用本书

第一部分　我们对创业者和创业精神知多少

第1章　路线图、神话和巴哈马群岛 / 2
有着神秘色彩的创业者 / 3
神秘故事之旅 / 3
大众创业者 / 4
结语：一切尽在你的掌握中 / 12

第2章　好点子遍地都是 / 14
好点子多得很 / 17
"从点子到企业"的转化公式 / 22
结语：人人都能想出好点子 / 24

第3章　大多数创业只需很少的启动资金 / 27
当9 000万美元不够的时候 / 27

事实上，5 000 美元已经足够了 / 28

资金匹配 / 29

资金匹配：会计人员和创业者 / 32

创意资本 / 33

创意资本和投入资本 / 33

自我滚动式融资的益处 / 37

结语：一无所有同样是件好事 / 39

第 4 章 失败没什么，成长要快速 / 41

成功 ≠ 成功 / 42

成功 ≠ 金钱 / 47

失败的企业 ≠ 失败的个人 / 49

失败 = 学习 / 53

激情 / 57

结语：失败只意味着开始，并不意味着结束 / 59

第 5 章 创业并非都要纵身一跃 / 63

四个故事，四种行动 / 66

解析创业决策 / 71

结语：行动胜于分析 / 74

第二部分 创业专家如何思考

第 6 章 预测、风险和不确定性 / 78

生产要素 / 79

第四大生产要素：创业者 / 79

一个充满不确定性的瓶子 / 81

预测、风险和不确定性 / 82

创业者应对的是不确定性，而非风险 / 94

第 7 章　机会被创造也被发现　/ 97

　　机会从何而来　/ 98

　　机会的创造与发现　/ 98

　　机会是被发现的　/ 98

　　机会是被创造出来的　/ 103

　　效果逻辑的首要前提　/ 106

　　创造属于你自己的机会　/ 107

　　结语：一切都由你决定　/ 108

第 8 章　通过控制管理不确定性　/ 110

　　为何控制　/ 111

　　预测、风险、不确定性和控制　/ 112

　　创业者的选择　/ 115

　　随时间变化　/ 116

　　何为可控　/ 116

　　控制和企业的成功　/ 117

　　在行动中控制：减肥诊所　/ 119

　　控制如何奏效：你和你的利益相关者　/ 122

　　感知控制　/ 124

　　控制投入和控制结果　/ 124

　　结语：控制一切可控之物　/ 126

第 9 章　创业专家的效果逻辑　/ 129

　　原则 1：从你掌握的资源出发　/ 131

　　原则 2：设置可承受损失　/ 133

　　原则 3：利用偶然性　/ 136

　　原则 4：建立合作关系　/ 138

　　基于现实的原则　/ 141

　　结语：换个角度看世界　/ 145

第三部分　创业的基本要素：行动中的效果逻辑

第 10 章　手中鸟原则：从你掌握的资源出发　/ 150
"从你掌握的资源出发"的含义　/ 151
我是谁：无与伦比的竞争优势　/ 155
我知道什么：创业中的学习　/ 157
我认识谁：六度分离原则　/ 159
如何应用　/ 160
规划你的个人资源　/ 163
你未曾意识到的闲置资源　/ 163
结语：现在就开始行动　/ 166

第 11 章　转化资源，创造价值　/ 168
创业实验　/ 171
一个很大的不同：转化的类型　/ 172
持续进行的转化　/ 180
结语：承诺将想法转化成好创意　/ 182

第 12 章　可承受损失原则：低风险，小失败　/ 184
选择最佳商机　/ 185
确定可承受损失：参考指南　/ 193
结语：低风险创业　/ 199

第 13 章　使用冗余资源进行自我滚动式融资　/ 201
图示：史黛西的皮塔薯片　/ 203
选择融资方法　/ 209
结语：保持控制——付出最少，成效最大　/ 210

第 14 章　疯狂的被子原则：建立合作关系　/ 211
碎布缝被子与拼图游戏　/ 212
效果合作关系如何产生　/ 214

　　　　双向说服　/ 217

　　　　通过合作关系创造市场　/ 219

　　　　结语：买进强于卖出　/ 221

　第 15 章　请求潜在合作伙伴做出承诺　/ 223

　　　　请求不是销售　/ 226

　　　　关于请求的层次结构　/ 232

　　　　请求的障碍　/ 233

　　　　成为一个专业的请求者　/ 235

　　　　结语：关乎建立，而非得到　/ 236

　第 16 章　柠檬水原则：利用偶然性　/ 239

　　　　理解不同种类的偶然事件　/ 243

　　　　如何利用偶然事件　/ 246

　　　　让偶然事件听你指挥　/ 254

　　　　结语：对自己能够有所作为充满自信　/ 255

　第 17 章　汇总：效果逻辑过程　/ 257

　　　　效果逻辑过程　/ 258

　　　　效果逻辑过程中的迭代　/ 259

　　　　行动中的效果逻辑：冰人降临　/ 259

　　　　结语：承诺的重要性　/ 262

第四部分　正在创业的我，能走多远

　第 18 章　所有权、股份与控制权：管理股东　/ 266

　　　　所有权能带来什么　/ 267

　　　　何时以及如何利用股份　/ 268

　　　　没有所有权的控制和没有控制的所有权　/ 270

　　　　所有权的目的　/ 272

　　　　建立公平的合作伙伴关系　/ 273

将企业估值转换成控制权 / 277

投资协议：一切皆可谈判 / 283

从投资者的视角看天使投资人 / 284

结语：优秀的合作伙伴关系缔造优秀的企业 / 285

附录18A / 287

第19章 商业计划和商业模式 / 291

商业计划在创建企业的效果逻辑过程中扮演什么角色 / 292

商业计划的内容 / 292

管理风险 / 294

管理瓶颈 / 296

商业计划与模式 / 298

管理预测 / 305

承诺升级 / 306

结语：不管是否计划，最主要的是采取行动 / 313

第20章 企业发展壮大：创造创业文化 / 315

预测的力量 / 317

组织结构的力量 / 322

结语：新的视角 / 334

第五部分 效果逻辑的应用

第21章 品牌作为企业身份：营销你自己 / 338

你就是企业身份，企业身份就是你 / 341

企业身份由许多小的行动确立 / 343

始终如一 / 343

超越标志 / 343

堂吉诃德：运用企业身份 / 344

实例：杜卡迪的全球形象 / 349

企业身份行动计划 / 350

结语：企业身份就是你每天创造的事情 / 352

第22章 技术 / 354

作为工具的技术 / 355

作为结果的技术 / 361

结语：作为技术的效果逻辑 / 368

第23章 创业作为社会变革的工具 / 370

将社会变革与利润相结合 / 375

创业方法 / 376

既然能投资，为何要捐赠 / 380

既然创业者能创造市场，何不为人类希望开拓一片
市场 / 381

为人类希望开拓市场的例子 / 382

结语：做该做之事，做能做之事 / 383

结束语 / 385

创业故事总览 / 387

参考文献 / 391

译者后记 / 398

推荐序一 / FOREWORD

萨阿斯·萨阿斯瓦斯、效果逻辑与不确定性

2014年，北京师范大学赵向阳博士带领团队将斯图尔特·瑞德、萨阿斯·萨阿斯瓦斯等人撰写的 *Effectual Entrepreneurship* 首版译成中文出版，希望我为此书作序，我欣然接受任务，以《创业研究领域基础性的重大理论进展》为题分享了我对效果逻辑（effectuation）理论的理解。

我应该在2008年以前就接触到效果逻辑方面的文献，当时明显感到这是一个能够准确刻画创业活动本质的理论，和源于工业社会的管理理论有本质的不同，特别有助于我们克服研究与教学工作中不能很好地突出创业活动本质的不足。

萨阿斯教授提炼的效果逻辑理论的基本原则，刻画的创业行动逻辑，这些内容被广泛接受，成为创业研究特别是创业教育和精益创业实践的理论依据。百森商学院前任院长伦纳德·施莱辛格这样评价效果逻辑理论："创业是我们所拥有的、创造经济与社会价值最有力的工具，这本书注定会被认为是所有创业教育者一直等待的秘密武器！对所有渴望创造和寻找机会的人来说，这是一本不可多得的操作指南。"他撰写的《创业：

行动胜于一切》就是效果逻辑理论的通俗版本。精益创业所倡导的试错和快速迭代、最小可行产品（MVP）验证等思想与方法在实践中普遍应用，本书译者之一赵向阳博士认为《卓有成效的创业》是精益创业的理论版，我非常赞同。

今年，《卓有成效的创业》（原书第2版）由机械工业出版社出版，主要由赵向阳与北京林业大学李华晶教授翻译，邀请我继续写序，我很高兴。我一直很喜欢效果逻辑理论，这些年在教学工作中不断地应用，对此也有一些新的理解和认识。

在介绍新的理解和认识之前，我们先来看看萨阿斯·萨阿斯瓦斯是谁。了解理论提出者对理解理论来说很有帮助，创业者是所创企业的灵魂，理论也一样。100多年前的科学管理理论，如果没有泰勒也许照样会产生，因为那时已有工厂制的管理经验积累，以及提高生产效率的社会客观需求，但没有泰勒的科学管理理论可能是另一个样子。熟悉效果逻辑理论的朋友应该都知道，萨阿斯师从诺贝尔经济学奖得主、决策学派代表人物赫伯特·西蒙教授，她是印裔美国人，现任教于弗吉尼亚大学达顿商学院。萨阿斯的研究成果与决策理论联系紧密。

我第一次和萨阿斯见面是2013年在澳大利亚的布里斯班。当时，澳大利亚科技大学Per Davidssion教授组织年度创业研究国际会议，萨阿斯应邀到场做主旨演讲。当面邀请萨阿斯来中国讲学是我和田莉当年前往澳大利亚参会的一个主要目的，萨阿斯了解我们的目的后也颇为感动。一年后，萨阿斯第一次来到中国，就在南开大学住了一个月，给博士生授课，面向高校教师举办了两天的公开课。其间，我们讨论了一些研究方案，2015年联合申报了国家自然科学基金重点项目。我的博士研究生张广琦到弗吉尼亚大学学习一年，萨阿斯给予了很多指导，还把在美国收集的数据给了张广琦；2016年，我们在国内做了同样的调查，开展中美两国创业者的比较分析。

萨阿斯擅长开展实验研究，效果逻辑理论也主要依据对成功创业者所做的实验和访谈。据说，她经常通过公开课收集数据。在南开大学期间，我们请她做了一场带有示范性质的实验研究，她让我们组织60位MBA学员。我有些为难，因为学校不允许老师利用授课机会让MBA学员填写问卷，但从社会上找60位创业者更不容易。我只好实话实说，对MBA学员说要进行一场实验，请大家帮忙，自愿参加。结果，实验顺利进行。萨阿斯的做法是她讲一段学员们做一段，将近3个小时的课程，萨阿斯收集了数据，MBA学员们反映这是他们上过的最好的课程之一。这件事给我留下了深刻的印象。

萨阿斯在学术社区建设方面也做了很多工作，她发起建设的公益网站（www.effectuation.org）汇聚了一批学者，及时分享研究进展、研究方法和教学资料。萨阿斯不只是在研究创业者，揭示创业行动逻辑，提炼具有普适性的原则，围绕原则应用不断开发工具性理论，还在用创业逻辑开展创业研究和教育工作，如建立合作关系、行动至上、坚持非预测性控制等。疫情期间，她积极地开展线上合作，将合作网络向更大的范围拓展。

2014年9月，李克强总理在天津夏季达沃斯论坛开幕式讲话中提出鼓励和支持大众创业、草根创业，"大众创业、万众创新"很快成为国家战略并在全国实施。各级政府出台了一系列政策，各地涌现了大量以众创空间为代表的创业服务孵化机构，创新创业教育在高校中全面铺开，创业者群体大众化，新注册企业数量大幅度增加，政策和数字技术应用、全球化等多因素合力推动了新的创新创业大潮。

在教育界，创业师资培训、创业教育研讨因需求的拉动而活跃，创业思维成为最重要的主题，效果逻辑的思想和原则成为创业思维与认知训练的基本理论依据。百森商学院海迪·内克教授开发的拼图和做被子游戏，让大家在游戏中体验创造思维和管理思维的明显不同，告诉大家创业思维就是要融合创造思维和管理思维，这在《如何教创业：基于实践的百森教学法》⊖一书中有详细的介绍。这个游戏直接来源于效果逻辑

⊖ 本书已由机械工业出版社出版。

中的疯狂的被子原则。拼图和做被子游戏训练有助于我们理解创业的独特性，在中国也被广泛地使用，在使用过程中还不断开发出了很多新的教学游戏形式，但理论依据没变，还是效果逻辑理论。

与此同时，创业情境（entrepreneurial context）越来越被重视。与"环境""背景"等词语相比，"情境"更加强调主客观因素的互动，更加强调环境、组织与人的交互影响以及这种影响随时间变化的历史动态性，更加微观和直接。我们能感受到创业行动及其逻辑的独特性，那么，行为的独特性来自哪里？是创业者与众不同吗？是思维不一样吗？情境发挥着更加基础和重要的作用。从众创空间、创业竞赛、车库咖啡、创业学院、创业平台到创业生态系统，形式多样的创业服务是否有利于"大众创业、万众创新"，关键在于这些服务是否营造出了有利于创新创业的情境。围绕情境，效果逻辑理论在应用转化方面能做得更好，应用范围也更广。

效果逻辑理论不仅诠释创业是一门科学，它更是应对不确定性的方法论和工具性理论，其中的可承受损失、利用偶然性、从你掌握的资源出发等原则，都和不确定性高度相关，这也是我喜欢效果逻辑理论的最主要原因。在多年的创业研究和教学中，我们团队逐渐形成了把创业理解为一种机制的认识，创业是资源高度约束、不确定性强前提下的假设验证性、试错性、创新性的快速行动机制。我们鼓励挑战自我和自我超越，鼓励运用创业精神和技能开展目前的工作，强调创业是开创新事业而不局限于创办新企业。这些观点的形成受效果逻辑理论的影响很大。

萨阿斯在南开大学讲学期间，我们多次讨论不确定性问题，面对不确定性，她愿意用experience这个词，中文意思是经历、体验等，很中性。每次说到这件事，我都会想起吴晓波在《腾讯传》中的一句话："德鲁克将企业管理视为艺术而非科学，其潜台词是对不确定性的警告和尊重。"尽管多数人不喜欢，但不确定性就是普遍客观存在的，席卷全球的新冠肺炎疫情更加深了人们对不确定性的理解和感受。刻画环境的词汇越来越丰富，灰犀牛、黑天鹅、大变局、混沌……，但最核心的还是不确定性。不确定性与创业高度相关,创业精神和技能有助于创业者应对不确定性;运用好效果逻辑理论中的一系列原则,有助于创业者更好地应对不确定性。

近年来,社会上发生了一系列的重大变化。大企业创业的主动性显著提高,较克服"大企业病"、官僚化的被动创业更具颠覆性。社会创业、社会企业越来越活跃。创业从城市向农业、农村、农民"三农"领域拓展,成为乡村振兴的重要抓手。在高校中,创业教育在与专业教育融合。创业作为一种机制在快速地向社会各个领域渗透。这些都源于创业的独特性,没有独特性何来渗透融合?正是效果逻辑理论刻画了创业独特性、揭示了创业本质。即使你不研究创业、不从事创业,也可以看这本书,并有所收获。严格地说,我们无法与创业隔离。

本书中文版取名《卓有成效的创业》,赵向阳博士说:"希望这本书能像德鲁克先生《卓有成效的管理者》(*The Effective Executive*)那样成为经典名著。"效果逻辑提出不久,赵向阳博士就很关注,我很认可他对效果逻辑理论的理解和把握,以及他对效果逻辑和精益创业的比较分析,由他翻译此书,靠谱。北京林业大学李华晶教授加入了新版的翻译,翻译力量进一步增强。赵向阳是我的好朋友,李华晶是我当年指导的博士生,毕业后一直从事创新创业研究和教学工作,严谨踏实。我相信他们不仅是翻译,还会解读,结合中国的实践开发工具性理论。

萨阿斯近期将会和中国的读者进行交流,我也愿意参与其中,不仅仅是写序。我们热切期待阅读这一版《卓有成效的创业》。

张玉利

南开大学创业研究中心创始主任

FOREWORD / **推荐序二**

创业的极简路径与方法

《卓有成效的创业》这本书的书名开宗明义——卓有成效！这对失败率 90% 以上的创业而言弥足珍贵。

与大多数讲道理或讲故事的创业读物不一样，本书沿着创业者面临的一系列痛点展开：我想不出好点子；我没有资金；我不知道从哪儿着手；我害怕失败；正在创业的我，能走多远……把这些问题串起来，不就是一个创业的极简路径吗？

无独有偶，由著名天使投资家李汉生老师 2015 年发起的精一天使公社也在致力于为创业者打造科学创业的方法论，尤其是天使投资的"十字诀"（赛道、刚需、闭环、人剑合一），以及基于精益创业实操的"创业地图"。

创业地图从 0 到 1 列举了创业的 16 个关键通关：创业者坐标、赛道、越顶、用户、针向、产品与服务、场景、创业价值验证、最小竞争闭环、商业模式、商业模式验证、商业模式路线图、封装、封装验证、设施复制、设施验证，它实质上是由 16 个创业关键通关（问题）所形成的极简创业路径。

精一天使公社创始人——李汉生、张怀清（虎歌）、杨代龙都是史蒂夫·布兰克和埃里克·莱斯等美国创业者提出的精益创业方法论的拥趸，精一天使公社的宗旨就是推动科学创业尤其是精益创业，并在大量创投实践的基础上提炼出了本土化的系统创业方法论，如极简创业路径或创业地图。精一天使公社拥有800多位创业者出身的天使，他们为提高创业成功率而不断努力。

本书译者之一赵向阳老师是精一天使公社的老朋友，也是精益创业的拥趸。他带领团队翻译的《卓有成效的创业》与精一天使公社一直以来倡导和深度践行的精益创业非常合拍。

读到本书，顿生共鸣。虽是一管之见，但我们想从《卓有成效的创业》与精一天使公社提出的方法论这两个视角解读一下本书。

1. 我想不出好点子。好点子是愿望与认知融合的结果。愿望强烈、认知高维（或有足够的累积），好点子自然就会产生。对趋势的认知、对赛道的认知乃至对用户的认知都是好点子萌生的前提，但更重要的是，让好点子成为好逻辑才有意义。创业首先就要有一套严谨的商业逻辑。精一天使公社的观点是：创业与赌博的区别就在于有没有商业逻辑，有逻辑的叫创业，有逻辑+验证的叫精益创业，而没有逻辑的是赌博。

2. 我没有资金。创业从来都是在没有足够资源情况下的创新与创造，对创业来说没有足够的资金就对了。精一天使公社的观点是：创业"烧脑、烧脸、不烧钱"。创业很少有足够的资金，况且有足够的资金也不能保证创业成功。大量的创业实践证明，那些非常稀有的、有足够资金的创业项目失败率更高。

3. 我不知道从哪儿着手。拿出最小可行产品去验证，就是"最小化"创业。精一天使公社的观点是：订单验证是一次浓缩版的创业。将创意变成商业逻辑，然后"以最小代价试错"。没有什么能够替代订单验证。

4.我害怕失败。本书的作者们给出了一系列我们容易掌握的原则,分别是:手中鸟原则、可承受损失原则、疯狂的被子原则、柠檬水原则、飞行员原则。这些原则看似很简单,但用起来就像是在陷阱边打桩,可以有效防止自己掉入陷阱。而精一天使公社的观点是:今天的创业,认知是入场券。在创业过程中看到并排除一颗颗的赛道之雷是避免失败的方法,科学创业才是出路。精一天使公社的"十字诀"是有异曲同工之处的避免失败的方法。

5.正在创业的我,能走多远。其实,这个问题可以是:你想走多远?大量的实践证明,创业精神不死,创业就不会死。精一天使公社的观点是:有两个因素决定你能否走下去,一是赛道,即竞争环境让你走多远;二是你的野心,野心有多大,你就能走多远。精一天使公社有一个创业心法,那就是"野心、认知与格局",旨在帮助创业者走得更远。

只是从书中摘录出几条,就能让创业者隐约看到一条极简的创业路径,这本书太有实用价值了。在长期的创投实践中,精一天使公社发现创业者在今天的碎片化信息海洋中常常感到无所适从,对他们而言,一条可寻迹而行的极简创业路径、一张步步通关打怪的"创业地图"远比那些"鸡汤"、道理以及成功故事更有价值。

上述从《卓有成效的创业》一书中摘取的创业痛点仅仅是一部分精彩内容,如果你想要卓有成效地创业,还需要结合你的创业经历一章章精读、一步步践行。祝各位读者创业卓有成效!

李汉生、张怀清(虎歌)
精一天使公社联合创始人

前言 / PREFACE

创业的逻辑

无论你是创业课堂上的学生,还是公司经理,抑或经验丰富的创业者,想必你都已经认识到,创业是企业成长、创新以及个人实现财务自由的主要动力。

通过本书你会了解到,创业学是一门科学,是我们通过研究不同行业、不同国家及不同时代的创业者所总结出来的一种普遍逻辑。我们将此逻辑称为"效果逻辑",虽然你可能不会每天都遇到这个词,但这不是一个新概念。事实上,这门科学曾在18世纪帮助乔赛亚·韦奇伍德从一门简单的制陶生意起步发展出一个驰名商标(Wedgwood),帮助美敦力公司(Medtronic)创始人厄尔·巴肯在自己大学研究工作的基础上建成世界领先的医疗技术公司,甚至帮助诺贝尔奖得主、格莱珉银行创始人兼小额信贷先驱穆罕默德·尤努斯彻底改变了上百万孟加拉国女性的贫困生活。简而言之,卓有成效的创业者通常在他们已经掌控的领域内工作,与愿意和他们合作的人共同创造有价值的新未来。

翻开本书,你首先会了解到人们对创业存在许多根深蒂固的误解,以及创业者所面临的一些恐惧。翻到本书的核心部分,你会找到基于创业者成功创建新企业、开发新产品及新市场总结出来的四条核心原则。对于每一条原则,本书都将通过案例分析、故事讲述、思维练习和各种实际应用予以阐释。这些原则虽然简单并且易于应用,但是给如何经营成熟企业的传统观念带来了巨大的挑战,甚至是彻底地颠覆。这些原则具体如下:

1. 从你掌握的资源出发(即手中鸟原则)。不要坐等良机,现在就开始行动,充分利用你现在掌握的一切资源:想想你是谁,你知道什么,你认识谁。

2. 设置可承受损失(即可承受损失原则)。在评估商机时,要考虑不利后果(损失)是不是你所能承受的,而不能仅看到预测中的所谓利益。

3. 利用偶然性(即柠檬水原则)。要积极拥抱不确定环境中的意外情况,灵活处之,不要被既定目标束缚。

4. 建立合作关系(即疯狂的被子原则)。要和那些愿意与你共创未来的人或企业建立合作关系,共同开发新产品和新市场等。不要过度担心竞争分析和战略规划。

总体而言,上述原则共同促使你和那些与你合作的人一起创造机会。通过和那些想与你共事的人合作,凭借你所掌控的资源,你们就可以共创未来,没有必要担心无法预测未来、无法确定完美的时机或无法找到最佳商机。

翻阅本书,你会看到大量多样化的企业案例,既有面向消费者的企业,也有B2B企业;既有高科技企业,也有非科技企业,这些企业案例都是我们竭尽全力从各个行业、各个国家挖掘出来的。在本书结尾部分,你会看到上述四条原则如何在企业中得到应用,从中了解在从白手起家到企业成熟这一过程中创业者面临的种种挑战。

一旦你开始着手创业——无论是商业企业还是非营利组织,也无论是独立企业还是公司内部创业，这都意味着你并不仅仅是在为谋生而战，更是为扩大崭新且宝贵的经济机会而战。无论是从形式上还是从内容上来讲，本书都体现了创业者的逻辑——大胆、系统、实用且始终充满活力和乐趣。

致谢

任何一本书的编写仅靠作者自身团队所做的努力都无法完成，本书也不例外，这涉及一个庞大的利益相关者网络，因此，我们要在这里感谢许多人。第一，我们要感谢我们的家人，当我们无休止地谈论本书，然后突然就去伏案疾书时，感谢他们的无限耐心。第二，我们要感谢创业者。本书呈现给读者的独一无二和丰富多样的故事，得益于那些愿意与我们分享的人，感谢他们付出的一切，是他们让读者能够享受其中。在此，我们特别要感谢杰克·罗斯曼，这些年来与他的交谈对我们编写其中几个章节的内容有极大的启发。第三，我们从积极参与新创企业融资的一些人那里获得了许多有用的启示，我们尤其要感谢蒙特莱克资本的阿蒂·伯克和安迪·代尔，他们不断探索新企业想法并极具韧性。第四，我们要向我们所在的学校和机构表示感谢。威拉米特大学、弗吉尼亚大学以及瑞士洛桑国际管理学院（IMD）为我们提供了时间和资金支持，并鼓励我们追求更大的目标，对此我们深表感激。第五，也是非常重要的一点，我们作者团队的合作者安妮-瓦莱丽·奥尔斯在第1版中的工作使得这本书以极具创造性的方式精彩呈现。贝弗利·伦诺克斯不知疲倦地花费大量的时间把我们的Word初稿转换为规范的英文书稿。关于第15章"请求潜在合作伙伴做出承诺"这一新增章节，执笔人埃米·哈利迪进行的是一项开创性的工作，她萌生了全新的想法并将其融入本书的语境当中。在本书中，巴卡尼亚·维奇的故事由安德烈亚·罗斯卡撰写，我们感谢她创作和分享这些内容。凯瑟琳·艾格丽、凯文·鲍默、艾玛·布朗和西妮德·沃尔德伦不厌其烦地为书中有趣的插图的授权而奔忙，李·威尔克森·艾尔斯和 Half Studios 的艾比·斯科利茨将我们的草图转换成了清晰的图像，特里·克拉格、伊丽莎白·辛基（第 1 版）以及泰勒－弗朗西斯出版集团（Taylor & Francis）的团队与我们共同创作了一些新颖且有价值的作品，我们感谢他们的开拓精神。另外，我们感谢从第 1 版的读者那里得到的反馈。我们已经尽了最大努力来采纳这些读者的宝贵建议，希望他们能在本书中看到自己建议的印记。除此之外，学术系统内的许多编辑和评审人在这么多年里为我们的学术论文提出了具有挑战性的问题和很好的建议，显著地提升了本书的思想。总而言之，本书所有的错误及纰漏都是我们的责任。此外，我们也将在下一个版本中修正、改进相关问题。这就是我们这个卓有成效的作者团队。

如何使用本书 / HOW TO USE THE BOOK

希望本书能伴你度过整个创业旅程，也希望本书能助你迈出学术的象牙塔，投身于白手起家、无畏创业的未知世界。

本书按照章节顺序叙事，同时每一章又相对独立。因此，你可以从头读到尾，也可以选择性地阅读，例如在与未来的利益相关者见面之前选读有关合作关系的内容（第 14 章）。我们衷心希望本书可以成为你不断创造新机遇的良师益友。

当你阅读本书时，你会发现下面所列的不同专题，它们使每章的内容更加丰富。每个专题都旨在为你思考或开启创业的某一特定方面提供参考。

创业故事

在每章中，你都会读到一些有关创业的简短故事。本书共包含 70 多个创业故事，每个故事都至少阐释了本书中的一个原则。每章都包含几个与主题对应的故事。如果你只想阅读这些故事，那么你可以选择跳读，畅游创业世界。你也可以按照创业故事总览所列出的内容选择性地阅读某个特定类型的创业故事。

延伸阅读

有关创业的研究成果太多了，我们无法全部在本书中描述，所以，本书仅列出了那些多年以来塑造了人们思想的经典之作，以及那些反映了知识潮流的研究成果。在每章的"延伸阅读"中，我们都会总结出某一研究趋势的重点内容，帮助你了解其他学者的研究成果，并为你提供深度阅读的指引。

现在怎么办

创业者总是热衷于实践。我们在每章结尾都列出了一系列可行的计划，以便你能将该章所讲的原则付诸实践。这部分内容或者针对一个连续的案例故事，或者完整独立。你可以在阅读过程中编制自己的行动计划，以便从整体上了解创业过程。

金玉良言

迫不及待？求知心切？基本原则是什么？在每章的"金玉良言"部分，我们都会为你总结出相应章节的主旨。这样做并不是鼓励你跳过相应章节，恰恰相反。倘若你正在犹豫相应章节是否值得深入阅读，就请先跳到相应章节的"金玉良言"，如果它与你面临的创业问题息息相关，那么你就知道阅读后将会了解更多的细节。

深入思考

本书作者团队曾经参与至少10家企业的创建，我们深知你急需实用、及时和相关的信息。但是，我们也为你提供了反思的空间，希望你能思考创业中所面临的一些重大意义的问题：也许现在，你刚刚结束一轮融资，对这些重大意义的问题不以为然，但当你和你的合伙人一起在周末进行沉浸式的徒步旅行时，你可能会有所思考。我们在每章的结尾处列出这些问题，并不是想分散你的创业注意力，只是希望你能在适当的时候从百忙之中抽身出来，退后一步，好好地思考一下，你正在做的事情有什么更加重大的意义。

第一部分

我们对创业者和创业精神知多少

本书第一部分讲述了人们对创业认识的四大误区，以及与此相关的一些实际问题，正是这些问题阻碍着人们迈出创建新企业的步伐——"我想不出好点子，我没有资金，我害怕失败，我不知道从哪儿着手"。这些恐惧都来自认识上的误区，就像人们对于那些早期航海探险家的迷信式崇拜一样。历史为早期的创业者涂上了神话色彩，似乎他们拥有非凡的能力和极好的运气。事实上，绘制未知世界地图的过程，与创业者创建新企业的过程异曲同工。无论是探险家还是创业者，他们都是利用现有资源做一切自己能做的事情，都要拥抱各种意外情况，都在为后代勾勒关于新世界的蓝图。我们鼓励你不要只回顾那些口口相传的关于创业者辉煌历史的传说，专注于本书详述的创业者所总结出来的系统性的创业原则，让自己置身其中，绘制属于自己的地图。

拿起镜子，问自己有什么能力以及自己真正关心的是什么，然后采取行动——不要等别人让你采取行动。

——西尔维娅·厄尔

第 1 章　路线图、神话和巴哈马群岛

有关创业的流行神话制造了无数阻止人们成为创业者的障碍。

因为大多数神话并不是真实的。

┆本 章 概 要┆

- 有着神秘色彩的创业者
- 神秘故事之旅
- 大众创业者
- 结语：一切尽在你的掌握中

如果此时此刻你正在阅读这本书，那么你很有可能是在寻找通向成功的路线图。当然，你不是一个人在孤零零地战斗，许许多多基本需求得到满足的人都是你的战友。对于成功，不同的人有不同的定义：成功或许是在这个世界上创造价值，或许是拥有权力和名声，或许仅仅是独立、尊严和拥有能够在自己的领域释放潜能的机会。当然，或许同时还能大赚一笔！

定义成功并且通向成功的方式不计其数，可以说有多少人就有多少种可能的方式。无论你怎样定义成功，你在这本书中学到的创业原则都

能够帮你实现它，因为创业的目的就在于为你和你周围的一群人绘制崭新的路线图。

当你读这本书的时候，我们鼓励你积极地寻找自己的路线图。它可能建立在那些现有的、有效的路线基础之上，也可能是重塑的新路线，甚至是创造全新世界的新路线。

无论如何，我们希望你已经准备好迎接一场既来源于街头残酷现实的生存智慧又经过严谨的学术研究挑选的冒险旅途！

有着神秘色彩的创业者

创业者是我们这个时代的英雄。在当下盛行的企业文化里，杰夫·贝佐斯、萨钦·班萨尔和理查德·布兰森都是敢作敢为的英雄——他们占据新兴市场，抵御强大的风险，追求那些别人根本不曾察觉的商机。

神秘故事之旅

他们是怎么做到的？我们先来看一下那些有着神秘色彩的创业者所遵循的10步骤路线图吧。

1. 寻找"新鲜"且"潜力巨大"的商机。
2. 萌生好点子。
3. 撰写商业计划。
4. 着手筹集资金——大多数通过风险投资。
5. 招聘一个卓越的团队。
6. 开发产品。
7. 召开隆重的新产品发布会。
8. 取得稳定或直线增长。
9. 进行首次公开募股（IPO）。
10. 在巴哈马群岛的海滩享受退休生活。

这一切看起来不错，但不难看出这张路线图中存在的问题：倘若回顾每个公司的创业史，或者翻阅创业者的自传，你便会发现，这张路线图与企业真实的发展轨迹没有任何关系。

我们来看看创业过程中的一些数据。有研究表明，在500家公司样本中，仅仅有28%的公司完成了自己的商业计划（Bhidé，2000），只有不到27%的IPO是风险资本投资（Gompers 和 Lerner，2001）。在美国，创建一家企业所需的平均资金还不到3万美元（Kaufmann Foundation，2009）。

这些数据表明，那些神话般的创业者的路线图是不切实际的。但是，如果杰出创业者的故事中没有商业计划和巨额的风险投资，那他们究竟是如何建立起长盛不衰的企业的？在过去的15年里，我们和来自全世界的合作者一起积极致力于寻找这个问题的答案，并阐释答案中所涉及的具体的创业技巧。我们的研究成果可以归纳成几条明确无误的原则，本书将逐一列出并做出解释。这些原则将促使我们重新思考伟大的创业是如何产生的。我们的核心想法就是让每个想成为创业者的人都能够（学会）成为一名创业者。

大众创业者

我们暂且把理查德·布兰森和大众媒体放在一边，重新思考通向成功旅途中的关键点。当检验每个环节的时候，看看你能不能着手描绘真正的创业旅程。

上下求索还是神灵感召

创业之路都是从创业者寻找机会开始的，同时伴随着某个时刻的灵光一现。这意味着任何一个足够聪明或足够机警的人都能找到机会，也意味着当创业者向客户展示创业方案时能让他们清楚地了解解决问题的方法，还意味着每当创业者发现一个新的机会时可以马上评估其价值和风险。但是我们不妨试想一下，在一个公认的无利可图的行业，创建一家全新的"我们希望您会爱上"的航空公司会成功吗？或者，有谁可以预测在1990年开一家网络书店能否成功?或者,在2007年去挑战印度那家出乎意料获得成功的书店又会有多少回报呢?

后见之明总会告诉我们,维珍航空、亚马逊、弗利普卡特以及其他无数企业的辉煌成就是必然的。不过,也正是后见之明让我们有可能将那些成功的企业与一些同样引人注目的失败案例区分开来,后者比如Pets.com或互联网货币企业Flooz。

此外,你将在第2章中看到,最初的想法无论如何也看不出有什么魔力。想法总是成本低廉且数量庞大,而且,大多数创业都始于一个与随后出现的公司关系不大的点子,成功依靠的是辛勤的汗水和不懈的追寻,而不是什么奇思妙想和神灵感召。事实上,你所知道的许多企业都建立在创业者与其合伙人共同的创业想法的基础上,而这些想法他们在创立企业时是没有意料到的,所以将创业想法以启动创业的商业计划形式呈现出来,看起来是件很奇怪的事情。

一一延一伸一阅一读一

什么是真正的创业精神

多年来,在对创业精神进行的研究中,有一个问题引发了很多争论:创业精神到底是什么?如果你是一名创业者,你正在做什么?如果你正在学习成为一名创业者,你又在学习什么呢?主要的表现是什么?尽管这个问题看起来很愚蠢,但这并非特例。事实证明,生物学家对"生命"进行定义是非常困难的,物理学家对"物质"的定义也很难达成一致。那么学者无法准确定义什么是创业精神、什么不是创业精神或许就可以理解了。

解决如何定义创业精神的一种方法是关注创业者从事的活动,也就是创业者在做什么。我们在这本书中采用了这种方法。本书关注的重点就是创业者的行为和行动,其中一项重要的创业活动就是创建新企业,

> 其他的关键活动包括开拓新市场、发现和创造机会以及建立企业内的创业机制。
>
> 从活动角度定义创业精神的一个重要意义在于，我们不再把创业者视为具有特定性格特征的独特人群。取而代之的是，我们关注与创业有关的核心活动，并研究如何学习和做好这些活动（Gartner，1988）。

金钱

随着你的创业之旅的继续，我们将在第3章调查关于新创企业融资的一些实际数据。除了这些数据以外，2014年（对获取风险投资而言是很好的一年），美国风险投资公司资助的企业数量为4 356家，准确地说应该是接受风险投资的企业有4 356家，而不是有4 356家企业进行了风险投资。然而，同样是在2014年，美国新企业数量约为180万（美国小企业管理局，2015）。简单计算一下可以得出，2014年，只有0.2%的新公司获得了风险投资（这个数字每年都非常接近），而剩下的99.8%的美国创业者要在没有风险投资的情况下设法创办一家新公司。

失败

没有人一开始就打算失败，然而尽管有些创业者付出了很多努力，但他们还是没有成功。回到传奇人物理查德·布兰森的故事，就连他本人也不像你想象的那样自认为不可战胜。布兰森表示，在打造企业帝国的过程中，他曾经历过16家企业倒闭，但他表示"商业机会就像公交车，总有另一个机会会到来"。

组建团队、扩大经营范围或者冒险抓住一个大机会也是如此，即便是理查德·布兰森也会在管理事情时足够保守，以便为下一辆公交车的到来做好准备。

创业故事 1-1

"黑色的啤酒"

相较于关注一杯摩卡或脱脂拿铁咖啡，我们有必要考虑造就了今日星巴克传奇的洞察力。不幸的是，这神话般的传奇并没有给我们带来多大的帮助。

首先，不能将霍华德·舒尔茨成功创造了星巴克这个品牌归功于市场分析，因为在舒尔茨收集调配星巴克的原料的时候，美国人均咖啡消费量已从20世纪60年代的3.1杯下降到了2杯。

其次，星巴克的雏形也不是其成功的先决条件。星巴克成立于1971年，最初它只是一家卖咖啡豆、茶和日用品的商店，从来没有卖过成杯的咖啡。

最后，舒尔茨将意式咖啡馆模式引入美国的愿景，与今天的星巴克关系不大。事实上，1982年舒尔茨作为市场主管加入星巴克时，他无法说服创始人在星巴克提供饮品，所以他创立了自己的意式咖啡馆，并命名为 Il Giornale（1987年与星巴克合并）。

平常的工作

初创之时，舒尔茨的第一家意式咖啡馆就陷入了僵局。有的顾客讨厌不间断的歌剧音乐，有的顾客想要椅子，有的顾客想要风味咖啡，主要用意大利文书写的菜单也难以被顾客接受，还有咖啡师不整洁的领带常常导致顾客反感。依据顾客的要求和员工的生活习惯，舒尔茨做出了相应的调整，比如提供椅子和播放多样化的音乐，咖啡师也不再被要求系上别扭的领带了。尽管多年来舒尔茨一直忽略风味咖啡的需求，但他还是说道："我们纠正了很多的错误。"

创造独属于你的价值

和许多企业的故事一样，星巴克的故事也包含了很多利益相关者（如投资者、顾客、员工和战略伙伴）的投入和创业行动。这些才是星巴克成功背后的启示，并且它突出了创业的两个核心要素。第一，它解释了为什么你没有发现创办星巴克这个好的商业机会。根据当时的市场信息，星巴克并不是一个等待被发掘的商机。如果舒尔茨没有采取创造和塑造这家公司的一系列行动，那么现在的高档咖啡馆可能就不会有主流市场。第二，它告诉你应该做什么。与已有的发现相比，如果机会已经被创造出来了，那么采取行动比做调查研究更重要。所以，停止漫无目的的寻找，直接付诸行动吧！

创业故事 1-2

从塑料袋到财富

充满异国情调的地方

11年前，为了在伦敦的繁忙生活中寻求一点喘息，黛比·沃特金斯筹备了一次前往柬埔寨的旅行。佛教寺庙里的场景、茂密的丛林和温暖的笑容在这个充满历史冲突却有着独特美食的东南亚地区融合。其他创业者也常常遇到这样的情况，旅行的目的地自然而然地成了他们创业的起始地。

新的方向

一方面，沃特金斯想要深入研究柬埔寨的文化，在该地区开发创业机会并促进社会进步；另一方面，她遇到了她的梦中情人，于是她把喘息的机会变成了解决问题的方法。这一新的方向让她下定了决心。一天晚上，她和她的未婚夫马克·兰苏一起喝啤酒，他们构想出一个沃特金斯可以实现抱负的创业项目。于是，一家在柬埔寨提供团体旅行的非营利旅游运营商组织——Carpe Diem 诞生了。与简简单单在当地拍出优秀的照片相比，Carpe Diem 使该地旅游业得到了深入发展，从而达到了与当地人民交流和文化沟通的目的。

了不起的旅行

Carpe Diem 旅行社实现了沃特金斯的愿望，甚至超出了她的预期。该组织目前雇用了20多名员工，其中包括威利米恩·威伦斯，她的头衔是"轮椅旅行专家",她本人也是一名轮椅旅行者。该公司现已扩张到老挝。在这个过程中,他们也会带动游客将目光集中在保护环境和社会福利等问题上。但这个案例的重点并不是 Carpe Diem 旅行社,因为它只是创业者创业之旅的一个路标。我们想突出的是沃特金斯在旅行中自主地发现和思考问题并及时抓住周围种种机遇的特质。

散落的风景

那些曾经去过新兴地区旅游的人都应该见过这个吸引了沃特金斯目光的东西——塑料袋。在发展中国家,处理废物很难成为一项系统工程。通常情况下,私营企业主可以从别人的垃圾中提取任何有价值的东西。比如,玻璃和金属可以被转售,有机废物则可以用作牲畜饲料或用于施肥。但是塑料袋一经使用就失去了价值,而且越来越多的乡村土地被污染。塑料袋便宜但不可降解,给这个社会罩上了丑陋的外壳;如果被动物吃掉,还会给它们带来身体上的伤害,而且这些塑料袋还会堵塞水道和排水沟。

垃圾转换

于是,沃特金斯又开始了一次新的尝试。她在 2009 年成立了 Funky Junk,通过这个项目把这些塑料袋变成有价值的东西。她的客户非常喜欢这些以塑料袋为原材料的色彩鲜艳又环保的地板垫、洗衣篮、太阳帽和肩袋。这个项目的价值不仅在于满足了客户的需求,更重要的是对净化环境做出了贡献。对需要培训的柬埔寨雇员来说,她采取了公平雇用的做法来进行管理,并给予相应的报酬。这是非常有意义的事情。对世界其他地区的创业者而言,她的这种"特许经营"模式也令他们获益匪浅。

创造就业

沃特金斯的故事对我们而言也有借鉴意义。她告诉我们创业这件事不是坐享其成,而是要走向世界,主动地去创造一些东西。创造的过程也并非孤立地发生,而是通过与他人相互作用才能得出一种结果。创业者要学会利用手边已有的日常资源,这些资源可能像路边的塑料袋一样随处可见且看似毫无价值，但是当这些资源掌握在创业者的手中时，它们就从丑陋变成了时髦。这样看起来是否很吸引人呢？答案由你来决定。那是否值钱呢？答案当然是绝对的。

障碍

我们之所以与大家探讨路线图及其可能的缺陷，并不是针对风投公司或者找理查德·布兰森先生的茬儿，而是想阐明创业面临的障碍。当你把神话般的路线图与本章详细描述并总结的数据进行比较时，就可以很容易看出这些障碍来自哪里，也很容易看出它们为什么是错误的。更具体地说，你或许不是盲目、冲动地开始你的梦想冒险，而是已经思考了如下内容：

"我想不出好点子"

你现在知道了，我们总是期待神话般的创业者，但实际上，正如我们将在第2章讨论的那样，现实世界中的创业者总是在创造出一个值得追求的机会时才有可能采取行动并且联合更多人共同创造。

如果你的担心是：

"我没有资金"

这只是因为有关企业获得1 000万美元风险投资的报道成了新闻，或许因为这种情况非常罕见。大多数创业者在创办公司时都是白手起家，关于新企业投资的更多内容我们将在第3章深入介绍。

如果你的担心是：

"我害怕失败"

在失败中你会结识好伙伴并收获更多的学习经验。在第4章中我们将对此详细描述，失败其实是创业过程的一部分，这不是风险投资是否会失败的问题，而是你如何让自己在失败中生存下来。此外，这也需要看你如何利用从失败中学到的东西来推动你的企业前进。

最后，如果你觉得：

"我不知道从哪儿着手"

这就是我们写这本书的真正原因了。一旦我们突破了阻碍人们创业的障碍,有了投身其中的想法(第5章),创业就不那么可怕了。所以,下一个问题自然就是如何开始。上述提及的效果逻辑提供了这样做的工具——一种简单、实用的创业方法。

—延—伸—阅—读—

创业者的特质

每个时代和每个国家似乎都有其典型的创业者形象,这些创业者完美地展示了成功创业者的特质。人类总是扮演着令人难以置信的模式识别器的角色,无论是马克·库班还是马克·扎克伯格,我们总是很快就能为创业者到底是哪一种人给出一个可识别的模式"类型"。

如果这样,是不是意味着创业者具有不同于非创业者的特质?这个问题的答案至少可以追溯到20世纪50年代哈佛大学心理学家戴维·麦克利兰的研究。麦克利兰对一些国家经济增长的原因很感兴趣,他认为个人对成就的高度需求会驱使其成为高速发展企业的领头羊。50年来,麦克利兰已发表的研究,包含了许多对创业者特质的分析,证实创业者的确和非创业者有着个性差异。例如,自我效能感和自主性需求水平都与企业创建密切相关,而一个人对成就的需求与商业成功也有着紧密的联系(McClelland,1965)。

虽然了解这些过去的模式很有趣,但未来的创业者并不会被它们左右。实际上,今天创立公司的创业者们正在不断地创造出新模式,并且心理学家会对这些新模式进行深入研究(Rauch和Frese,2007)。

巴哈马群岛

我们已经用数据和例子说明了"神话般的路线图"的前九个步骤，以说明为什么"神话般的路线图"会让人们想象一些创建公司的人为障碍。那么第十步呢？

最后，回到巴哈马群岛

退休并不是这本书真正的主题，因为每个人的旅程会把他们带到许多不同的地方去。对一些人来说，那可能是巴哈马群岛温暖的沙滩，但对许多创业者来说并非如此。在创建自己的企业的过程中，人们会拥有一种强烈的个人满足感，也正是这种满足感成就了许多连续创业者，即在职业生涯中创建几家甚至数十家企业的人。

在所有关于创业的神话中，可能最为准确的一个故事是，一个人在出售或者经营当前企业时会着手开启下一项新事业。

结语：一切尽在你的掌握中

我们不是提倡每个人都成为创业者，我们的目标要具体得多，那就是让那些想成为创业者的人了解创业的现实。虽然更完整的信息可能会让人们或多或少开始一项创业活动，但那些了解事实的人应该对创业的真正障碍、启发和实用性有更好的认识。

现 在 怎 么 办

判断出你认为阻碍你开启创业之旅的三大障碍。
- 如果确定一件事是真的，这会立即让你开始创业吗？这件事是钱的问题吗？努力去思考一下。
- 亲自去看看。去找一两个创业者谈谈，问问他们的人生之路以及他们是如何开始创业的。
- 当你阅读到第 2～5 章关于创业障碍的内容时，是否会对你开始创业之旅有所帮助？
- 或者你想跳到第二部分深入了解创业思维的一些细节吗？

金玉良言

许多阻碍人们创业的问题并不是现实问题，潜在的创业者可能会分心而不去关注现实问题，这甚至可能会导致他们毫无理由地拖延下去而不解决问题。

深入思考

除了本章的主题外，思考以下问题：
- 如果现实中的创业者并不像本章一开始的路线图所描述的十步骤那样工作，那他们在创业中的真实情况是什么？
- 创业者实际上每天都做什么？
- 如果你现在必须立即开启一段创业之旅，最开始你会做的三件事是什么？把它们写下来然后继续往下阅读吧。

第 2 章　好点子遍地都是

很多想要创业的人都说，他们迟迟没有采取行动的原因就是想不出好点子。事实上，好点子多得很，而如何利用这些点子才是问题的关键。

如果你的脑袋里只有一个想法，那没有比这更危险的想法了。

——埃米尔·沙尔捷

本章概要：

- 好点子多得很
- "从点子到企业"的转化公式
- 结语：人人都能想出好点子

通过对创业经验和新创企业的早期历史的研究我们发现，人们不可能预先知道一个点子是否会成为有利可图的商机。事实上，成功的创业者与资深的投资者都曾经指出，只有一种方法能够确定一个点子能否成为一个良好的商机，那就是去尝试一下。以极低的投资富有创造力地将这个点子付诸实施，寻找在合理的价格下真正想要购买产品或服务的真正客户，或者寻找那些愿意在企业建设初期贡献出实实在在资源的合作伙伴。当然，最理想的情况是两者兼得。

可以理解，大多数首次创业者，尤其那些拥有良好就业前景的创业者，总是容易过度担心自己找不到"良好"的商机，所以，他们一直处于"坐等良机"的焦虑之中。

那么，到底什么是好点子？好点子从哪里来？点子是好是坏由谁来决定？何时以及怎样确定点子是否可行？

点子源于何处

理论上：
- 专利局的公报
- 政府机构（例如，美国航空航天总署、欧洲核子研究中心等）
- 技术转移
- 贸易展销会
- 博士论文
- 发明博览会
- 头脑风暴

实际上：
- 个人对某些事情的满意或者不满意
- 从以前的职业中学到的市场知识
- 爱好
- 其他人
- 收购其他公司或已开发的产品
- 新闻
- 被老板或其他公司拒绝的点子
- 客户

能够带来灵感的联系人

- 律师
- 其他创业者
- 会计师
- 风险投资家
- 银行家
- 研发部门员工
- 专利代理人
- 采购代理
- 商人
- 销售人员或批发商
- 贸易协会
- 经理人员
- 潜在客户

当你考虑这些问题的时候，请想一想美敦力公司。就像1931年上映的电影《弗兰肯斯坦》（又名《科学怪人》）里描述的那样，厄尔·巴肯受到电对生命影响的启发，于1949年创立了一家医疗设备公司。然而直到很久之后，他才构想出公司的第一款突破性产品——心脏起搏器。在巴肯创业的前8年里，他只不过是个医疗设备的修理技工。而在1957年，在与医生和医疗行业有了多年接触以后，巴肯才开始进军心脏起搏器制造行业。即便如此，该设备更多的来源于他在修理工作中收集的知识，而不是一个有远见的天才的杰作。

在他刚开始推广心脏起搏器时，一家医疗行业分析机构预测，整个世界对心脏起搏器的需求不超过10 000个，注意不是每年，而是总共不超过10 000个。尽管这个数字对分析师来说甚小，但巴肯和他的团队备受鼓舞——他们之前连100个都卖不到！如今，美敦力公司价值200亿美元（2015年度营业收入），是医疗仪器领域的领头羊。所以，别再担心自己想不出好点子。

好点子多得很

一个拥有好点子的简单方法便是去思考自己喜欢什么、不喜欢什么、想要什么、不想要什么,以及自己关心什么,等等。事实上,就像《爱丽丝梦游仙境》里面的皇后一样,绝大多数人在吃早餐前就能想出六个"不可能的事情"或六个创业点子,但我们不知道该如何行动,或者更准确地说,我们都不知道自己是否愿意行动。

需要强调的是,世上并不存在"好"点子——只存在付诸实施的点子和没有付诸实施的点子。一个好点子可能会被浪费,一个坏点子也可能被转换成商机。

一延一伸一阅一读一

创业公司的基因组项目

一个来自伯克利大学的研究项目组试图从他们的新企业样本中尽可能多地找出成功的预测因子,以用来"解码创业公司的基因组"。

有意思的是,研究发现表明这些创业者不仅改变了他们最初的想法,而且这些改变与财务状况的改善相关。该研究报告称,相较于那些商业模式调整过三次及以上或从不进行商业模式调整的初创企业,进行过一两次商业模式调整的初创企业,其筹集资金水平会提高2.5倍以上,用户增长水平也会提高3.6倍,并且过早扩张的可能性降低了52%(Marmer等,2011)。

创业故事 2-1

将爱好转变成企业

当迈克尔离家上大学的时候,爸爸约翰·旺斯为他准备了一张高架床，以充分利用狭小的宿舍空间。此举被一传十、十传百，于是约翰·旺斯便开始向离家几百公里之外的纽约霍斯黑兹镇贩卖高架床。随着需求的不断增多，约翰·旺斯开始考虑在全国售卖高架床。自此，他就将自己的爱好转变成了一个正式的企业。现在，大学高架床公司（College Bed Lofts）雇用了 18 个人，每年制造并向全美销售的高架床达 5 000 张。

想想那些你知道的成功的企业，它们的想法是从哪里来的。在本书中，有一些从平凡甚至愚蠢的想法中衍生出来的创业例子。像阿吉莱克斯（Agilyx）和 Unsicht-Bar 这样的创业公司，它们建立在我们贴着消极标签的事物的基础上，比如废弃物或视力缺陷。或者像高露洁和蒂芙尼这样的百年老店，它们都是从与它们当前的业务几乎没有关系的想法开始的。那些商业模式彻底转变的企业实例如表 2-1 所示。在所有关于这些公司的故事中我们看到，相对更加重要的是创业者及其对创业想法所采取的行动。

表 2-1　商业模式彻底转变的企业实例

公司名称	创业初期	如今
蒂芙尼	1837 年成立，销售办公用品	直至 1853 年转型为珠宝销售商
高露洁	销售肥皂、蜡烛和淀粉	尽管 1806 年就已成立，但 1870 年之后才转型生产牙膏
诺基亚	1865 年成立，曾经涉足橡胶和造纸行业	成立 100 多年以后的 20 世纪 80 年代才转型为手机制造商
孩之宝玩具	起初 Hassenfeld 兄弟主要销售纺织品的边角料	直至 1952 年，也就是成立大约 30 年后才转型经营玩具
迪尔公司	起初是一个铁匠店，经营犁等	销售多种农业产品，但最为著名的产品为标志性的绿色拖拉机

创业故事 2-2

将残疾问题转变成创业机会

你是否参加过假面舞会相亲？很多人都表示，假面舞会相亲既惊险又刺激，让人记忆犹新，而这也正是人们对阿克塞尔·鲁道夫成立的

Unsicht-Bar 的评价。Unsicht-Bar 是科隆的一家小餐厅，由一位盲人经营，店内伸手不见五指，顾客就在这黑暗之中喝酒、吃饭和聊天。在这里，连手机显示屏的亮光都是被禁止的。餐厅服务员都是盲人，他们会为顾客介绍食物的配料及盘子的位置。

因为"看不见"而成功

该店自 2002 年开业以来就大获各界好评。这家店新颖独特，顾客在享用晚餐时无法看到对方，在这里，视觉体验被消除，而其他感觉则被加强，因此使得餐厅的菜品显得别具一格（调料只有食盐、胡椒、蒜蓉、洋葱和香草）。

在这里，你的嗅觉会变得更加灵敏，你会更加注意食物的味道、搭配和温度的差别……这是一种全方位体验。

Unsicht-Bar 的风靡促使鲁道夫接连在汉堡和柏林开设分店，而这也为枯燥乏味的餐饮业带来了活力。

视觉逆转

鲁道夫的创业经历体现了对许多成功的创新源头的有力洞察。失明被看作不利——残疾，而鲁道夫扭转了人们这一看法。Unsicht-Bar 将失明变作优势的基础。他接纳缺陷，将之变成优势。

颠覆／逆转想法

颠覆无处不在。就拿百事贴便贴纸举例，谁会想到通过一个不黏的胶棒能够发明一款畅销产品？再拿电脑游戏举例。虽然有批评人士指出电脑游戏会对未成年人的心理健康造成不利影响，但像《全能战士》这样的游戏如今成了一个新兴软件市场的基础，因为这款游戏能够帮助退伍老兵缓解创伤后应激障碍。同样，复古风对于时尚服装是一种逆转，而大牌明星驾驶丰田公司生产的廉价紧凑的普锐斯也是对驾驶豪车的传统观念的逆转。

对机会的关注

下一次当你觉得自己在和命运初次约会时，请看看周围，看看是否能把消极的事物转变为积极的事物。创业者会告诉你,寻找商机就像初次约会一样,既惊险又令人兴奋,超乎想象,值得尝试。

创业故事 2-3

变废为宝

关于创建新企业的好点子可以来自任何地方,可以来自一个受挫的客户、一项重大的发明,或者就像凯文·迪威特告诉你的那样,从垃圾中也能找到好点子。2004年,迪威特和他的妻子创立了阿吉莱克斯公司,他们想将塑料垃圾转换成一种胜过金钱的东西——原油。从化学工程的角度来看,这绝对是个好点子。塑料本就是一种石油产品,那么为什么不能将塑料反向加工成石油呢?理论上甚是简单,可是在实际操作中却相当困难,将其做成一个企业更是难上加难。

将想法转化为行动

你想利用客户来创造收入,那么首先你需要资金来研发一种产品,然后再用产品来吸引客户。可是,迪威特在开始时一无所有。团队的解决方案是与客户合作:让客户进行天使投资,同时协助开发一种可操作的原型。在与客户一起创建原型的过程中,阿吉莱克斯公司构建了一个工作系统,可向潜在客户做演示,还可向监管者提供实时环境数据,并可以帮助团队进一步优化体系以求有朝一日能完全商业化。

用行动来带动更多的行动

现今,阿吉莱克斯公司每天可以将上千磅的混合废塑料转化成数百加仑的合成原油。这让人激动不已,但美国每年要填埋2 600万吨塑料垃圾,而欧洲所要填埋的垃圾是美国的3倍之多,与此相比,该公司的能力就显得微不足道了。但是,阿吉莱克斯已经证实科技转化的有效性,现在它必须考虑如何扩大业务规模,以便能够处理如此多的塑料垃圾。

"从无到有"的想法

从垃圾起家也许并不是创业中最具灵感的想法,但考虑到仅在美国每年就有可能将混合废塑料加工成近 2.5 亿桶原油，阿吉莱克斯的价值就相当大了。如果你认为阿吉莱克斯是独一无二的，那么想想 eBay 2014 年的销售额是 2 550 亿美元，这其中人们不需要的物品（即垃圾）占了很大比重。和阿吉莱克斯一样，eBay 在 20 年前并不存在，但它将垃圾变成了生意。因此，如果你还在寻找创业好点子，也许可以去考虑考虑别人的"垃圾"。

创业故事 2-4

人人都在这样做

现在有许多旨在揭示创业者特质的研究，这其中我们最想知道的是创业者在心理层面是否与普通人不同。也许我们问错了问题。与其问心理学如何造就创业者，不如问创业者是如何让心理学为他们服务的。

同伴的力量

如何生产更多的能源和更有效地利用能源已成为我们这个时代的核心问题。解决这一问题的一个有趣方法是利用人们的心理活动，从而达到节约能源的目的。丹·耶茨和亚历克斯·拉斯基于 2007 年创立了 OPower 公司，以帮助公用事业客户错开用电高峰，从而少建发电厂，更好地利用现有设施。OPower 现已取得实效，大约 85% 的客户的住宅用电减少了约 3.5%，但这样一个好点子是从哪里来的呢？

竞争助推

2007 年的一项实验结果使 OPower 背后的心理机制变得显而易见。研究人员在加利福尼亚州圣马科斯市 1 207 户人家的门上贴出了公告，倡导居民使用风扇而不是空调，但是研究人员向每户提供的理由是四个版本之一。第一组住户被告知的理由是，使用风扇而不是空调每月可以节省 54 美元的电费。第二组住户则被告知，使用风扇将每月减少 262 磅[⊖]的温室气体排放。第三组住户收到的通知称，他们这么做是对社会负责。

[⊖] 1 磅 ≈ 0.45 千克。

第四组住户收到的通知是,他们的邻居中有 77% 已经用风扇代替了空调。附在通知结尾的是一句话"圣马科斯的热门选择"!随后,研究人员通过住户仪表的读数发现,收到"很多人都在这样做"通知(即第四组)的住户减少了 10% 的能源消耗,而其他住户仅减少了不到 3% 的能源消耗。

把想法握在手中

两位创始人把这些信息和他们已经拥有的其他思路结合在一起。丹·耶茨是一位计算机科学家,他在为期一年的南美探险中亲自去了解环境问题。亚历克斯·拉斯基在政治和公共政策领域有经验。从 OPower 公司的运营基础我们可以看出,公司的成功是创始人想法长期磨合的结果,而不是一次突发奇想的灵感闪现。

强大的邮件

OPower 公司让业主与其他业主之间产生竞争关系。该公司做出了定制化的数据报告,让人们知道与邻居相比他们使用了多少能源,并可以收到公司提供的一些解决方案。OPower 公司现有用户活动所减少的总能量消耗相当于美国整个太阳能发电量的 1/3。不需要氢燃料电池,也不需要冷聚变,只需要比较一下你每月电费单上的数据。该公司于 2014 年 4 月首次公开募股,目前市值约 5 亿美元。显然,一个创业者想要创造未来,就要将想法"打印"出来,然后"邮寄"出去。

"从点子到企业"的转化公式

现在你已经了解到,神奇的发明并不是商机的来源,那么可行的企业又是从何而来呢?在本节中,我们概括了从一开始的想法到最后成为一些有价值的产出的各种过程。也许在创业过程中,你会发现自己要多走很多路,但这正是你开启自己创业旅途的关键。所以,我们以下介绍的内容也许是在提供关键点,这些关键点正是你理解这本书的出发点,有助于细化你的路线图。

我们之所以总结"从点子到企业"的转化公式,是因为有创业想法是非常重要而且正确的第一步。一切都从一个点子开始，而点子通常从转换现有资源开始：

$$点子 = 任何事物 + 你$$

但是，我们也知道点子多得很，而且大多平凡无奇。是行动使得点子能够发光发亮，从而转换成宝贵的商机：

$$商机 = 点子 + 行动$$

关于这一点，我们需要清楚的是，搜集数据资料并不代表就是行动。行动是给客户提出具体的交易方案，是与供应商一起开发产品原型，是说服共同创始人加入，而且行动远不止于观察和计算，还需要转换、控制和创造——它是与整个世界交互作用的函数：

$$行动 = 交互作用函数 f(金钱、产品、合作伙伴……)$$

最后，将商机转变成企业的是承诺。承诺带来效益、带来人员，还能够带来从供应商开始的产品线：

$$可行企业 = 商机 + 承诺$$

把这个公式的所有部分放在一起，从你开始。重要的是要发现在每一点上都存在这样一种可能性，即你的行动与他人的手段和承诺相结合，可能会稍微或显著地改变你的创业过程。

很多"百年老店"在创业之初所做的事情与今天完全不同。这些企业的创立者一次又一次地使用这些公式来创造更多宝贵的商机，而这些商机是他们在创业之初从未料想过的。

承诺的重要性

我们将在第 14 章和第 15 章更详细地介绍合作伙伴、请求以及承诺之间的关系，但至少有一件事一开始你就需要考虑：如果找不到任何人愿意做出某种承诺（时间、金钱等），也就是说除了你自己以外没有谁认为这是一个好点子，那它可能就不是一个好点子。不要对自己或自己的想法太自信。世界上没有试探性的承诺。

但是，在放弃这个想法之前，你需要多久才能等来一个人的承诺呢？这个问题取决于你能承受多少损失（更多信息参见第 12 章）。也许你可以等上几年，一直等到你的想法变得成熟。视频会议技术的早期投资者就是这样做的，尤其是基于技术的想法，比如如今的可再生能源，这种想法之前也被长期搁置。综上可以看出，承诺的时间长度其实取决于你能承受多少损失。

一延一伸一阅一读一

采纳创新

埃弗里特·罗杰斯（2003）指出了以下关于创新的五个特征，这些特征可以高度预测创新是否会被采纳。它们包括：

- 相对优势：创新后是否比创新前要好？
- 兼容性：创新是否与潜在用户的价值观、经验和需求相匹配？
- 复杂性：这种创新是否难以应用？
- 试用性：用户能否体验此次创新？
- 可感知性：此次创新的成果能否容易让用户感知到？

不管你是否喜欢这些关键词，这些基于研究的测试结果的确为决定一个点子是否会被采纳提供了较好的常识基础。

结语：人人都能想出好点子

麻省理工学院的埃里克·冯·希佩尔（1994）曾调查过大企业成功的来源问题。他发现，大多数能够带来利润的新点子并不是源自研发部门，而是来源于服务与支持部门的客户反馈。

行动、学习、变革的能力也是至关重要的。例如，联邦快递在创立之初只打算递送零配件，RealNetworks在创立之初打算成立一个互动电视平台。大多数成功的创业者发现，无论在创业初期还是在创业过程中，有时候他们不得不放弃最初认定的商机，而是要根据外界反馈和利益相关者的意见不断改变"企业方向"。

你要时刻关注你是谁、你知道什么、你认识谁，这些问题都在告诉你该做什么和不该做什么。很多初次创业的新手所面临的问题并不是想不出好点子，而是点子太多不知如何选择，并且对这些点子太过兴奋。

一旦发现商机，倘若又恰好拥有资源，他们就急于扩大产品线，同时涉足过多的细分市场。尤其当他们初获成功时，他们很容易觉得自己有先见之明（相信自己能够预知未来），几乎无所不能（相信自己战无不胜）。事实上，好点子往往并没有那么闪闪发光。

R&R 是一家将 *Trivial Pursuit* 等游戏打入美国市场的公司，其创始人罗伯特·瑞斯曾说：

> 人们总是认为，拥有能够改变世界的极好的点子以后才能创业，其实并非如此。并没有那么多极好的点子，一切都很平凡，只是你做得比别人好一点而已。你利用现有的资源，对之进行改善即可。就像拼字游戏，利用已知单词，填上一个字母，你就能得分。

瑞斯的话中暗含的意思是，你必须一开始就参与到游戏中。你必须要玩拼字游戏才能有机会添加额外的字母，从而开启一段有趣的冒险旅途。

现在怎么办

当你尝试冒险时：

- 列出 5 个你认为非常好的点子和 5 个你认为很糟糕的点子，它们之间的区别是什么？
- 想一个你中意的点子，找出实现它的最大难题。你将如何克服这一难题？这可能会改变你的点子的范围和性质。为什么会有这样的难题？

- 设想一个极端的例子：成为一个没有任何点子的创业者怎么样？第一步是什么？

金 玉 良 言

你可以从一个简单的问题着手，这样就会渐渐看到一个可实现的解决方案，甚至是一些你认为做起来很有趣的事情，然后开始实践。等待那个一鸣惊人的点子或"十亿美元"的机会更有可能让你裹足不前，而不是把你带到一个新的高度。

深 入 思 考

除了本章的主题外，思考以下问题：
- 如果想要找出最好的点子是不现实的，那么要怎样才能找到一个足够好的点子呢？
- 我们生活在鼓励创新的社会中吗？怎么知道呢？
- 现在我们意识到创业的魔力并非源自点子，那它源自哪里呢？

第 3 章 大多数创业只需很少的启动资金

> 没有钱创业比有钱创业更具有挑战性,但这恰恰说明凭少量资金创业也能创建强大的新企业。

┊本 章 概 要┊

- 当 9 000 万美元不够的时候
- 事实上,5 000 美元已经足够了
- 资金匹配
- 资金匹配:会计人员和创业者
- 创意资本
- 创意资本和投入资本
- 自我滚动式融资的益处
- 结语:一无所有同样是件好事

对于那些想创业但是最终没有创业的人,他们给出的最常见的原因是缺少足够的启动资金。那么,要有多少钱才能够创业呢?

当 9 000 万美元不够的时候

Zaplet 是硅谷历史上最具前景的新企业之一。早在 1999 年,布莱恩·艾克斯和戴维·罗伯茨提出了 Zaplet 的基本理念——动态、与时俱进、信息网络化、电子邮件传输的应用。Zaplet 的历史遵循了教科书中关于高科技企业的发展之路的阐述——从车库里起步的两个技术奇才，获得了硅谷顶尖风险投资人的青睐，着力于运用系统化的市场调研完成一个财务上"全垒打"的完美计划——这是每一位创业者都梦寐以求、每一位投资者都十分期盼的事。

Zaplet 把每件事都做得恰到好处。风险投资人深深地喜爱上了这个产品，硅谷一窝蜂地都在谈论这个产品的市场潜力，其传奇故事在华尔街尽人皆知、深受欢迎。截至 2000 年 7 月，Zaplet 聘用了 27 位产品经理和 30 位研发人员，同时为六大独立且具有潜在收益的领域开发程序。

在 2001 年 Zaplet 渐渐被人遗忘之前，它已经累计募集到了高达 9 000 万美元的风险投资！

创业要花多少钱

- 戴尔计算机公司于 1984 年创立，启动资金为 1 000 美元。
- 根据 *Inc.* 杂志 2002 年 10 月对 500 家发展速度最快的公司的调查，14% 的公司一开始的时候创业资金还不到 1 000 美元（Bartlett, 2002）。
- 富国银行/全美独立企业联合会的报告显示，70% 的小企业主在创业时的启动资金低于 20 000 美元（Dennis, 1998）。
- 2009 年的一项调查发现，美国创业者的平均启动资金约为 30 000 美元。总的来看，他们都是从零开始创业的（Scott, 2009）。

事实上，5 000 美元已经足够了

大约与此同时，在美国蒙大拿州的波兹曼市（人口数为 28 083），格雷格·吉安弗特凭借一款软件产品建立了实时科技公司（RightNow

Technologies)。该产品可以帮助公司快速、有效地回复客户邮件。为了给他所热爱的波兹曼地区创造2 000个工作机会,吉安弗特投资了5 000美元,预计在第一年他将得到20 000美元的收入。

独自工作,为裸机编程——这些产品的具体规格来自客户的电话反馈,吉安弗特经常提供廉价的交易,比如向早期客户提供几千美元两年的软件租期。因为成本很低,假如买方能尽早决定采用并且提供详细的实时反馈,他甚至愿意免费赠送产品。

当吉安弗特有了40位客户之后,他雇用了5名员工。由于持续地专注于获得收益,他一开始雇用的均为销售人员。吉安弗特不认为电话销售是低级的工作,也不相信应该在销售之前融资或进一步完善产品线。相反,他认为销售充满诗意。他曾如是告诉威廉·萨尔曼教授和哈佛商学院研究助理丹·希斯:

一些创业者并不十分喜欢销售,而是迫于无奈才进行销售,他们一旦发展起来,便会立刻雇请别人从事销售工作。他们可能觉得向陌生人要钱是一件有失颜面的事情。是的,销售的确是个艰难的工作,没有人喜欢给陌生人打电话。那么销售真的是个庸俗的活儿吗?相反,我认为销售实际上是商业中最崇高的部分,它能根据客户需求提供解决问题的方案。

这个小企业从第一年的5 000美元投资和20 000美元收入发展到第3年,收入超过3 500万美元,投资后估值高达1亿美元,2011年,该公司以15亿美元的价格被甲骨文公司收购。

> 除非有人开始卖东西,否则什么事情都不会发生。
> ——实时科技公司创始人格雷格

资金匹配

为了在商业环境中存活下去,最简单的道理就是每个企业(无论是营利性的还是非营利性的)都必须吸纳至少和它的支出相对等的资金。对于营利性企业来说，理想的状态是吸纳的资金比支出多一点点。虽然老话说"有钱才能生钱"，但是单纯凭借外部投资创立新企业，会使得企业一开始便处于赤字状态。对于企业来说，那些不是通过销售产生的资金，都可以被认为是新企业亏欠别人的钱。这就是所谓的"资金匹配原则"。简言之，任何资金的流出都需要和资金的流入相匹配。

虽然那些被神化的创业者可能会寻求筹集1 000万美元的风险资本，将这些筹集来的资本作为他们成功路线图的一部分，但我们采取了不同的策略。我们鼓励你试着把"一无所有"当成一种资产——一种给你建立一家更加强大的企业带来挑战、促使你更具创造性地与客户和合作伙伴打交道、促使你对你的公司更具控制力的资产。

创业故事 3-1

玖龙纸业女强人

在你读过本书的这一页后，你觉得自己会用它来做什么呢？如果你是个喜欢社交的人，或许你会和朋友共同分享这一页的内容。如果你是个机智的人，或许你会将其转卖。你也有可能会回收利用它，因为这张小小的纸最后可能会出现在张茵创立的东莞玖龙纸业有限公司。这并不会花费很长时间。位于亚特兰大的摩尔联合会计公司总裁、废纸回收行业高级顾问比尔·摩尔这样描述："你扔在废纸篓里的报纸三周之后就会到达中国某些人士的手中。"这听起来令人惊讶。那么，这一切是怎么发生的呢？

足智多谋的回收者

时间回溯到1990年，这一年张茵仅用3 800美元创立了美国中南控股公司（ACN）。她计划在美国购买再生纸，然后出口到中国。她发现美国的纸张消费量惊人，平均每人每年要消耗超过700磅的纸张。中国正好急需大量纸张来制作纸板箱，包装出口到全世界的各种货物。张茵和她丈夫驾驶道奇货车跑遍了整个美国，从各个垃圾场到废品回收机构。他们用集装箱（可能是那些从中国刚刚运来的集装箱）装满了各种各样的废纸，浩浩荡荡地跨过太平洋回到了中国。很快，他们就装满了一个又一个集装箱。

"印钞机"

5年后，带着美国中南控股公司产生的丰厚的现金流、高质量的废纸回收源以及对中国急需包装材料现状的深刻洞察，张茵回到中国香港，她在这里建立了东莞玖龙纸业有限公司，大量回收废纸资源，将它们生产成牛皮卡纸、箱板纸或瓦楞纸等用来制作纸板箱的原材料。在接下来的15年中，张茵的企业蒸蒸日上，堪比一台巨大的"印钞机"。玖龙纸业每年能够生产超过880万吨纸板，如今，它是中国乃至全球范围内最大的纸板生产商。张茵也因此被誉为"纸业皇后"，与奥普拉·温弗瑞及J. K. 罗琳同时跻身全世界最富有的女性之列。

纸的足迹

我们可以从玖龙纸业的成功提炼出两种实用的见解，这对各地的创业者都极具参考价值。首先，可以用已经存在的事物创造全新的事业。大多数人认为，创办一家公司需要一项创新技术或一笔巨额投资，而张茵却从一堆废弃物着手。其次，只有当你付诸行动时，创意才会成为机会。事实上，美国人在制造废纸，而中国需要大量的纸板，在1990年，这对任何人来说也不是秘密。而有这样一个创业者，她坐上了她的道奇货车，机会也就此产生了。

打包的解决方案

这个创业故事还给了我们一个启示，那就是如何想到解决困难的方法。废纸的处理毫无疑问是个大问题。每120磅再生纸就能拯救一棵树，用这些再生纸制成的纸比用原材料制成的纸耗能少64%。当政府试图说服人们回收利用时，张茵完成了这项工作，她在制造过程中平均使用85%～90%的回收纸，节约了很多木材和电力。她一直坚持这种创业模式，并且这种支持可持续发展的做法也得到了其他创业者的认可。

> **新企业创建与财富多少无关**
>
> 许多关于新企业创建的故事宣称:创业伊始融资数百万,有足够的资金是创立新企业必要的前提条件。2004 年,埃里克·赫斯特和安娜玛利亚·卢萨尔迪发表的研究结果表明,财富对于创业并不重要,大部分创业公司启动资金的中位数是 22 700 美元,其中将近 1/4 的创业者的启动资金甚至不到 5 000 美元。这一结果和阿马尔·拜德(2000)的调查结果不谋而合。拜德发现在 Inc. 杂志挑选出来的 500 家发展最快的企业中,大多数企业在起步时资金很少,26% 的企业起步资金少于 5 000 美元。

资金匹配:会计人员和创业者

财务会计一直致力于使用资金匹配原则。例如,购买 1 台新机器花费 50 万美元,会计师们不会将全部金额计入当年资产负债表的支出栏。相反,他们会将其分配到机器制造产品产生收益的年限上,比如,10 年。财务会计通过折旧将成本和收益进行了匹配。

但是,这个原则如何与创业者联系起来呢?折旧只发生在账面上,会计人员乐意为机器付全额 50 万美元,然后在 10 年的时间里将其冲销。创业者会想方设法只提前支付一部分现金来购买机器,并努力将资金与每段时间的实际使用相匹配。

资金匹配上的差异恰好说明了 Zaplet 和实时科技公司的结果为什么会如此不同。这种资金匹配上的差异表现在应该将融资和预测情景进行匹配,还是将融资和实际实施情况进行匹配?这种差异还表现在到底应该基于 5 年规划选择行动路线,还是基于利益相关者做出的实际承诺来采取行动?

从收入和支出的角度，请你思考如下几个问题：
- 我现在需要多大的产出？
- 在不提前生产的情况下，是否有办法得到那种产出效果？
- 我怎样才能延迟现金流出，同时加快现金流入？
- 顾客可以先支付一半的钱吗？
- 供应商会给我 60 天的期限而不是 30 天吗？甚至，他们愿意接受 90 天的期限吗？
- 我能先关注商业模式中的非资金密集部分，从而无须当前筹资，然后再根据更好的条件融资吗？
- 我如何通过技术，包括用于销售的社会媒体、用于通信的网络电话和用于开发票的线上支付，来充分利用我有限的资本？

创意资本

调整收入和支出从而减少现金需求问题的常用办法就是把固定成本转化为可变成本。相比于购买价值 50 万美元的整台机器，你可以找到其他拥有类似机器并愿意出售其中某些部件给你的人。你可能不得不为这个选择支付额外费用，但是即便如此，这仍比你试图融资 50 万美元来购买整台机器好得多。这个过程中的创造性思维将使你发现某些冗余资源（周围未经使用的资源），如现有工厂未被充分使用的时段。对于那些冗余资源，你可能只需折扣价就能得到，甚至能免费试用。

从问自己"我能获得 50 万美元的收入来买新机器吗"开始，你可以转向问自己"我怎样才能赚 50 万美元，而不用承担购买那台机器的固定成本？"

创意资本和投入资本

创业者并不总是能看到与资本相关的所有成本，并且常犯两个错误。

投入资本成本高

他们放弃了将固定成本转化为可变成本的机会，即使有溢价，也只是转身把公司的大部分股份卖给了一个投资者，这其实是获得了更昂贵的资本。

不考虑创意资本

他们将两种投资资本的成本互相权衡，而忽略了投资资本成本以及创意资本成本。

创意资本成本

在创意资本方面，有一些需要注意的地方。创意融资延缓了企业的倒闭过程，但是这需要付出一定的代价。与你可能在财务学课上学到的不同，资本成本不仅仅是你的借款利息，或投资者想从你这儿得到的回报率。创意资本成本还包括：

- 支付额外的可变费用（例如，向某公司支付很高的租金），从而避免一项巨大的固定成本投资（如新建自己的工厂）。
- 不得不和供应商再次商定某些商业条款，尤其当你取得很大的成功的时候。
- 如果你没控制好你的核心竞争力，则会将自己暴露给机会主义的合作伙伴（最初我们并不总是很清楚，竞争优势是否会带来好的结果）。

如果你将所有的固定成本都设为可变成本，那么总成本可能会太高从而你无法盈利。如果你决定不购买对你的生意来说至关重要的资产（比如 50 万美元的机器），资产的所有者会把你置于困境之中，从而迫使你溢价购买吗？答案是肯定的。这些事情随时可能会发生，所以每个创业者都需要根据自己可承受的损失水平，做出一些难以抉择的权衡，最后把重点放在如何让企业持续运营上。在创业初期，最大的威胁其实是生存。当时间和金钱耗尽时，企业就倒闭了。

虽然我们还没有看到创意资本成本扼杀了一家新企业，但是许多企业都因追逐投资资本而告终。显而易见的事实是，进入与新企业相关的贷款和投资市场，远非想象得那么容易。即使你有效地评估了投资资本来源的真实成本，而风险投资是最具成本效益的来源，但在现实中达成风险投资交易则是另一回事。此外，追逐风险投资的时间成本可能会很高，因为在追逐风险投资的过程中，你错过了创业本该从事的活动（你没有与客户交谈，没有与供应商谈判，没有与员工建立长期关系）。你可能将6个月的时间都耗费在追逐低成本的资本上，这使你失去了时间和资本，最终导致企业倒闭。为了获得投资而产生的成本即使得到了很好的管理，也比不追求投资的成本高很多。

在可持续发展和获得成功的问题上，创意资本成本往往会下降。与此同时，投入资本成本变得更高，因为投资者要求取得企业所创造的总价值的一小部分。因此，需要设立一些关键点来处理这些问题。例如，可以采用备用合同，事先协商好不同情境的应对策略，这些都有助于你利用创意资本。当然，注意不要让你对未来的预测在这些时刻占据主导地位。例如，你对最具战略性的资产（和你认为不具战略性的资产）的预测将导致你寻求对这些资产的狭隘的控制权，而不是继续与潜在合作伙伴创造性地工作。

精益创业

一延一伸一阅一读一

在有关创业的书籍中，几乎没有哪本书像埃里克·里斯的《精益创业》（*The Lean Startup*）一样如此受欢迎。这本书出版于2009年全球金融危机爆发后，在这样的时机面世非常合时宜，它在恰当的时间向读者传播了精准的知识，成为一本经典著作。

这本书的核心主题就是"精益"，来源于日本汽车制造商丰田所开创的精益生产的理念，生产过程中的"精益"意味着消除所有的浪费。精益创业意味着不再需要精美的商业计划、花哨的产品开发和大量的外部资金。相反，里斯号召创始人只专注于必要的事情，以让企业获得发展。因此，与其开发完美的产品或服务，不如开发最小化可行产品（MVP）；与其做详尽的市场调研，不如通过客户的直接反馈来验证MVP；在必要的时候要保持灵活性和快速迭代，而不要在单一方向进行大量投资。

精益创业可能并不一定像效果逻辑一样建立在严谨的学术研究之上，但"精益""快速迭代""MVP"这些术语的流行表明里斯的这本书在创业领域的确产生了很大的影响力（Ries，2011）。

众筹

一延一伸一阅一读一

众筹是一种借鉴了小额融资和众包做法的独特的筹款方式，通常通过众筹网站将大量的个人小额捐款提供给那些营利性、社会性或文化性的事业组织，使其获得足够的资金。

沃顿商学院的伊森·莫里克发布了一份调查研究报告，报告显示美国在Kickstarter众筹网站上有48 526个项目，众筹项目总融资达2.37亿美元（平均每个项目约5 000美元）。

莫里克的分析表明，众筹中存在一些有趣的现象。首先，众筹项目的成功似乎与项目的质量有关，高质量的项目更有可能获得资金。其次，在类似Facebook等社交网站上存在度越高的项目，越有可能获得更多的融资。再次，项目与项目所在地区的文化之间有着密切的联系。例如，洛杉矶的众筹项目可能主要以电影业为主，而纳什维尔的项目主要以音乐为主。最后，虽然莫里克在这些项目中只发现了少数欺诈行为，但

> 大约75%的众筹项目都未能如期完成,而且越复杂的项目被延期的可能性越大(Mollick,2014)。

自我滚动式融资的益处

在《白手起家》(*Bootstrapping Your Business*)一书中,吉安弗特和吉布森(2007)认为白手起家(又叫"步步为营")是个好主意。我们对此深表赞同,并将其主要内容概括如下。

- 现在就开始。与其怀抱希望苦等一个可能的出资人,还不如受你的事业所激励自己出资,没有任何事情能阻止你今天放飞梦想。
- 现在就开始学习。我们所知道的大多数企业都是通过与供应商、顾客、合作伙伴和员工之间的互动合作而创立的。金钱会使你忽视这些互动投入,导致你不能尽快地学习如何创业。
- 减少浪费。如果你有钱,你会很容易将它们浪费在投机性的想法上,但是如果你一无所有,你就很难让它们打水漂。
- 限制负面因素。如果你没有向企业投入巨额现金,那么在创业过程中你难免会犯的错误也将同样成比例地减少。
- 增加正面因素。接受投资意味着出售股权。你出售的股权越多,当公司开始盈利的时候,你拥有的也就越少。
- 提高创造力。研究表明,限制条件有利于提高创造力。当你有钱时,第一个想法永远是花掉它。而当你没钱时,你就有了一个限制条件,这会使你更具创造力。

创业故事 3-2

去世的人带来的事业重振

维达·赫霄拉给人的第一印象很平凡。他住在洛杉矶,开着一辆白色的SUV,他的公司赞助当地的棒球队和马球队。他有一家名为

"1-800-尸检"（1-800-AUTOPSY）的公司，所以他赞助的球队叫"僵尸"，但是除了这个，他再平凡不过了。随着互联网的出现，他在公司也有了自己的网站：1-800-AUTOPSY.com。赫雷拉仍为私人顾客提供"尸检"服务，这和他21年前创立公司时的情况并没有什么不同。

棺材里的工作

大多数人开始创业的时候都不会想到尸检需求，赫雷拉也没有想过，直到1984年，他因举起一个身高1.57米、重达129千克的女尸而致残并最终下岗。在他丢掉洛杉矶副验尸官的工作后，尽管他千方百计地找工作，但没有人想聘用他。需要成了创造之母，为了维持生计，他开始做临时工，为退伍军人管理局的研究人员打打下手。

活着、健康、成长

作为工作的一部分，赫雷拉走进了当地那些正在举办丧事的家庭，慰问悲伤的家人，并了解他们珍爱的人的命运。出人意料，人们愿意回答各种问题，小到他们亲人死亡的原因，大到解决生父身份的谜团。在和直系亲属互动的基础之上，赫雷拉开始提供尸检服务。1988年，他开始提供"1-800-尸检"服务，当时他除了少得可怜的退休金外一无所有，因为银行拒绝贷款给他。

新市场的概念

赫雷拉不愿意提早把他的资金投入到新企业中，于是他在佛罗里达州的奥兰多、北加利福尼亚、内华达州的拉斯维加斯等地设立特许经营连锁店。他并没有把自己的钱投到扩大规模上，在别人冒着风险扩大经营时，他取得了不错的收益。他的企业甚至在当时的金融危机下还能保持收入增长，特别是随着婴儿潮一代的老龄化，这一商机的价值仍在扩大。正如赫雷拉所说："死亡是永不萧条的商机。"

身后之事

这个故事给我们提供了一个有趣的观察视角，谁想过会存在一个私人尸检服务的市场？如果赫雷拉没有创立"1-800-尸检"，这个独立的

"死亡"市场会存在吗？实际上，"1-800-尸检"让我们看到市场和企业是如何被孕育出来的。我们原来认为创业者的工作是通过认真筛选和先知般的远见，寻找创业机会，然而现实情况经常背道而驰。赫雷拉的故事告诉我们，新企业和新市场建立在这样一个基础之上：创业者在各种动机（需要收入是一个主要动机，但不是唯一动机）和各种特定的个人环境的驱动下，开始与潜在顾客及其他利益相关者互动，最终创造出一些具有原创性和价值的东西。他们创立的大多数企业都来源于他们已经拥有或者已经知道的事物。

结语：一无所有同样是件好事

事实上，世界上大多数企业都是在没有任何外部投资的情况下运作的，在预设可承受的损失后，创业者才做出决策。这是因为他们优先考虑企业生存问题，以及将风险置于其可接受的范围之内。

没有外部投资就开始创业意味着你必须从顾客那里得到反馈和所需要的资金，从而改善的你的点子并建立新的、卓有成效的伙伴关系，将他们稀少的资源投入到有价值的新的用途中。没有外部投资就开始创业也迫使你走出办公室进行销售，这有助于你了解是否能创业成功。假如你早早地失败了，你失败的代价会很低，在这个过程中你不必出售许多股票或者控制权。也许一无所有到头来是件好事呢。

现在怎么办

- 盘点你每月的开销，问问自己有多少钱是你本不需要花费的。
- 有哪些归属于其他人的闲置资源（不是金钱，而是能力）可以让你利用？

- 想象一下，如果为你的新企业筹集资金是违法的，那么，你将如何迎接创办新企业的挑战呢？
- 什么是毛利？如何获得？
- 以下网站可以帮助你做预算：http://www.inc.com/encyclopedia/businessbudget.html。

金 玉 良 言

最重要的投入来源于你：你是谁、你知道什么、你认识谁。创业 = 你 + 客户 + 能够分享的具体化的企业解决方案，而不是外部投资。

深 入 思 考

- 如果你一个有钱的叔叔去世了，给你留下了几百万美元，你会怎么做？你还想创业吗？
- 是什么让金钱变得有价值？如果答案是它能买到什么，想想你怎样才能不用花钱就得到这些东西。

第 4 章　失败没什么，成长要快速

只有不到 2% 的新企业最终能够上市，92% 的企业在清偿债务后退出市场。

那么……

如果成功意味着上市，98% 的企业都遭遇了失败。

如果失败意味着破产，只有 8% 的企业才是真正的失败者。

:本 章 概 要:

- 成功 ≠ 成功
- 成功 ≠ 金钱
- 失败的企业 ≠ 失败的个人
- 失败 = 学习
- 激情
- 结语：失败只意味着开始，并不意味着结束

没有任何一个创业者想失败。到底什么才是失败，怎样才算成功？答案并不像你想得那么简单。

大多数人认为企业的失败就是倒闭、欠债，当然也会有许多人认为

还有其他类型的失败。成功同样难以界定。对于成功和失败，我们每个人都有不同的定义。

对一些人来说，半途而废才算失败；另一些人则认为，自己创业赚的钱比为别人打工赚得少就意味着失败。与之相似，一些人认为企业只有上市才能称作真正的成功，而另一些人认为只要不用对上司唯命是从，日子过得体面一些，就已经足够成功了。

> 在欧洲，破产者等同于"失败者"，他们在为重新创业筹措资金时会遇到巨大的困难。
> ——《欧洲委员会交流报告》，1998

文化差异使问题更加复杂。在欧洲，失败意味着不论在财务领域还是社交领域，都敲响了死亡的丧钟。在世界上的某些地方，对于一个创业者而言，如果他的事业没有成功，你可能会发现他很难结婚并过上高质量的生活。而在硅谷，如果一名创业者从没失败过，反而会让人起疑心，怀疑他是不是一个怪人。

对许多考虑创业的人来说，不管失败意味着什么，面对失败的恐惧无疑都是巨大的，但情况不应该是这样的。如果你也是怕失败而一直不敢尝试的人，那么思考一下下面这些方程：

- 成功 ≠ 成功
- 成功 ≠ 金钱
- 失败的企业 ≠ 失败的个人
- 失败 = 学习

在这一章中，我们将讨论每一个方程，看看创业者如何学会不让失败成为终点，而是成为学习的经历。

成功 ≠ 成功

虽然第一个方程看上去毫无意义，但我们并不是说成功很困难，而是表明成功（也包括失败）是一个多余的概念。如果需要重新考虑失败到底意味着什么，以此来克服我们对失败的恐惧，那么对于成功，我们也应该做同样的事情。请看图 4-1 中的统计数据（Headd，2004：51-61；美国小企业管理局，2009；Kirchhoff，1997；Knaup，2005）。如果你的目标是让企业上市，那么你成功的概率不到 2%。假如你对成功的定义是运营一家公司，在倒闭时没有欠下任何债务，那么你成功的概率是 92%。如果你投身于一场持续 8 年的创业，在这期间你可以自己当老板，积累一些经验，学习一些东西，甚至创造了一些利润，那么类似这样的新企业大约有 40% 的概率会成功。

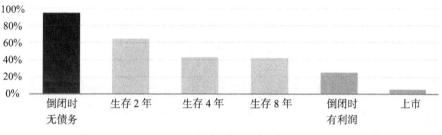

图 4-1　创业企业成功的概率

图 4-1 还告诉我们，每 4 家倒闭的公司中会有一家是盈利的。因为大多数统计数据只追踪倒闭的公司，所以这些公司被视为破产企业——尽管它们在停止运营之前一直在赚钱。有趣的是，这表明了财务"失败"并不是公司倒闭的唯一原因。也许老板退休了、搬家了、接受了新工作邀请，或者只是觉得工作无聊而已。

创业失败：城市传奇与信息误传

一　延　伸　阅　读　一

大众媒体和政治人物在谈及创业失败率时常常使用非正式的说法。格雷恩·凯斯勒（2014）在《华盛顿邮报》上发表了一篇文章，标题为"正如兰德·保罗（2016 年美国总统候选人）所说，90% 的新企业都失败了吗？"。文章给出的结论是否。随后文章又继续总结了创业成功的例子，这部分研究与我们在本章中提及过的内容很相似。此外，《福布斯》杂志文章（Wagner，

2013)"导致80%的企业失败的5个原因",引用的"失败率"来自彭博社研究,可这项研究根本不存在(Jarvis,2013)。但在另一篇文章中,《福布斯》也报道了企业运营5年后失败的概率为55%(Pozin,2012),这个数据就比较符合现在的情况。可以看出,虽然创业的高失败率是一个热门话题,但事实情况可能并非如此。

延伸阅读

关于失败的起源

斯科特·桑德奇2006年在他的著作《天生失败者》（*Born Losers*）中对"失败"这个概念的起源做了研究。他认为,"失败"是19世纪才出现的一个概念。当然,从有文字记载的时刻开始,人们就找各种理由给他人扣上污名,例如,希腊人和罗马人把一些人称作奴隶、罪犯、叛徒。19世纪晚期以前,"失败者"一词根本就不存在,所以现在人们还在思考如何定义和应对这个概念。

创业故事 4-1

失败是成功之母

艾萨克·拉瑞安是个大忙人。自从38年前从伊朗移民到美国,他洗过盘子,学过工程学,从韩国进口过黄铜制品,还卖过冰箱和微波炉。得益于亚洲背景,他是首位将任天堂液晶屏掌上游戏机引进到美国市场的人。从那之后,他进入了玩具领域,代理经营各种品牌,如恐龙战队、Hello Kitty和绿巨人等。

做玩具的主人

拉瑞安因此走上了创业之路。但是，他为人所熟知主要是因为贝兹娃娃（Bratz）。2001年，拉瑞安厌倦了为他人作嫁衣，决心创造出属于自己的玩具品牌。他建立了一条生产洋娃娃的生产线，贝兹娃娃获得了巨大的成功，成功撼动了芭比娃娃在玩具领域的主宰地位，3年内拉瑞安的MGA娱乐公司创造出了每年超过20亿美元的销售额。

贝兹娃娃跟芭比娃娃完全不一样。在英国有谁还会一味地效仿1.8米的金发娃娃呢？贝兹娃娃生活在一个变化莫测的世界——现在的孩子生活在一个变革速度不断加快的世界，所以贝兹娃娃也在改变……10年后的孩子跟现在的孩子相比，也会有很大的改变。

——艾萨克·拉瑞安

2007年，拉瑞安成为安永会计师事务所年度创业者大奖的赢家。但是，伴随着这一奖项，挫折也随之而来。这一年对贝兹娃娃而言可谓苦乐参半。拉瑞安与狮门公司共同制作发行的贝兹娃娃系列电影仅获得了不到300万美元的票房收入，受到了评论人士的严厉批评。与此同时，4Kids.电视台决定不再播出贝兹娃娃的系列动画，这无疑是雪上加霜。不过，仔细分析这些打击，就可以真正洞察出拉瑞安经营企业的专业才能。在两次打击中，他的试验性投资数额都不大，项目失败不会给整个企业带来灭顶之灾。反之，在这两次挫折中，风险与潜在回报都是他与利益相关者共同承担的。正如拉瑞安自己所说："用不着害怕失败。要想成功，你必须经历失败。"

理解失败就会明白成功的道理

回顾拉瑞安的创业历程，我们还能发现另外一点：创业并非仅靠远见卓识，更多的是一个不断创造的过程。在开始创业的时候，没人会想到拉瑞安将成为世界第三大玩具公司的CEO。但是，回顾创业过程中的一点一滴，这个结果似乎又显得合情合理。拉瑞安总是坦然地接受失败，时刻谨记吸取教训,并把获得的经验更好地应用到下一次实践中。

> **坚持就是胜利**
>
> 谁能想到,在向出版方提交初稿的一个月内,码洋即达百万美元的系列畅销书《心灵鸡汤》(Canfield 和 Hansen,1993),其背后的创作团队连续 33 次被拒稿。出版方称,"这种书卖不出去",而且"过于乐观了"。这本书一共被退稿 140 次。之后,在 1993 年,健康交流(Health Communications)的出版商为这本包含了励志诗句、故事和趣闻的书提供了出版发行的机会。现今,该丛书有 65 本,被翻译成 37 种语言,售出超过 8 000 万册。

既然我们对什么是成功、什么不是成功十分困惑,那么读读下面的短篇故事。思考一下每个人是否都代表了一种成功或失败,然后在方框里打钩。

故事 1

露西之前创立的四家企业都失败了,之后她又创立了第五家企业,这一家企业与接下来的第六家企业都赚到了一大笔钱。但不幸的是,第五家企业在一场自然灾害中遭到毁灭性打击,露西变得一无所有。

☐成功　　　☐失败

故事 2

马克来到旧金山与一位风险投资人会面,希望这位投资人能投资他的下一家企业。他表现得信心十足,因为他的上一家企业只运营了 18 个月就转让出去了,并为创业者和利益相关者赢得了大笔利润,约等于原始投资的 4 倍。然而,风险投资人却认为以这样的方式经营企业是一种失败,因为他们过早转让了本来可以赚到更多利润的企业。

☐成功　　　☐失败

故事 3

杰克是一位连续创业者，正经营着他 15 年前创立的那家公司。公司每年为股东带来 8% 的利润，所有开销收支平衡，在业内也有着良好的声誉。但是杰克 7 年前离开了公司，将自己所持有的股份卖给了利益相关者，因为他认为自己永远也不可能让公司上市。

□成功　　　□失败

这可能看起来像是测试，但其实并非如此。它们并没有绝对正确或者绝对错误的答案。很显然，如何看待成功（和失败）取决于周围环境及你身边的人的期望。同时，对失败和成功的看法还取决于你在整个创业过程中所扮演的角色。如果你是一位风险投资人，你会希望至少赚到相当于投入资金 10 倍的利润。假如你身为供应商，你所担心的不过是这家新企业能否按时支付货款。事实就是如此，成功与失败对不同的人而言，有着完全不同的意义，这一事实使我们讨论的统计数据不那么令人担忧，因为你是取得成功或是遭遇失败完全取决于你的目标以及与你合作的利益相关者的预期。这也导出了下一条关于失败的方程：成功，以及创业者之所以打算创业的原因，并不只是为了获得利润。

成功 ≠ 金钱

在你开始创业时，或许你梦想着成为下一个比尔·盖茨，请仔细思考以下几点：

- 总体来说，创业者的收入与打工者的收入并无显著差别。
- 话虽如此，财富分配呈绝对偏态，少数超级企业大亨（如比尔·盖茨）获得了巨额利润，而其他创业者所得的利润都处于平均水平以下。
- 对那些低于平均水平收入的创业者

> 我们不应该仅从某一次经历中获得经验之后就停滞不前。这会让我们变得跟坐在热炉子上的猫一样。的确，这只猫下次再也不会坐在热炉子上了，在这点上它很聪明，但是，它也不会坐到冷炉子上。
> ——马克·吐温
> （1897）

- 研究表明，当漏报的收入部分被算进收入后，情形发生了转变。可以确定的是，存在创业者偷税漏税的情况。

> 成功是个差劲的老师，它诱使聪明人以为他们不可能失败。
> ——比尔·盖茨

当然，对创业者而言，有些东西比金钱更重要（可以自己当老板、做些有意义的事，哪怕仅仅是尝试解决困扰自己的问题）。

创业故事 4-2

米尔顿·赫尔希

1857年9月13日，米尔顿·赫尔希出生于宾夕法尼亚州小镇德里附近的一个农场，他是范妮和亨利·赫尔希唯一存活下来的孩子。他母亲一直用门诺派㊀的严格教义去培养他。因为要时常搬家，他的学业经常中断，所以他接受的教育不多，只读完了四年级。

苦涩的开端

在兰开斯特的一名糖果制造商那里当了4年学徒之后，赫尔希在费城创办了自己的第一家糖果企业。但他第一次的尝试失败了，接下来在芝加哥和纽约的两次创业也宣告失败。1883年，他又回到宾夕法尼亚州的兰开斯特，建立了兰开斯特焦糖公司，这次很快获得了难以想象的巨大成功。赫尔希凭借这家企业迅速成为糖果制造业巨头，为未来的杰出成就打下了基础。

全新的配料

在1893年哥伦比亚世界博览会上，赫尔希对德国的巧克力制造设备产生了浓厚的兴趣，他将设备买回自己的公司，不久开始生产各种类型的巧克力。1900年，赫尔希卖掉了兰开斯特焦糖公司，获得了100万美

㊀ 门诺派（Amish）因其创建者门诺·西门斯而闻名，该派别主张和平主义，反对暴力行为。——译者注

元,专注于巧克力生意。3年后,他回到德里镇建立了一座新的工厂。在那里,有大量的新鲜牛奶供应,用于生产制作优质的牛奶巧克力。

甜蜜的成就

当时,牛奶巧克力还是一种源自瑞士的奢侈品,赫尔希认为它必然有巨大的发展潜力,因此他决心设计一种牛奶巧克力的优质配方,并希望打入全国市场。经过反复的实验和一次次的失败后,他终于创造出了独特的巧克力配方。1903年,赫尔希开始建造世界上最大的巧克力工厂(好时公司)。

失败的企业 ≠ 失败的个人

人们经常将创业者的成就与企业的业绩混为一谈。不少人认为企业的失败或成功等同于创业者个人的失败或成功。这是完全错误的,理由如下。

首先,虽然开始创业很容易,但企业要生存下去很难。其次,很多企业在发展初期就进入市场,但是市场发展成熟后,只有最适者才能生存。关于企业经营年限与存活率的关系等问题,学者们已经做了大量的研究工作,比如企业会很早就倒闭还是随时间的推移逐步停止运营?关于创业者成功与失败的概率,我们知之甚少。

我们缺少创业者成功或失败的数据,首要原因是很难获得关于经营失败的企业的数据(这些数据通常随着公司停止运营而彻底消失),失败创业者的资料几乎不可能得到。人们也不会拿着印有"创业失败者"字样的名片招摇过市,大多数失败企业的创始人在该领域销声匿迹并重新投身新的领域。在任何情况下,创业者都不愿提起曾经的失败,除非在事情过去很多年之后,在某次公众演讲时作为博人一笑的逸事。

将创业者从企业中分离出来

有限责任公司的出现就是为了把创业者本身与其所经营的企业分离开来。如果一个人为了寻求新的机遇而停止运营他的企业,怎么能说是个人的失败呢？大多数情况下，我们总是认为如果企业经营失败了，那么经营者就注定是个失败者。切记：情况并非如此。好时公司的故事就证明了这一点。早期的创业失败并没有毁掉赫尔希，虽然他的一些冒险尝试可能已经失败了，但仅凭每个吃过巧克力的人都听说过好时巧克力这一点，就表明他并不算失败。

> **智慧箴言**
>
> ## 学习的文化
>
> 想要创造一种推崇创业精神的文化，其中一点就是拥抱失败。如果你认为失败后只能裹足不前，就很难成为创业者，因为要成为创业者，你必须接受很多风险和挑战。你做10件事情，5件都有可能失败。除此之外，如果你花大量时间去研究证明某个想法是否可行，这样的话或许就太晚了。所以营造一个合适的环境是必要的，在这个环境中，人们知道失败并不可怕，这样他们就有勇气去一次次尝试。他们会跳出束缚灵活思考，也愿意从不同的角度思考问题，因为他们知道，这次失败不会导致他们一败涂地，他们经营的事业也不会受到过大的影响。
>
> 某些情况下，例如关闭一家企业，我们也要因为能从中吸取经验教训而感到高兴。因为在失败中我们学到了之前所不了解的事情，这样能够帮助我们在未来做得更好。我们应该为那些失败者以及周围理解他们创造了价值的人感到开心。这种价值不是我们原来期望的，但只要我们从中学到了东西，它们同样弥足珍贵。
>
> 在我们去年12月启动的一个项目中，负责市场营销的专员在之前的工作岗位上遭遇过失败，她曾经负责过一个项目：通过使用较低的技术向小企业提供贷款。我们曾获得了10家金融机构的支持，但仍得不到足够多的资本帮助这家企业真正腾飞。但是去年12月，在波士顿办公室——我们最主要的创业基地，她和

> 她的团队创建了一家新公司,获得了巨大的成功,也就是如今的QuickBase。这是一种革命性的产品,也是一个足以带来更大变革的全新的开始。
>
> ——斯科特·库克

创业故事 4-3

坚持容易,掉头难

印度班加罗尔市有超过 20 万辆机动三轮车。在这座没有任何地铁且人口超 600 万的大都市里,短程出租车无疑是不可或缺的交通工具。这些简易的机械不管是运送乘客还是货物,都十分便捷、高效。但是,它们也对城市环境提出了挑战。三轮车司机都是些个体户,他们在大街上来回流动,不遗余力地招揽生意,给这座本已经十分拥挤的城市带来了交通堵塞、烟尘弥漫等问题,同时,那些筋疲力尽的商人或是普通居民却很难能打到空驶的三轮车。

顺利解决

交通部门的政府官员委托一名创业者同时也是自学成才的网页设计师帕德玛西·哈里什设计了一种软件系统,便于等候的乘客与空驶的三轮车之间建立联系,这项任务令哈里什意识到,这种软件系统不仅能帮助解决这个城市的问题,其中还蕴含着巨大的商机。她开发的软件系统会从司机处接收 SMS 信息,包括所处方位及是否有空车,同时从乘客的信息中获知他们的方位以及是否有兴趣坐车。这一系统将乘客与距离他们最近的三轮车建立起联系,将三轮车分派至乘客等待处。哈里什可以向每位司机收取适量的软件安装费,以及向软件覆盖范围内的每位乘客收取少量费用,余下所要做的就是让软件去解决一切问题,之后利润便滚滚而来。2007 年,捷运公司(Easy Auto)诞生了。

艰难的转折

事实上,项目启动后,该系统除了获得各路媒体千篇一律的赞美之外,并未收获其他任何效果。哈里什曾付出的努力全部付诸东流:她和她的团队花了 6 个月去完善软件系统，配备了有充足的接线员的呼叫中心，随时准备推广该系统的技术团队，装饰了一新的三轮车以及价值 5 万卢比的制冷系统，还为司机准备了制服，并从百事公司购买了饮料向乘客售卖，以便获取额外收入。但创业之路似乎永远麻烦不断，三轮车司机并不情愿交纳安装费，也不怎么愿意发送 SMS 信息以告知他们的当前位置。还有一个大麻烦隐藏其中，那就是整个监管环境。事实证明，启动该项目的交通管理者并未从相关政府部门获得监管三轮车的许可，因此，整个项目被迫中止。

彻底改变？

哈里什期望回到利润丰厚的网站管理与设计领域，让其他人来处理麻烦的交通问题，但是，她的私人手机号码是捷运公司广告上公布的乘客联络所需车辆的三个号码之一。因为班加罗尔多雨，所以一旦到了雨天，她总能接到 200～250 个电话。她的私人电话号码已经流入市场，因此她无法停手不管。究竟什么时候坚持意味着没有意义？又是什么时候该停手不干呢？

新路子

哈里什开始寻找变通的办法。她去参加了创业学的课程，接触到了那些和她为同样问题而烦恼的人。她主动去观察每一辆她乘坐过的三轮车，在其中一辆三轮车上她发现了一个广告——带有 GPS 导航系统的出租车。在这辆车上，她所浏览的每个网站都为终端用户提供免费服务，同时从其他群体身上获取利润。因此，在 2009 年，当交通运输部门的领导前来拜访她并请她重新经营捷运公司时，她已经学会了如何与合作方洽谈：

- 在继续投入每一卢比前，一切行政审批手续务必办妥。
- 三轮车上必须安装一系列设备，包括液晶显示屏用来播放广告，以及 GPS 定位系统以确保定位精确。
- 宣传广告必须由生产三轮车的公司出资负责制作。
- 与捷运公司签订合同的司机必须获得补助。
- GPS 定位系统和液晶显示屏需由车辆制造商提前配置，直到整个系统开始获得收入才支付生产成本。
- 呼叫中心需要外包给那些愿意免费设置服务的企业。

似乎每一点都与哈里什最初的设想背道而驰。她放弃了"坚持不懈"和"彻底改变"这两种选择，而是选择迂回前进从而达到目的。

经久不衰的逻辑

传统观点把那些坚持不懈的、目标明确的创业者刻画成在逆境面前毫不退缩的人，但是重新审视一番以后你就会发现，坚持不懈与灵活应变之间存在着令人意想不到的紧密联系。为了找到某种解决方式，坚持不懈可能会适得其反，甚至可能以失败告终。但是，根据现实情况灵活应变或许会将问题转变为机遇，吸引到意想不到的投资者。尤其是当问题持续存在时，创业者需要将遇到的困难进行转化，找到新的答案，从而建立新企业、新产品、新市场，甚至是促进令人难以料想的新事物的发展，例如班加罗尔得以改善的交通状况。

失败 = 学习

失败的方式有很多种，有比较聪明的，也有不太聪明的。没有失败，就没有学习和进步。事实上，科学方法的本质就是经缜密思考然后从失败中获取宝贵经验，也就是通过科学实验证明某个假设是错误的。慢慢地，一些假设被证明是错误的，另一些则保留了下来，我们也就开始接近真理，真理逐渐积累，形成有价值的技术以及治疗疾病的方法。

同样的道理在工程学范畴也适用。在《失败乃成功之母：设计中的悖论》一书中，亨利·佩特罗斯基（2006）阐述了成功通常会掩盖潜在的失败，以及失败是怎样一次次地引发技术进步和设计迭代的。

当然，从失败中学习的关键在于当失败处于萌芽时便把它控制住，并且早早解决它。我们将在第12章中学习可承受损失原则，它在这方面展现了重要性。将投资额度控制在自己可承受损失的范围之内，可谓一石二鸟，既降低了重大失败的概率，又减轻了由意料之外的失败带来的心理打击。

> **工作中的复原力**
>
> 萧伯纳在他的戏剧《武器与人》首演当晚的谢幕环节遭遇质疑和嘘声,已基本确定是雷金纳德·戈丁·布莱特所为。萧伯纳回答:"我完全同意楼座上这位绅士的意见,但是我们两个人反对一屋子跟我们意见不同的观众有什么用呢?"这句回答现在已经成为经典名言。
>
> 威廉·巴特勒·叶芝当时目睹了这一情景,随后他写下了当时的感觉:"从那时起,萧伯纳真正成了现代文学的伟大巨匠,即使喝得烂醉如泥的医科学生也不得不承认这一点。"

创业故事 4-4

苹果电脑的产品发布

苹果公司因其创新精神和令人称奇的成功产品而著称——从无到有,开拓了一个巨大的市场。但是你可知道,自 1983 年以来,苹果公司有许多失败的产品(见表 4-1)。许多人称,正是这些失败才造就了苹果公司后来的巨大成功。苹果公司一直以来都致力于将全部的资源投入到每一种新产品中,因此它的每一种失败产品都可能意味着公司的死亡、创新的终结。但是,苹果公司会及时从每一次失败中吸取教训,并将所获得的经验运用到下一代新产品的研发生产中。

表 4-1 苹果公司失败的产品

产品	年份	苹果公司失败的产品:经验教训
Lisa	1983	Lisa 是第一代号称拥有图像界面和配备鼠标的电脑产品。这种商务电脑的价格约合当今的 20 800 美元。因此,商务人士更愿意购买价格较为低廉的 IBM 电脑也就不足为奇了。经验教训:价格很重要
Apple IIc	1984	Apple IIc 是首款便携式电脑。产品包含一个手提装载盒、外部电源、软盘驱动器及外部扩展接口,但是该产品缺乏更新升级能力,另外还有一个显著的缺陷,即液晶屏寿命过短。这一教训促使苹果的设计师设计出了下一代便携式电脑——麦金塔电脑

(续)

产品	年份	苹果公司失败的产品：经验教训
Mac TV	1993	这款产品结合了索尼"特丽珑"与苹果 Performa 520 电脑的特点，但是它仅仅生产了 12 个月便宣告停产。最大的问题是什么？该产品无法在桌面窗口播放电视节目。尽管只生产了 10 000 台，但它成为后来苹果电视成功的先驱
Newton	1993	苹果公司最广为人知的失败之作。1993 年，它作为一种革命性的掌上电脑产品被推出（但不像它的第一代产品那样具有里程碑意义），销售持续了大约 4 年就无法继续下去了。当史蒂夫·乔布斯 1997 年回归苹果公司时，他取消了这种曾经费心推广的产品。Newton 外形臃肿，手写识别软件系统也并不成熟。如果苹果公司在平板电脑的迭代中已经修复了这些不足，那么 Newton 无疑就能成为超越时代的产品
Pippin	1996	苹果公司试图进入电子游戏市场，与日本玩具制造商万代一起分享市场份额。Pippin 售价便宜，可用于电子游戏娱乐，也可作为网络计算机——它被视为一种初级多媒体平台。它失败的原因有很多，在由游戏制造商（世嘉、索尼及任天堂）控制的市场中，Pippin 显然缺少软件支持和竞争力。有传言称苹果公司刚刚为一款新的 3D 游戏设备申请了专利。时间会证明它是否从 Pippin 的失败中吸取了教训
Hockey Puck Mouse	1998	这款鼠标被配备在第一代 iMac 电脑上，但是体积过小，不符合人类工程学，难以操纵。它很快就退出了舞台，被 Mighty Mouse 所代替。经验教训：经典款有时候反而是最好的
G4 Cube	2000	虽然苹果公司推出了 Cube 来填补 iMac G3 和 PowerMac G4 之间的空白，但它很快就被批评人士群起而攻之，退出了历史舞台。主要缺点：缺乏配套的显示器，价格也相对较高。但是，它的设计者乔纳森·伊夫因为这一设计获得了数个国际大奖，他也得以继续担任苹果公司首席设计师。除了设计以外，它还为家用电脑的无风扇冷却奠定了基础。G4 也为乔布斯研究出下一代电脑提供了基础。经验教训：不要安装专有软件

创业故事 4-5

投资于人，而不是冒险

设想一下，如果你的梦想是改变一个国家，甚至改变世界，而你的雇主——美国联邦政府的官僚作风却极大地束缚了你，让你无法大展身手。你会怎样做？

没有多少人愿意拿出自己的钱，为发展中国家的贫苦百姓支付"薪水"，即使他们有潜力改变自己的生存环境，但比尔·德雷顿是个例外。1980年，他在印度创办了阿育王组织（Ashoka）。

人和想法

从一开始德雷顿就知道，仅凭他一个人的力量无法解决这个世界的问题。他走遍了印度和印度尼西亚，并意识到已经有人想出了一些实用性办法来解决当地的一些社会问题。这些人和他们的想法为德雷顿提供了灵感，从他们身上，德雷顿找到了自己事业的起点，当地的社会企业家也通过德雷顿拥有了将自己的所学所想应用于更广阔的天地的机会。

投资于人

创办阿育王之时，德雷顿就确定了什么样的人具有成为阿育王的"社会企业家"的资格：那些有新想法、能为社会带来深远影响，而且他们的想法已经在当地得到了实践验证的人，他们想要的是进一步扩大其影响力。但阿育王在筛选过程中认真挑选的不是想法，而是人。一旦被选为阿育王"社会企业家"，他们就有资格接受培训，获得3年的基本生活费，并有机会扩大社交圈，从而分享他们的想法并创造新想法。

> 我们的职责不是授人以鱼，也不是授人以渔，而是创立一个新的、更好的渔业模式。
>
> ——比尔·德雷顿

模范公民

法比奥·罗萨是阿育王遴选的第一批社会企业家之一。在他的祖国巴西，农民纷纷逃离农村进入城市，这一现状让他感到心痛。于是，他想出了一种低成本的办法，把电引入偏远贫困的地区进行农田灌溉。农民只需花费大约400美元就可以安装1个单相水泵来提高生产力，进而将收入水平平均提升4倍。这样，对那些在人口过剩的城市中挣扎求生存的人而言，无论从经济还是社会角度，回乡务农都变成一个颇具吸引力的选择。作为阿育王的成员之一，罗萨致力于农村地区的照明及科技项目，而且已经成为他所在城市的第一位农业部门领导者。

全球公民

虽然阿育王的起步资金只有 5 万美元（2009 年的预算为 4 000 万美元），但是如今它共支持了 2 700 名分布在全球 70 多个国家的社会企业家。德雷顿是麦克阿瑟奖（有时也称为天才奖）的早期获奖者之一，也曾获美国公共行政学会和美国国家公共行政学院共同颁发的"国家公共服务奖"，还被《美国新闻与世界报道》杂志列入"美国 25 名最佳领袖"（Hsu, 2005），这是一项非常有价值的奖励。

激情

激情在处理失败问题的过程中起着重要作用，因为它能够帮助提升人的复原力。正如喜剧演员辛菲尔德的经典语录："并不是说在你做自己喜欢的事情时坏事就不会发生了，而是激情使你更容易面对、处理和克服困难。"

激情

如果你正准备创业，不管你想做的到底是什么，都必须有足够的激情去完成它。激情是无法传授的，除此之外的其他东西都可以。如果你拥有激情，能够脚踏实地地去做一切事情，那么就不要让对失败的恐惧阻拦你干出一番新事业。害怕失败是人们不敢放手创业的最大原因。他们可能仅仅因为害怕失败而无法"扣下扳机"。

他们会逐条分析恐惧产生的原因，比如担心创业不能成功，或者害怕自尊心受到伤害。至少在你心里，你必须把这两种恐惧

> 区分开。许多人不敢放手做事，比如拨打销售电话，是因为害怕被人拒绝。事实上，不用担心自尊问题，每一次被拒绝都是一次获取宝贵经验的过程，人们通过做事能够完全克服对创业失败的恐惧。生活中处处充满风险，不要让对失败的恐惧阻拦你前进的脚步。
>
> ——罗伯特·瑞斯，R&R 创始人

总而言之，接受失败并不容易。迪恩·谢普赫德（2003）提出，被迫关闭自己创立的企业时的心情，就像痛失重要的亲人一样。创业者会视企业经营失败为重大损失并因此感到悲痛。

是否能从创业失败中获取经验取决于从痛苦中恢复的过程。谢普赫德建议直面残酷的现实并承认有情绪是正常的，控制情绪并继续前进可能会对创业者有所帮助。

这也许是关于失败的首要原则：不要独自承受失败。牢记这一点也很重要。当我们拥有了合作伙伴时，他们会和我们共同分享喜怒哀乐，成功会变得更加美好，失败也会变得不那么难以接受。

有趣的是，曾经共同经历失败的双方，更能通过合作增强彼此的信任和友谊。Teledyne 的创始人说："我的共同创始人与我是铁哥们儿，我们一起承受了创业的失败。"

另一个例子是 PupCups 的创始人戴维·斯安克。PupCups 本是一家前途无量的新企业，却因为资金周转不灵而被迫关门。当戴维·斯安克谈起他的整个团队时，他说："PupCups 的创始人总是定期聚会，我们共同回顾过去、展望未来。问题并不在于我是否与他们一起共同开创了另一家新企业，而在于如果没有他们，我认为我不会再开创另一家企业。"

阿育王的创始人比尔·德雷顿则非常谨慎地对潜在社会企业家进行投资。他很清楚，任何一个想法都可能导致成功或失败。不管结果如何，他都想保证每个人拥有学习的机会。通过让组织员工成为"阿育王的伙伴",他能够确保这个人有源源不断的想法,并且通过每一次迭代学习,用新的方式去改变世界。

从失败中学习

——延——伸——阅——读——

亨利·福特说:世界因磨炼品质而存在。在一本精彩且通俗易懂的书中,创业精神研究者迪恩·谢普赫德阐述了失败的影响,就像亨利·福特所言,如果我们知道怎样正确处理失败,失败会带给我们有益的学习和有助于未来发展的经验。

很多人说相较于成功,他们从失败中学到了更多。但我们能从失败中学到多少,取决于我们在面对失败时管理波动情绪的能力,因为消极情绪会干扰学习的机会。社会支持也十分重要,因为周围人的情绪稳定有助于我们调节情绪。

最后,谢普赫德提醒我们失败不是成功的对立面。虽然失败令人痛苦、成功令人快乐,但特定项目的失败并不等于全面失败,因为它提供了学习的机会,而这个机会可能是我们取得全面成功的关键因素(Shepherd,2003)。

结语:失败只意味着开始,并不意味着结束

失败等式告诉我们,某些广为人知的关于失败的观点实际上只是谣言罢了,其中最致命的问题是他们认为失败事关某些事物的终结。我们劝你把失败当成一个开始。在第17章中,我们将会看到"冰旅馆"(ICEHOTEL)的例子。这种外观美丽、颇受欢迎的冬季旅游景点由央

韦·贝利奎斯特创建,它并不是灵光一现而产生的,而更像是一个人对绝望的反抗。贝利奎斯特曾邀请艺术家、媒体和旅客来参观他的冰雕作品,但是作品在大雨中毁于一旦。大雨本使得贝利奎斯特的创业经历到此为止,把他打入十八层地狱。但事实是,难以保存的冰催生了冰旅馆的诞生,虽然这种旅店每年都不得不重建。

米尔顿·赫尔希的数次失败并没有阻止他建立好时王国,事实上,这些失败对于好时王国是不可或缺的。《心灵鸡汤》创作团队所遭遇的退稿也没有让他们停下一次次尝试的脚步。苹果产品的失败也没有影响它被《财富》杂志奉为圭臬,在2008年3月的期刊上,苹果公司获得了"世界上最令人钦佩的企业"称号。

一 延 一 伸 一 阅 一 读 一

逆境造就成功的英国创业者

根据奥尔德里奇基金会的一项调查,逆境是创业的一个驱动因素,它激励着英国创业者追求成功(2009)。

"创业者的起源"调查采访了370位来自英国的成功创业者,对他们的背景、教育状况、动机和个人特点进行了调查。

69%的受访人说他们被人生中的逆境所激励,这些逆境包括父母离异、车祸、癌症以及在学校表现不佳等。56%的受访人表示决心才是一个成功创业者最重要的因素,22%的人认为激情也十分重要。

"逆境锻炼了我的独立性,并对我的事业成功产生了很重要的影响",Thunderhead首席执行官格伦·曼彻斯特(英国工业联合会/年度商界创业者)表示。

劳拉·特尼森表示,在学校成绩不佳让她非常想证明是她的老师错了,当她在法国遭遇一次严重车祸后,她建立了很受欢迎的童装品牌 JoJo Maman Bébé。

巴·休利特说，抗击癌症带给她决心，使她建立了瘦身美体企业 Lighterlife。

Ten UK 创始人亚力克斯·切特勒 3 岁时就被迫面对父母离异。"一位政府部长曾问我，我们如何能在这个国家培养出更多的创业者？"他说，"我当时很轻率地回答——那就给他们更多的逆境吧！"

决策和学习

"先生，您成功的秘诀是什么？"记者问一位商界成功人士。

"四个字。"

"是哪四个字呢？"

"正确决策。"

"那您是如何做出正确决策的？"

"两个字。"

"是哪两个字呢？"

"经验。"

"那您是如何获得经验的？"

"四个字。"

"是哪四个字呢？"

"错误决策。"

如果能克服创业失败带来的痛苦，并从中吸取教训，那么下一次你就会有相当大的机会做得更好，同时也更加明智。除此之外，失败也会告诉你谁是值得信任的人，谁能够和你共同前进，那些在你失败时仍然还留在你身边的人，就是你在下一次创业时真正珍贵的伙伴。

记住，衡量失败的唯一的真正标准是那些倒闭时负债累累的企业，但它们只占全部倒闭企业的 8%。事实上，有些人认为，那些曾经失败过然后又重整旗鼓、不放弃希望的人才能被称为真正成功的创业者。

现在怎么办

当你失败了或者不去尝试时，在这两种情况下，你将会分别失去什么？请详细描述一下，并为这两种情况列出五个要点。

- 当经历每种情况后，你的选择是什么？哪种情况会使你变得更加强大？
- 将失败视为一种选择、一种常态。思考一下每件事是怎样逐渐变糟的？有多糟糕呢？
- 在你目前的努力过程中，为了让自己因为一个决定而自豪，思考一下你需要学会做什么呢？
- 你希望尝试的下一件事情是什么？

金玉良言

通过建立更多的企业、更频繁地尝试，你获得成功的可能性就会大大增加，因为每一次经历都促进你从中学习。将你自己想象为一位新晋的象棋大师，在每一局棋中学习新招式，并在下一次一展身手。

深入思考

自尊心在多大程度上阻碍我们接受失败？

- 上市公司的失败与独立经营的企业的失败有什么重要区别吗？
- 如何应对关于失败的文化氛围的影响？它是否就意味着在某些国家比在其他国家创业更加容易一些？

第 5 章　创业并非都要纵身一跃

> 重要的事情在于：在任何时刻我们都有能力牺牲现有的一切去追逐可能的自己。
>
> ——查尔斯·杜布瓦

> 纵身一跃游过去、想方设法趟过去还是摸着石头走过去？关于如何投身创业，每个创业者其实都有多种选择。

┊ 本 章 概 要 ┊

- 四个故事，四种行动
- 解析创业决策
- 结语：行动胜于分析

我们每个人都认识一些辞职创业的人。问问任何一个人，不管他们是本科生还是在职员工，大约有 2/3 的人会回答说他们自己想创业。然而我们知道的现实是大多数人从没付诸行动。

没有着手创业的原因各种各样，有的与社会文化有关（比如，很多亚洲国家的文化厌恶冒险行为），有的只是个人因素。

大多数人在面对是否要采取行动的问题时，会本能地将自己所知道的和所拥有的，与其认为追求机会所需付出的进行比较。我们看着现在的职业、工资、生活的城市和舒适的一切，构想着我们的未来。然后考虑到创业想法中的种种不确定性，我们看到了一条我们无法规划的道路。虽然找一个有保障的工作的时代已经过去，但还是有人认为，某种确定的状态（例如在一个稳定行业里的全职工作）会带来更为舒适、安定的未来。我们不愿陷入未知或不可知的境地，总是认为身处这种状态会让我们更有可能失败。

人们（可能是错误地）如何看待新企业成功和失败的统计数据（参见第4章），很可能会影响其决策。本书第一部分涉及的其他偏见其实也可能影响潜在的创业者。当把所有的神话放在一起来看时，只有那些过于自信、喜欢冒险或有点疯狂的人才会成为真正的创业者。

什么样的决策过程能使得潜在的创业者安心并开始行动？研究者已经花了大量时间来研究这个问题。这一问题非常重要，而且有着实践价值，因为政府和经济发展组织耗费了大量的金钱扶持创业。这对于产业发展非常重要，在产业发展中，创业教育培训者可以直接或间接教授那些潜在的创业者如何做出最佳的创业决策。在接下来的内容中，我们将剖析这些决策背后的思考过程。当你读到创立西尔斯的故事时，希望你判断一下自己是否真的陷入了困境。

> 在这个世界上，真正令人尊敬的不是那些批评人士，不是那些指出强者身上存在弱点的人，也不是那些指责实干家哪些地方能够做得更好的人。荣誉属于竞技场上的人，他们的脸上布满尘土、沾满血泪，但他们仍然英勇战斗；他们屡败屡战，因为任何努力都伴随着错误和缺憾；那些奋勇去做的人，那些饱含热情且不顾一切的人，那些耗尽毕生精力从事伟大事业的人，那些最后取得伟大成就的人，即使他们失败了，他们也失败在伟大的尝试中。因为他们与那些"不知什么是成功、什么是失败"的冷漠且胆小的人截然相反。
>
> ——西奥多·罗斯福

延 伸 阅 读

幸福的秘籍

在《保持独立很重要》中,马蒂亚斯·本茨和布鲁诺·弗雷(2008)探讨了幸福的角色,以及成为一个创业者的决策中的主观幸福感。他们的研究表明,"做你自己的老板"这一想法有助于人们掌控自己的命运,让他们感到自己拥有很多重要的特质,如自我决断、灵活性和充分运用自身技能的能力。

创业故事 5-1
西尔斯百货的创建过程

1886 年,芝加哥的一家珠宝公司运送了一批镀金的手表给明尼苏达州雷德伍德福尔斯市的一个珠宝店,由此引发了一系列事件,并最终确立了美国的象征。

时刻关注机会的到来

理查德·西尔斯是雷德伍德福尔斯市附近的明尼阿波利斯和圣路易斯火车站的代理商,他还通过出售木材和煤给当地居民来赚点外快。当这批手表到达时,雷德伍德福尔斯珠宝店拒收,西尔斯便开始了自己的行动。他买下了这些手表,然后再卖给火车沿线上的其他代理商,从中得到了一笔可观的利润。这笔买卖做得很顺手,于是他订购了更多的手表。第二年,西尔斯把他的业务搬到了芝加哥,并在《每日新闻》上发了一则广告。

诚聘:能够自己提供工具的钟表匠。请说明你的年龄、工作经验和待遇要求。

地址:T39,《每日新闻》。

阿尔瓦·罗巴克回应了这则广告,他告诉西尔斯,他了解手表,并展示了自己做的一些样品以证明自己的能力。这开启了两个 20 多岁的年轻人之间的合作。1893 年，西尔斯百货（最初叫作西尔斯·罗巴克公司）自此起步了。

改变的时刻

当时，美国乡下的农场主卖掉他们的庄稼来获得现金，然后再在当地的供销店买他们所需的东西。但是当把钱花在他们所买的东西上时，他们就入不敷出了。据报道，1891 年，一袋面粉的批发价是 3.47 美元，但是零售价格至少为 7 美元，高出了一倍。农场主发起抗议运动，抵制高价和中间商的盘剥。

取得巨大的成功

西尔斯百货和其他邮购公司解决了这一问题。它们通过批量采购，充分利用铁路、邮局，后来利用农村免费运输和包裹邮寄，为农场主提供了除高价的农村供销店以外的可以接受的一个替代选择。19 世纪 90 年代，西尔斯百货迅速发展，在接下来的 100 多年里，它建立了完备的产品线，创造出了无数成功的品牌，在全世界有了零售店，并增加了保险和投资服务，最终给零售行业带来了巨大的影响。

合适的时机

这是市场研究的结果，还是深思熟虑的结果？是运气，还是机遇？理查德利用机遇，而不是专注于先学习后行动，他专注的是在干中学。有时候，要想弄清想法是好是坏，弄清机遇是不是属于你，最好的方式就是像理查德一样买一箱手表，然后试着卖掉它们。理查德一开始不可能设想出西尔斯百货将来会怎样，他所能做的就是竭尽所能抓住最初的机遇，然后，其他好事就会接踵而至。

四个故事，四种行动

为什么创业？人生阶段不同，创业动机不同，对这个问题的回答也不同。本章中我们提供了四个故事，举例说明不同阶段的人的创业动机和做法。通过将拉里·亨奇（Boing-Boing 公司）和皮埃尔·奥米迪亚（eBay 公司）的故事进行对比，我们可以发现，亨奇是在事业成功后创业的；而对奥米迪亚来说，创业则是他事业成功的开始。与这两个故事的观点相反，并非所有的创业都会成功。由于朱迪·亨德森-汤森德（Mannequin Madness 公司）的网络公司已经破产，所以她有时间着手尝试一个新的事业，尽管与理查德·西尔斯一样都有各自成立合资企业的情况，但西尔斯显然一直在寻找创业机会，除了承担火车站代理人的日常工作，他还涉足煤炭和木材行业。

显然，不同人生阶段的创业动机不仅是我们以上提到的这些，关键要看这些理论是如何随着情况的不同而变化的。请思考一下，你会把自己定位于什么样的角色？什么东西会激励你前进？

为什么不采取行动呢

忽略被延迟的生活计划

许多人在短期内做他们不喜欢的事情，认为总有一天能实现他们的真实生活计划。这种做法有两个缺点。首先，没有人会坐下来告诉你什么时候可以停止做你不想做的事情。其次，我们的时间有限。如果你觉得自己的生命永无止境，你可以有很多你想要的生活计划。但是你只有一次生命，为什么不利用它去做你想做的事情，得到你想要的影响力，而非要等到下一分钟再去做呢？

创业故事 5-2

可持续性创业

在 1995 年劳动节我创立 eBay 的时候，eBay 并不是我的事业，只是我的个人爱好。我不得不建立一个能够自我运行的简单机制，因为我有一份每天都得坐班的工作。我是一名软件工程师，朝十晚七，但周末我想要有自己的生活。因此我需要一个能持续工作的机制——收集顾客的抱怨和反馈——即使是在帕姆和我都去山林里徒步而只有猫在家的时候。如果那时候我得到一个重要投资人的银行支票，或者有一个了不起的雇员帮我干活，事情可能会变糟。我很可能创立一个非常复杂而详尽的机制，这个机制可以证明所有投资的合理性。但是我不得不在紧张的预算下运行，我的时间和金钱都非常有限，现实迫使我一切从简。因此，我创立了一个能够自行运转的机制。通过建立一个简单的机制，在少数规则的指导下，eBay开始了自我滚动式发展——它能在某种程度上实现自组织。因此我想告诉你的就是：无论你构造了一个什么样的未来……不要试着筹划一切。可能计划对我们任何人来说都起不到什么更好的效果。

——eBay创始人皮埃尔·奥米迪亚

创业故事 5-3

Boing-Boing

拉里·亨奇用了40多年的时间研发生物科学技术领域的突破之作——生物玻璃，它是一种已经帮助数百万深受骨损伤折磨的患者恢复健康的创新材料。生物玻璃还拥有许多专利，这也给科幻小说创作提供了很多灵感。

梳理创业资源

年近古稀，亨奇仍想在其他新领域获得突破。他估计了一下自己所拥有的资源：兴趣、知识、资产和毕生积累的人脉。其中一个领域与他对科学研究的理解有关，尤其是如何利用生物玻璃来修复人体骨骼。另一个领域则有助于他的孙辈们有机会接触科学，他对此事兴致勃勃，因为亨奇对现在的科学启蒙书十分失望。作为一个发表过500多篇研究论文、出版过22本书的人，亨奇具备很强的写作才能。

整合资源创造机会

亨奇是怎样处理这些貌似不相关的资源的呢？他创造了Boing-

Boing——一个超能猫咪的新形象。更具体地讲，他写了许多有关 Boing-Boing 冒险故事的儿童读物。通过这些儿童读物，亨奇将自己讲故事的爱好、对科技的理解和热情，以及对教育孩子的兴趣有机地结合起来。

从此开始的衍生力量

可以很容易想象得到，在现有资源的基础上，亨奇可能还有其他期待：建立一个生命科学公司，专注解决儿童骨损伤问题；为那些想进入医学研究领域的孩子举办夏令营；开展与科学有关的游戏活动等。这些不同的商业计划为创业研究提供了两大启示：第一，没有可采取行动的唯一正确的机遇。第二，凭借个人资源，开启创业之路，亨奇拥有了独特的洞察力、差异化的方法和竞争优势。基于已有的资源，亨奇把 Boing-Boing 变成了他最好的机遇。为了充满好奇心的孩子，Boing-Boing 以一只机器猫的身份开始了它的旅途，并已经准备好在接下来的冒险中对抗雄狮的利爪和追捕盗取珠宝的窃贼。亨奇扩展了生产线，生产适用于小学生的文教产品，如练习簿、实验手册和实验器材。

向前跳跃

亨奇的下一步是什么？在成为儿童图书出版商、品牌所有者和儿童科学教育工作者之后，亨奇扩大了他未来成就的范围。可以想象一下 80 多岁的亨奇面临的各种各样的可能性。更重要的是，如果换作你，请思考一下你会如何把这些方式方法结合，以及如何将它们变成新事物。

创业故事 5-4

关于人体模型的生意

朱迪·亨德森-汤森德从没有在零售业工作过，她也没有对人体模型的实际市场需求做过研究。事实上，她 15 年前进入企业工作，从未涉及人体模型的业务。她所需要的是一种创造性的艺术项目——为她的花园搭配人体模型。但是她并没有只买一个人体模型，而是一下子从一个供货商那里花了大概 2 500 美元买了 50 个人体模型，因为这个供货商要结束模特租赁生意并离开其所在的州。

对人体模型业的思考

尽管 2 500 美元的经商开销对朱迪来说并不算巨款，但那时候的她也需要考虑控制其余的开销。她向丈夫杰伊解释了为何他们的地下室会有 50 个人体模型，之后决心开拓人体模型市场。朱迪具有线上销售能力，她的生意吸引了美国和加拿大的很多顾客，那时，零售业开始发生变化，在她购入 500 个人体模型之后，公司的顾客已经从贸易展览的小贩拓展到小型零售商、艺术家、eBay 卖家和策划商，甚至还拓展到工业光魔公司（Industrial Light & Magic）——一家专门负责卢卡斯影业背景视觉效果的公司。

面子与钱包

她的辛勤工作逐步步入正轨。2001 年年底，朱迪开始经营她的公司 Mannequin Madness，当时她被一家经营失败的网络公司解雇了。如今，依据人体模型的完好程度和风格，朱迪通过一款人体模型可以赚取 100～350 美元，并在一年内处理大约 5 000 个这样的人体模型。她从倒闭的或甩卖的零售商那里获取了大部分库存，然后摒弃传统的人体模型，引入最新款式。Mannequin Madness 也维修人体模型，公司建立了一个关于人体模型的博客，逐渐成为知名的人体模型经销商。

改变自我

从最初 2 500 美元的投资到创建现在这样一家公司，朱迪显然颇具商业头脑。然而，她还有另一个特质，那就是极具环保情怀。在赚钱的同时，她不会让旧的人体模型进入垃圾填埋场，人体模型体积大，而且通常是由不易降解的材料制成的。她的公司每年回收超过 10 万磅的人体模型的头部、四肢和躯干，否则这些都将被浪费掉。因此，除了拥有良好的经营业绩，朱迪还获得了美国环境保护署颁发的特别成就奖。

成功的条件

朱迪已经赢得了一些"东西"。这些东西或许无形，但是也许更重要。她已经获得了做她想做的事情所需的资源，比如与那些有创造力的人有进一步的沟通、与丈夫共同创业。虽然朱迪还没有实施蒂莫西·弗瑞斯推广的"四小时工作周"，但她拥有一个灵活的工作时间表，可以与来自纽约和伦敦的合作伙伴合作，去她想去的地方工作，这对她而言已经足够了。

解析创业决策

人们至少可以通过四种方式思考创业并最终采取相应的行动，这些行动与可承受损失原则密切相关，这些内容我们将在第12章深入讨论，而且我们还要针对每一种决策思考哪种是最佳方案。

你能失去什么

这是对教科书定论的一个颠覆。与其从你现有的薪水和未来潜在收益的角度计算创业的机会成本，不如先计算两个相对简单的值。一个是估计你愿意失去的最大值，另一个是估计你能够收获的最小值。现在分析一下那些你能承受的即"用最大的投资获取最小利润"的机遇，这种方式一般称为"最小化最大值"或"最大化最小值"方法。这是一个有用的筛选机制，可以减少那些你需要认真考虑的风险的数量，然后决定是否开始行动。

从小处着手

通常有几种可行的方法来实践一个想法，其中一种方法是选择风险最小的方案。例如，一边"兼职"经营一家企业，一边继续自己的工作，而不是一开始就把所有相关资本都投入到创业活动中。这就是 eBay 创始人皮埃尔·奥米迪亚所做的。研究表明，大约 50% 的创业者都是这样起步的。

机会成本

正如建立新企业存在机会成本一样,不创业也存在与之相关的机会成本。人们通常忽略了这些成本。安于目前的工作,会放弃创立新企业带来的潜在的赚钱机会和巨大的心理回报。这些回报有许多是心理或情感层面的,通常很难量化。对于那些认为不创业成本大于创业成本的人来说,意识到这一点很重要:你可以从小处着手,朝着你所选择的方向一步一步前进,并且要记住,不要在所有人都认为你会创业成功后,你才开始行动。

意识到失败可能带来非常积极的作用,这一点也很重要。一方面,失败将帮助你建立与那些愿意和你一起走出失败的人之间的关系。如果你不尝试,你就不知道这些人会是谁。另一方面,失败有着更大的影响。有些准创业者说他们不可以失败,因为他们生活的文化环境不容忍失败。但研究显示,每一个国家都存在一些想要创业和支持创业的人。只有准创业者付诸创业行动,他们对失败的恐惧才不会阻碍他们的成功,这也会鼓励他们更加不惧失败。

先学会走,然后再跑

我们所知道的每一家公司都是由创业者建立的。很显然,他们已经为这趟艰难的旅行成功地制定了自己的路线图。

本章的例子说明创业决策并不像跳水那样,突然从高台上一下子跳进深不可测的深水,而是一段步步为营的进程,它建立在你所拥有的资源和你愿意失去的东西之上。这是你达到目标的另一种方式。

创业故事 5-5

如何学会放手

兼职

汤姆·法乔是休斯敦的一名会计师。1967 年,他所在的社区举办了一次会议,邻居请他帮忙解决社区的废品回收问题。法乔接受了这一请求,借了7 000美元,买了第一辆卡车,每天早上4点钟爬起来花2个小时回收废品,然后换上西装去会计师事务所上班。这样的生活持续了一年,之后他决定静下心来好好思考一番,是不是要继续一个人坚持把这项工作做下去。

公务员还是垃圾工

压力越来越大,再冷的天里我也会全身被汗水浸透。我在会计师事务所里负责的工作大部分都要求在税务年度的年底完成,而且涉及关键客户的重要决策,所以我需要花上大把时间去深入思考他们的问题,与他们就所做决策进行商讨。我时常被各种紧迫要求弄得焦头烂额,感到喉咙被紧紧卡住,就像脖子被电线捆起来了一样。

——法乔和米勒,1981

不计代价

今天晚上我十分疲倦,却难以入眠。当我盯着天花板时,我想象着所有运送垃圾的卡车同时宣告报废的情景。我试图自己推动它们,让这些车动起来。一片漆黑之中,我的心脏越跳越快,浑身忍不住发抖。我也许会前功尽弃,这可怕的想法几乎将我击溃。我想停下来,落荒而逃。我怕得要死,对这一切感到孤独、厌恶。我尽量努力去思考人生,思考对我来说究竟什么才是最重要的,我的思绪成了一团乱麻……我想起了自己决心开始从事废品回收时说过的话:"不论付出多大代价!"我枕在枕头上,内心长叹一声"我的天,这就是代价",然后翻了个身,进入了并不安稳的梦乡。

——法乔和米勒,1981

学会放手

法乔放弃了舒适优越的白领工作,创立了废品处理企业布朗宁·费里斯公司(最初隶属于美国废品处理系统)。那时,他完全想象不到自己会建立起一家市值数十亿美元甚至改变了整个行业的世界名企。不过,他那时候很清楚地知道最坏的情况是什么样子。对他而言，做出承诺意味着他知道自己可能承受的损失并向那种可能性妥协。

可承受损失

法乔的决定体现了可承受损失原则。法乔做出的决定是根据可能产生的负面效应，以及如果最坏的情况真的发生他是否有能力承受，而非考虑到废品处理行业潜在的发展机遇。通过事先关注负面的可能性，创业者能够有效应对创建新企业所产生的风险，并将最大限度地最小化他所能承受的风险。

一延一伸一阅一读一

谁真正会行动

一份关于"创业经济"的报告比较了不同国家的人的创业兴趣、目的和行动。其中荷兰人对创业感兴趣的人数比例最高（83%）。在那些打算在未来3年内创业的人中，法国人以25%的比例位居榜首。就实际行动人数而言，澳大利亚、美国和爱尔兰是仅有的比例超过15%的国家。兴趣和行动之间有最大差异的是意大利，68%的意大利人对创业感兴趣，但只有不到4%的人真正开始了创业之旅（普华永道会计师事务所，2013）。

结语：行动胜于分析

总体而言，创业者强调行动而非分析。看看创业史，我们会发现其中包含许多这样的创业者，他们的想法并不意味着大机遇，他们只是带着一个平凡的想法前行，然后通过不断地行动逐步建立成功的事业。

第 5 章 创业并非都要纵身一跃

在形成商业模式的过程中,这些创业者并非目标驱动的,而是资源驱动的。他们越有经验,就越能更好地运用现有的点滴想法来创造新的可能,包括新的战略、新的商业模式、对环境变化的快速反应、对看似不起眼的技术的新运用,以及创造出事先无人知晓是否存在的新市场。

现在怎么办

思考一下:你的极限是什么?你能承受的损失最多是多少,是在什么时间范围内?为了满足你的需求,你最少需要赚多少?

- 今天你能做什么来开始创业呢?可能很简单,例如为你的新公司起个名字、打印新名片等。
- 在采取下一步行动时,有什么东西是你需要先放弃的吗?

金玉良言

开始创业并没有看起来那么可怕。把创业决策看成一系列小的步骤,被你所掌握的资源驱动,建立在你愿意承受的损失之上,不要试图获得巨大的收益。这样,"下海"创业就不是一件那么让人望而却步的事情了。

深入思考

如果一个人摸着石头过河而不是奋力狂奔,这会成为成就新事业的阻碍吗?

- 在全职工作的基础上开始创业算是兼职吗?这种认识重要吗?
- 如果这种开始新事业的方式会使采取行动变得更容易,那么更加正式的创业计划会如何阻碍创业者采取行动呢?

第二部分

创业专家如何思考

有人对从国际象棋到出租车驾驶等领域的专家进行了系统的研究，结果发现，除了思考和解决问题的方式，这些专家与我们并没有什么不同。正是这种差异，能够使我们与不同领域的专家跨界合作，从而取得非凡的成就。本部分致力于解释创业领域内的这些差异。在这些章节中，你能够找到清晰的解释，知道到底是什么使创业情境十分独特，并且了解创业专家所采用的有效解决问题的基本策略。在你投身解决创业问题的过程中，我们希望你能从一开始就构建一种清晰且准确的方式去看待世界，这样你就能以创业专家的思维来看待这个世界。在他们看来，世界既是不确定的，又是可塑造的。理解这一观点对你大有裨益，能够帮助你理解效果逻辑原则与创业专家行动方式之间的关系，效果逻辑原则将在本部分进行介绍，而创业专家的行动方式则是指通过自我行动来寻求对结果的控制。

我认为一名好的创业者每天都在学习。在面对创业情境的不确定性时，创业者不会逃避——他们会去弄清楚这件事。他们会很负责任，而不是指责其他人。在某种意义上他们是梦想家，但他们也很现实——他们会在有能力的情况下，在其可承受范围内采取行动。

——戴蒙德·约翰

第 6 章 预测、风险和不确定性

尽管创业者用他们的时间、金钱和声望去冒险尝试，但其实他们比银行家更保守。

所谓安全感大体上是一种迷信，因为它在自然界中找不到，所有人也未曾真正体会过。从长远的角度来看，逃避危险并不比直面危险更安全。要么来一场大胆的冒险，要么一事无成。

——海伦·凯勒

:本章概要:

- 生产要素
- 第四大生产要素：创业者
- 一个充满不确定性的瓶子
- 预测、风险和不确定性
- 创业者应对的是不确定性，而非风险

冒险是人类的一大特质吗？是我们中的某些人与生俱来的吗？是可以教授和学习的吗？是创业者固有的属性吗？冒险是创业过程中必须经历的吗？所有的冒险都是"相似的"吗？如果不是，我们可以用什么样的标准来划分不同类型的风险？团队里的每个人都能感知同样的风险吗？如果不能，原因何在？

生产要素

反思以上问题之后，让我们着手探究解决这些问题的理论框架。关于这一点，我们可以先看看关于创业研究的文献中最早和最令人振奋的一篇论文。这篇论文发表于1921年，作者是一个叫弗兰克·奈特的博士生。以任何一个简单的物品（如一支钢笔）为例，如果你问自己"这支笔的价值或者价格是由什么决定的"，你将至少得到三种答案。这三种答案被称为三大生产要素，它们被写入每一本经济学基础课程的教材中。这三大要素如下所示。

- 钢笔的价值来源于制造钢笔的原材料。这里的要素包括"土地"，土地的价格通常被称为"租金"。
- 钢笔的价值也来源于笔的实际生产者，包括他们的时间、劳动和技能。这里的要素是"劳动"，劳动的价格通常叫"工资"。
- 钢笔的价值还包括创造这支笔的技术人员的想法、创造力和设计，也包括参与制造的机器和工艺流程。这些通常列于"资本"之下，资本的价格通常被称为"利息"或"投资回报"。

古典经济学家认为，如果市场"有效"，那么制造这支钢笔的三大生产要素将涵盖钢笔的所有价值。这支笔的成本应该不超过也不低于三种要素的价格。也就是说，在一个开放且有效率的市场环境中，当供求平衡时，"利润"应该为零。

第四大生产要素：创业者

奈特（1921）抨击了微观经济学中这一乌托邦式的观点，他认为人力资本（包括创业精神）是生产中的第四大必要要素，其价格通过"利润"来体现。

创业者贡献什么

创业者为供求关系做出了什么贡献呢？为什么他们在产品和服务的价格中占据这么大的份额？这些产品和服务的价值难道不是来源于原材料、劳动及利益相关者的投资吗？上述问题可以用一个简单的事实来回答，那就是当为这三个要素支付成本后，也许有、也许没有任何东西剩下了。换言之，在新产品和新服务被生产及出售以前，我们无法保证它们可以被创造出来，也无法确保它们能带来超出成本的价格，即利润。必须有人来承担将新产品和新服务引入市场时，甚至包括创造一个先前根本就不存在的新市场时的各种不确定性。换句话说，在创业者采取实际行动前，供求关系经常不为人知，也不可能为人所知。

为什么创业者有权享有"利润"

大多数创业者从未听说过奈特，没有关系。但是想象一下你将新建一个IT公司，需要聘请一位首席技术官。大多数优秀的技术人员并不知道产品的价格是由什么决定的，不是因为他们不聪明（他们可能比创业者更聪明），而是因为技术人员把他们的时间和精力都花在了技术技能的学习上。即使最好的技术教育，也无法保证技术人员接触到基本的商业理念或创业者在经济活动中的角色等知识。

因此，优秀的技术人员在感知到产品的技术"价值"（或者他们自以为自己感知到了）以后，仍然疑惑为什么产品的价格必须定得这么高？为什么营销人员可能常比他们赚得还多？为什么创业者在这个价值"馅饼"中得到最大的份额？援引奈特的论文，不仅可以让他们心悦诚服，而且可以让他们了解到，在处理诸如公正合理的薪酬谈判等微妙问题时有更容易采取的方式，更不用说让他们学习到譬如分担风险的必要性这些商业理念了。

不仅仅技术人员，大多数的人认为价格、顾客及市场都是可以分析的，结果也是可以预测的。或者，他们走向另一个极端，畏惧创建新公司所带来的模糊且不确定的各种"风险"，这种畏惧建立在"大多数创业公司以失败告终"这一陈词滥调上。我们已经在第一部分剖析了这一错误想法。现在我们可以回到奈特这里寻求一种有用的方式来真正理解创业环境中的风险问题。虽然预测、风险和不确定性等术语乍一看可能非常相近,但我们将在之后的内容中探讨它们之间的重要区别。

一 延 一 伸 一 阅 一 读 一

弗兰克·奈特

弗兰克·奈特1885年出生于伊利诺伊州的麦克莱恩县,他的父亲是一个天主教农场主。1905年,他高中还没有毕业,就去了田纳西大学。1916年,他完成了经济学博士学习,博士论文的题目是《成本、价值和利润》。

这是他辉煌学术生涯的开始。奈特培养出了众多的诺贝尔经济学奖得主(其中包括米尔顿·弗里德曼、肯尼斯·阿罗和赫伯特·西蒙)。此外,他还是一个多产的作家。在他的贡献中,他创造了创业者作为第四生产要素的概念;除了土地、劳动和资本以外,创业者驾驭不确定性,而利润是对他们的回报。

一个充满不确定性的瓶子

想象一个游戏,如果你挑出一个红球,就算你赢。在你面前有三个瓶子,其中第一个瓶子里红球和绿球各一半。第二个瓶子里装有球,但是你不知道红球有多少个。第三个瓶子里你连装着什么都不知道。你会选择哪个瓶子呢?

1961年,艾斯伯格做了一个实验(奈特曾在论文中描述过)来调查偏好,发现大部分人选择红球绿球各一半的瓶子,而非概率分布未知的第三个瓶子。这一切看起来似乎显而易见。但是现在,问问你自己,你觉得"创业者会选择哪个瓶子"?研究者推测创业者可能倾向于选择概率分布未知的而不是概率分布已知的瓶子,因为创业者是冒险家,因而他们会选择第二个瓶子。

但是很多年前,奈特便声称,所谓创业者,就是那些在不确定的情况下创业的人,他们可能会选择第三个瓶子。他认为创业涉及的问题是多方面的,而且每个方面还可能变化无穷,这导致可以正确预测结果的可能性变得极低,更不用说解决问题了。我们可以从现实情境出发来看待上述三种不同选择。第一个瓶子所代表的商业情境很少出现,因为没有任何事情是绝对可以预测的。经济学教师认为大多数商业情境和第二个瓶子一样。商学院所教授的关于预测和情境分析的工具,可以有效确定第二个瓶子的红球绿球分布状况。但是,如果你能够理解创业者实际上选择了另外一个完全不同的即第三个瓶子,那么你将很容易理解为什么他们会采用一系列完全不同的规则来学习如何做出决策。

"等等!这不是你的未来,这是肯·礼的未来。"

我们先不要去想创业者是否从"奈特不确定性"的角度来看待这个世界,让我们简单地问问自己:代表三种不同类型的瓶子的成功案例有哪些?一旦我们充分描述、理解并运用这个概念,我们便能开始谈论面对不确定性情境如何进行决策,并从真正的不确定性的层面采取行动。实际上,本书的绝大部分都在讲述玩奈特第三个瓶子游戏的策略和技巧。

预测、风险和不确定性

我们用预测、风险和不确定性这三个词来界定三个瓶子所代表的不同问题类型。理解这三个概念之间的差异非常重要(见表6-1),因为概念不同,处理方式也不一样。当未来可以预测时(即我们知道瓶子里红球绿球的分布),我们可以通过以往反复出现的情况来预测未来可能发生的情况。当未来充满风险时（即我们在应对一个未知的概率分布时），我们仍然可以运用现有知识及对未来的直觉，但是我们要摸着石头过河，学习新的模式，并找到各种可能适用于新模式的方式，同时，我们还要尽可能地为自己留条退路。

表 6-1　预测、风险和不确定性之间的差异

	预测	风险	不确定性
	一个稳定的环境，未来事件可以基于过去重复出现的模式所确定	一个以总体趋势和局部方差为特点的环境。决策者试图将这些数据建模从而为决策提供有意义的信息	一种不存在有助于决策者做出决策的历史数据的情况。不确定性不能被模型化或被预测。它是一种不仅未知而且不可知的未来
关键之处	数据、经验	方差和可能性	专业知识、影响力和控制
怎样进展	比以前更努力，力争制订完美的商业计划	稳健性，基于情境的预案	共同创造，可承受损失
应对意外情况	质量检查（一定是自己的错）	预测风暴，努力按原计划进行	拥抱意外事件并重新思考，它提供了新的机会
衡量成功	对比现实状况和计划，执行	对比现实状况和计划，接近愿景，把风险控制在一定范围之内	重视新奇性，找到自己更有潜力的地方

然而预测第三个瓶子是最难的，但也是最有趣的。它代表有着真正的不确定性的未来，无论你玩了多久，你可能永远不会知道瓶子里的球的分布。

> 预测是最难的，尤其是预测未来的时候。
>
> ——尼尔斯·玻尔

预测

古典经济学家（以及大多数的商学院）告诉我们：市场客观存在，并且或多或少是可以预测的，此外，当供给和需求曲线相交时，市场迟早会达到最佳的供求平衡。

自亚当·斯密（1759）最早引入市场这只"看不见的手"的概念，通过基于自身利益的市场决策，最有效地分配稀缺资源以来，无数学者和商人找到了可以成功地预测"看不见的手"的行为的方法。实质上，每一种管理工具（从销售预测到预期价值测算，再到实物期权分析）的背后都存在这样一个信仰：亚当·斯密的洞见可以基于各种历史信息来预测未来。

亚当·斯密

一延伸阅读一

亚当·斯密是苏格兰启蒙运动的核心人物。1759年，他出版了社会伦理学著作《道德情操论》，引起国际关注。1776年出版的《国民财富的性质和原因的研究》（即《国富论》）使他获得了极大的名声，这本书成为经济学领域的经典。作为"经济学之父"，斯密阐释了理性自利和竞争如何带来经济发展与繁荣。他还创造了"看不见的手"的隐喻，经济学家用它来描述市场自我调节的功能。他的研究推动了现代经济学学科的创立，并为自由贸易和资本主义提供了理论依据。他撰写的有关供给和需求的文章鼓励了后代学者和商界人士相信经济活动能够被模型化、被预测。

当今时代，越来越多的人认识到这样一个事实：市场中的所有因素并非都可以通过一种明晰的方式被获悉或者通过一定的原则理念被深入理解。因此，我们的模型不能仅仅依赖于预测，而是要将风险纳入考虑范畴——并非所有人都能够按事先预定的方式行动，也并非每个人都能获得做出正确决策所需的信息。因此，诸如风险及不完全信息等概念在今天的经济学分析中变得越来越普遍。

戳穿预测

我们都知道一些有关预测失败的故事。无数的网站致力于发布关于失败预测和"世界末日"般的故事。其中最有名的是世纪之交的千禧年末日。一些其他的例子如下。

第 6 章 预测、风险和不确定性

那个想法实在太荒诞了！当那个傻瓜试着从空中射击的时候，我愿意站在战舰的甲板上！

——1910 年，美国战争部部长牛顿·贝克对"可以通过飞机投射炸弹来击沉战舰"这一建议的回应

我们不喜欢他们的声音，吉他乐队已经过时了。

——1962 年，Decca 唱片公司高管迈克·史密斯拒绝了甲壳虫乐队

随着 50 种外国车涌入市场，日本汽车产业不太可能从美国市场上分一杯羹。

——《商业周刊》，1968 年 8 月 2 日

一延一伸一阅一读一

你无法预测谁将改变世界

美国的试错制度培养出了实干家：追逐"黑天鹅"、追逐梦想的企业家，他们可以接受某种类型的冒险，可以容忍在通往成功或获取知识的道路上犯很多小错误……现在是时候认识到，我们人类更擅长行动而不是理解，更擅长修补而不是发明，但我们不知道。我们生活在秩序的假象中，相信一切是可以计划和预测的。我们害怕不确定性，但我们无法摆脱，以至于我们创造了一些规则，试图理解过去，而最终却无法理解它，就像我们无法看到未来一样。

只有当你还没有预测就把金钱、时间或努力投入到事业中时，这些故事才会发人深省，这些都可以成为为什么在不确定性情境中你不愿意进行预测的绝好例证。看看你在自己所处的环境中做的那些预测，其中有多少真正实现了呢？没实现的时候你又失去了什么呢？这些预测适用于不确定性情境吗？

蓝海战略

蓝海战略这个词是金和莫博涅（2005）在他们合著的《蓝海战略》一书中提出来的。红海和蓝海是用来比喻市场环境的。红海是现存的产业，即已知的市场空间。在红海里，产业边界已经确定并被广泛接受，人们熟悉竞争规则。与之相反，蓝海指目前不存在的产业，即尚未被发现的市场空间，不受标准、预期和竞争的制约。在蓝海里，市场需求是创造出来的，而不是通过竞争夺来的，这里存在很多利润丰厚而且利于创业企业快速成长的机会。在蓝海里，竞争是无关紧要的，因为竞争规则还有待建立。蓝海战略旨在玩一个不同的游戏，目标在于创造一片新市场。正如颠覆性科技所做的那样，蓝海战略为环境创造出了新的不确定性，而不是试着对环境所造成的不确定性做出响应。

已经发生的未来

为了强调预测的重要性，管理大师彼得·德鲁克（1985）通过稳定且可靠的人口统计信息解释了过去650年里发生的诸多事情，他称之为"已经发生的未来"。㊀

这是不是对创业者的一大挑战？请尽量利用人口统计信息（或者其他可靠的预测信息），挖掘创业机会。

㊀ 《已经发生的未来》中文版已由机械工业出版社出版。

风险

解决预测问题只需要采用外推法,而解决风险问题还要求预测不同情境中随时可能发生的变化。风险情境下的决策包括计算一种特定结果发生的概率,而这种计算基于已有的信息和我们通过反复试错而获取的更多信息,也就是说,与解决预测问题需要采取防御性战术不同,解决风险问题要求采用更积极的前瞻性措施。

国家评估风险,例如在"冷战"中,美国试图利用情境规划(scenario planning)来评估一系列可能的后果。这一方法被壳牌公司等企业采用并发展,壳牌公司使用情境规划来确定与石油生产和价格波动相关的风险。在情景规划发展成一种普遍性的决策工具之前,它被广泛地应用在金融衍生工具领域(如期权、期货等)。

一些具有影响力的商业作家,诸如克莱顿·克里斯坦森(1997)、金和莫博涅(2005),从创新及市场的角度来看待不确定性。克里斯坦森最初致力于帮助不确定性情境的"受害者"即管理人员,而金和莫博涅则试图将现有情境颠倒过来,为他人制造不确定性。尽管这两种方式都能帮助我们将不确定性视为商业环境中的一个固有因素,但是它们并没有从整体的角度为我们提供一种将不确定性转化为创业机会的方法。

任何新产品、新市场、新科技都存在不确定性,而且可以在不同层面上发生——从宏观(全球变暖、化石燃料的枯竭)到微观(CEO 有心脏病)。谁能在今天预测干细胞研究或生物燃料的未来?1998 年 12 月,每桶石油的价格降到了难以置信的 10 美元以下,给生产和分销能力造成了极大的损害;而 2004 年夏天,油价则飙升至每桶 50 美元,并且一直保持增长,直到 2007 年 11 月,达到每桶 100 美元的峰值。没有人可以预料到,就连苹果公司创始人史蒂夫·乔布斯 1985 年 5 月都会被董事会"炒鱿鱼",也没有人能想到 1997 年 12 月他又回到苹果公司,更没有人想到这两大变动给公司造成的巨大影响。

记住这些例子,我们便可以清晰地认识到不确定性并不仅仅存在于新兴产业的创业公司中。思考一下这一事实:《财富》500 强榜单上的公司，其中有 1/4 在 30 年前并不存在。这意味着每隔 88 天就有一家新公司成立，并将取代现有《财富》500 强榜单上的某一家公司。还有哪些我们从未想象到的新竞争对手、新产品、新的商业模式会悄悄地登上商业舞台呢？

创业故事 6-1

Freitag 公司的神话

在瑞士的苏黎世，弗赖塔格（Freitag）兄弟着手考虑一个新的商机，这个想法诞生于他们在公寓俯瞰苏黎世 Hardbrücke 的主要卡车路线的时候。由于对自行车邮差所使用的邮包耐用性不满，两个人想创造一种既能承重又能防水的产品。1993 年，他们开始设计背包并成立了 Freitag 公司。他们并没有采用最新的高科技材料，而是采用已被使用过的卡车帆布来制作袋子，并用二手车安全带作为提带，用单车内部的软管作为边缘修饰。使用回收材料的想法使他们从新兴的环保浪潮中获得了巨大收益。在设计过程中，他们确保每个背包都是原创的、定制化的，而且具有个性，另外融入卡车元素使得背包的外观焕然一新。

可预测的成功？

Freitag 公司及其背包生产线取得了杰出的成果。现在，他们通过网络、5 家分布在德国和瑞士的实体店以及世界上其他 300 家 Freitag 专卖店，每年售出的背包多达 20 万个。平均每个背包的价格超过 250 美元。试想如果 Freitag 公司没有这么做，顾客是否仍会花高价购买由商业废料制成的背包呢？或者，这样的背包是否会存在呢？很可能不会。创业者不仅要满足市场需要、发现商机，而且要认知并思考市场中的不确定性从而创造新奇的事物。

应对风险：比较创业者和银行家

你认为哪个职业的人是厌恶风险的？2008 年金融危机以前，

大多数人可能回答"银行家"（他们以为，银行家最厌恶风险，毕竟，银行家都管理着自己的账户）。我们决定检验这一猜想。我们要求银行家和创业者解决一系列问题，所有问题都涉及经营一家制造厂。问题包括财务风险、生命与健康风险、自然灾害风险。我们将比较银行家和创业者对每个问题反应的异同。

当面临纯粹的金融问题（如投资新产品）时，创业者和银行家似乎在对可控因素的认识上存在较大的不同：创业者似乎认为风险是不可避免的，因此他们致力于控制结果而非风险。他们的方式是：选择一个可接受的风险，然后争取更高的收益，选择项目时做好最坏的打算，同时，他们表示自己有信心使实际情况比最坏的可能性要好。银行家则提供了许多控制风险的方法，但没有任何增加收益的实用措施。他们似乎相信，通过把风险降至最低，可以带来最大的可能收益。

接下来一系列的问题涉及生命与健康的决策。情境如下：工厂的工业卫生顾问建议投资 300 万美元在生产区安装大棚和特殊通风装置。顾问认为，管道破裂可能泄漏毒性极强的化学物质，危害工人健康。经过仔细研究，顾问预计，以往的情况是这些管道可能每 10 年破裂一次、一次破裂导致 8 人死亡。安装大棚和通风装置后，如果管道破裂，会有 4 名工人死亡。第二个可能选择则需要耗资 1 000 万美元，安装特殊管道，封闭该区域，这样一来，管道爆裂的可能性就很小，即使管道破裂，也不会对工人造成伤害。

在这种情况下，300 万美元的方案可以减少工人由于管道爆裂而死亡的风险，但是不能完全消除。而投资 1 000 万美元则可以消除这种风险，但是公司无法承担这笔开销。所有参加调查的创业者都拒绝采用 300 万美元的计划，并提出投资 1 000 万美元的创新性建议。除了提出一些可能的技术建议以外，他们还考虑通过放弃股权、把该项目卖给大公司，或者与竞争对手合作等方式来增加投资。

没有一个银行家做出决定,他们的建议令人质疑,甚至有逃避责任之嫌。他们都表示自己将投资300万美元,因为这比什么都不做要好。他们没有针对融资1 000万美元提出任何建设性意见。他们的反应主要集中在怎样延迟或避免做出决定,他们认为需要更多的信息。两组受试者选择决策的方式可以简要地用图6-1来表示。

创业者
在一个给定的风险水平上,创业者认为他们能够拓展问题空间,增加收益

银行家
在一个给定的收益水平上,银行家认为他们能够缩小问题空间,降低风险

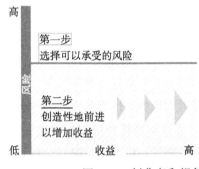
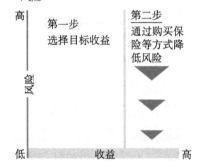

图6-1 创业者和银行家应对风险的不同方式

实物期权

由于技术和风险的不确定性,在面对投资问题时,一种直观的方法是想象自己为了用大笔投资"买到"一个好"选择",先进行一笔初始的小规模投资。这种方法通过保持初始的小规模投资,推迟大规模投资,直到你有更多关于初始投资的运作方法,能够控制失败的风险。从小额投资起步的最大好处之一是可能会出现很多最初无法预料到的好的"选择"(McGrath,1999)。

一延一伸一阅一读一

有人可以成为预测专家吗

—延—伸—阅—读—

出现在商业杂志封面上的创业者经常被誉为有能力预见即将发生的大事件的远见者。然而,这些赞赏与我们通过研究人类预测能力(包括研究在自己的领域内被视为专家的人的预测能力)所了解的一切大相径庭。研究者菲尔·泰特洛克在一项苦心从事的多年研究中,收集了政治学和经济学界专家的数千个预测数据。研究显示,通常情况下,专家在预测结果方面的表现并不比新手好,而且二者在本质上和抛硬币并无差异。另外,那些成功预测了极端事件的人,常常在其同伴中表现得不善于预测。由此得出结论:无论一个人的论断是否有追溯性,没有人能在预测未来的问题上占上风。

研究表明,将某位特定的创业者的预测当作预报的做法,也许是错误地理解了创业成功的原因。创业者做选择时考虑的因素可能更好地解释了他们所获得的成就。这些解释中最重要的一点也许是他们在创业活动中培养的能力和技能。这些技能可以让创业专家更少地依赖精准预测的结果。如果情况就是这样,那么创业专家的预测能力可能与其创业成功的关联性非常有限(Tetlock,2005)。

创业者和风险：事实并非如此

在对创业的研究中，风险是一个永恒的话题，它有着悠久的历史，可以追溯到法语中的"创业者"一词。经济学家坎蒂隆在其早期的作品中将创业者描述为承担运营公司风险的个体。

难道创业者比非创业者有更高的风险承受能力吗？针对这一问题，学者们通常是将创业者与由典型的管理者组成的控制组进行比较。迈纳和拉朱对28项相关研究的结果进行了元分析，结果表明创业者可能没有风险倾向。然而，有意思的结果是，这些研究主要在如何衡量风险的问题上存在分歧。基于创业者自己陈述风险倾向的研究表明他们是风险容忍者，然而衡量创业者行为的研究表明他们是强风险回避者。这就很容易得出这样的结论：有偏差的自我认知可能会扭曲创业者对风险的印象。创业者可能认为自己是风险承担者，尽管事实上相比于管理者，他们更像风险回避者（Miner和Raju，2004）。

创业故事 6-2

变不确定性为成功

1945年，新婚夫妇伦纳德·肖恩和安娜·肖恩用他们仅有的5 000美元开启了创建U-Haul的征程。

4年以后，两人创建的公司使美国大多数地方的城际拖车租赁成为可能。我们研究肖恩创业历程的时候发现，通过预测或者尽力控制风险的方式是无法完成这一壮举的。事实上，当今天的学生们开始为这个公司撰写商业计划的时候，他们一致认为这个计划在财务上不可行，甚至在心理上也行不通。因为它需要一大笔高风险的资本投入，其中大部分都被锁定在拖车、租赁场所等相对不值钱的资产上。像肖恩这样从一个很小的规模入手创业，然后组建大型物流公司，这是最好的预测专家始料未及的。对于拥有很多资产的模仿者来说，没有任何的进入壁垒似乎是成功路上另一个不能逾越的障碍。

超出预期

事实上，肖恩并没有像我们今天一样做详尽的市场研究，也没有仔细地预测和设计融资计划，而是基于他是谁、他知道什么、他认识谁（我们所说的有效的资源）直接采取行动，在发展企业的同时创造市场。肖恩观察发现，人们常来他岳父的车库询问他们能否借用停在后院的拖车。他自己说道：

由于我的钱只够房子的首付和装修，我也知道如果我把钱用在拖车租赁创业上，那么我们就一无所有了。我们把所有的东西放进拖车，接下来的六个月我们开始了游牧民般的生活，在父母家和岳父母家之间来回奔波。我买了些价格公道而且我认为是我们需要的拖车。1945年春天，我一头扎进了拖车租赁创业中，成败在此一举。

建立合作网络

肖恩和他的老婆孩子一起搬到了位于华盛顿里奇菲尔德的卡蒂家的农场里。在卡蒂一家人的帮助下，肖恩在1945年秋季建立起了第一家拖车租赁公司。车子都被刷成了耀眼的橙色，并在两边都涂上了一个令人回味的名字——U-Haul。他们把卡蒂家的停车场（和牛奶房）当成第一个生产厂。如果租赁者能在他们要去的城市里找到一家声誉很好而且同意租赁U-Haul拖车的加油站，肖恩就给这些租赁者打折。

20世纪50年代，肖恩开始建立"车队所有权计划"，使得所有的投资者（首先是经销商，其次是员工）购买U-Haul"舰队"的拖车。作为回报，他们未来可以得到红利。肖恩通过与全美国诸多加油站建立的伙伴关系构建起了一个经销商网络。U-Haul 为加油站提供拖车（1959 年又添加了卡车），加油站为 U-Haul 顾客提供闲置的土地和服务。U-Haul 从新业务中获利，加油站也从额外的销售收入中获利。

用合作网络阻挡竞争对手

这样一来，这张巨大的利益关系网给后来的模仿者打造了一个实质性的进入壁垒。如果想要效仿 U-Haul，就必须冒着巨大的资本支出风险与之竞争。U-Haul 的广告完全依赖于电话黄页和数量日增的色彩鲜明的拖车，这些车辆天天行驶于全美的高速公路上，带来了极强的视觉冲击力。

控制可承受损失

在任何特定的时刻，U-Haul 都可能失败，但是由此造成的财务损失不至于成为一场灾难，因为所有的投资风险分散在许多利益相关者身上。

仔细看看 U-Haul 的创业故事，我们可以发现肖恩是如何一步一步处理不确定性，如何凭借效果逻辑原则获益的——他的方式、合作伙伴关系、潜在风险损失限度的设定。当然，我们也可以篡改"历史"，说他可能做了市场调研，发现 20 世纪 40 年代末美国出现人口迁移，然后他向投资者借款、建立厂房，等等。但正如学生试图为此撰写一个可行的商业计划一样，这样一来也很可能扼杀了 U-Haul 这家企业。与此相反，因为肖恩无法衡量或没有衡量创业的风险，所以他只能尽他所能管理不确定性。

创业者应对的是不确定性，而非风险

创业者面对的是不确定性。那么，他们通过经验积累所学到的知识是可以教授和学习的吗？

为了更好地理解这一点，我们不仅比较了创业者和银行家，还对商业新手、大型跨国公司里富有经验的管理者进行了比较研究。更多的细节，我们会在后面的章节里描述。现在我们简要概述一下我们的发现。

创业者和其他两组人员的最大区别在于决策制定的策略。新手和经验丰富的管理者非常渴望预测，而创业老手显而易见不会尝试去预测，但是他们也不会胡说八道，或者炫耀他们对于未来的神圣洞见。与之相反，他们想出了一套可行的甚至制胜的策略，来应对奈特第三个瓶子的游戏挑战。对于第三个瓶子，创业者提出了以下想法：从第三个瓶子中所获得的最初的些许经验出发，忽略瓶子里剩下的东西；或者向瓶子里增加红球，以提高赢的可能；或者在你所拥有的资源的基础上，重新设定这个瓶子，并说服其他人和你一起来玩另一个不同的游戏。

总之，创业者明显在开发一套技术，可以有效地回答这一问题："如何控制一个根本无法预测的未来？"我们把这一决策行为模式称为效果逻辑。从本书的第三部分开始，我们将深入探讨效果逻辑的原则，理解其在新企业创建的不同阶段所起的作用，以及在大企业和社会部门等其他情境下的运作方法。

现在怎么办

- 考虑一下你现在的工作，你会在预测和控制上分别花多长时间？预测和控制相结合的方法，适用于你当前所处的情境吗？
- 想想你最近读过的市场研究报告，它对处于那个环境下的公司有多大用处？公司的环境在多大程度上具有可预测性或者不确定性？
- 如果你正在创造新的创业机会，怎样才能更加直接地让其作用于新市场创造呢？
- 预测对你要采取的行动有多重要？如果那些预测是错误的，一切都会分崩离析吗？

金玉良言

在创建新市场和新企业时，预测是一项特别具有挑战性的活动。应对不确定性是创业者能够创造财富的核心原因，但押注于预测通常不是他们成功的原因。相反，他们会主动寻找方法来掌控未来的情形从而不必去预测。

深 入 思 考

- 一个人如何知道什么是可预测的、什么是不可预测的？换言之，我怎么知道我是否在操纵一个不可预知的情形呢？
- 选择一个你最喜欢的新产品。你喜欢的原因是它的市场风险性较低、可预测性较高还是它的不确定性？为什么？
- 这些年来，关于如何创造未来，你学到了什么？你学到了更多关于如何研究和预测，还是如何控制和创造？

第 7 章　机会被创造也被发现

> 如果机会没有敲门,那就打造一扇门。
> ——米尔顿·伯利

:本 章 概 要:

- 机会从何而来
- 机会的创造与发现
- 机会是被发现的
- 机会是被创造出来的
- 效果逻辑的首要前提
- 创造属于你自己的机会
- 结语:一切都由你决定

第 1 章提出,创业是创造新的路线图,但是这样的结论还值得商榷。因为使用路线图这样的比喻容易带来两方面的误解:一是路线图会指向一个明确的目的地;二是在地图中附加的导航功能的帮助下,可能存在一个抵达目的地的最优路径。

在讨论机会从何而来之前,我们需要对如何看待地图这一问题进行澄清。此观点并非首创,它与贝尔曼在《猎鲨记》(*Hunting of the Snark*,

1874）中提出的地图相一致。我们并不将地图看作固定不变的环境下的静态图像，而是将其看成你所从事活动的动态反映，地图中的路径在不停变化，目的地也随着你的行动逐渐形成。没有两张地图是完全相同的，因此可能的路径和目的地数量也是无穷无尽的。

机会从何而来

这个问题可能看起来较为抽象化、理论化，甚至毫无用处，但这可能有助于解释那些有志于创业的人是如何看待机会的（甚至这也许只是他们下意识的想法），提供对他们追求一项事业时做法的深刻洞察。

机会的创造与发现

有必要说明，关于机会是否已经存在、机会是否能够被发现、机会是否一定被创造，也就是机会是被发现还是被创造这一问题，没有绝对正确或错误的答案。

机会是被发现的

持有"机会是被发现的"观点的创业者认为，行动的起点通常是搜索一个市场中持续增长的领域，以及那些未被满足的最大的细分市场。通过搜集数据，创业者可以选择出最有潜力的机会。一旦选定了机会，创业者就要进行大量的市场调研和竞争力分析，进而制订出商业计划。之后，他们要获取所需资源并搜寻利益相关者，来共同实施这个商业计划。经过一段时间的实施，创业者还要调整企业以适应环境的变化，从而保持竞争优势。

事实上，"机会是被发现的"观点存在如下假设：初创企业和在位企业非常相似，都是借鉴历史数据进行决策的，其所处的环境非常稳定，因为只有这样才能把过去的投资结果与当前和未来的情况相关联。

> 敲钟人①和他们仰望天空祈祷着——
> 姿态优美，神情平和，高贵优雅！
> 同时又多么庄严肃穆！
> 任何人都会崇拜他的睿智，
> 就在看见他的那一瞬间！
>
> 他手拿一张海洋地图，
> 上面没有丝毫陆地的影子：
> 船员们多么愉快，
> 因为那是一张他们都能看懂的地图。
>
> "标明北极、赤道、热带、时区和子午线的墨卡托地图
> 又有什么好？"
> 敲钟人大喊，船员们则回应道：
> "只是多了些图例而已！"
>
> "有些地图上满是各种形状，岛屿呀，海角呀！
> 但感谢我们伟大的敲钟人，"船员们坚定地说，"他
> 给了我们一张无与伦比的地图，上面是完美无瑕的
> 留白！"
>
> 《猎鲨记》，刘易斯·卡罗尔（1874）

创业故事 7-1

铺就前方的道路

仅凭印象（不要看你钱包里的收据），你还记得上次你乘坐的那辆出租车的公司名字是什么吗？如果答案是不知道，说明你代表了绝大多数的乘客。目前在世界范围内，出租车已经成为一种服务，它是商品化的、标准化的、无处不在的，是人们生活所必需的，却没有区分度。

机会红绿灯

对于用户来说，商品使用起来很方便。但是从提供者的角度来看，便利并不是一个吸引人的行业关键词。除非你是一位创业者，能够把

---

① Bellman 在英文中既可直译成人名贝尔曼，也指船上报警或负责瞭望的敲钟人。

当前的情况仅仅作为一个出发点，并且可以运用现有的事物，做出力所能及的行动去改变现状。那么，这种超前思维在实际中又是如何实现的呢？

环保的乘客

那些住在或去过伦敦的人肯定很喜欢那种标志性的黑色城市出租车。这款车外形厚重，具备了英国出租车的商业化特征。但尼克·威廉姆森正在推动出租车变革。

在自身坚持的环保原则的基础上，他于2007年推出了"气候汽车"，提供了一系列混合动力的丰田普瑞斯出租车，这些车的二氧化碳排放量是英国所有车型中最低的。他在车上还配备了自行车停放架，用环保的汽车交通工具营救被困的自行车车手。如果遭遇堵车，被困在车流中的乘客会发现在真皮座椅上有一瓶矿泉水和一本最新的时尚杂志，他们用这些来适当分散乘客注意力。威廉姆森第一年的收入达到了255 000英镑，这一数字在2010年增长了10倍，使得该公司越来越有市场吸引力，最终在2015年被交通巨头Addison Lee收购。

为她而准备

与此同时，在世界另一端的印度孟买，蕾瓦兹·罗伊正面临个人危机。2007年丈夫因伤陷入昏迷，她没有工作，无法养活三个孩子。那怎么办呢？罗伊是一名狂热的拉力赛车手，几十年的时间里她都在赛车。于是她准备用这一份热情来经营ForShe（类似于Forsche），一家专门为女性乘客提供出租车服务的公司。由于在印度大城市工作的女性租车需求巨大，罗伊的事业逐渐拓展，现在已经在孟买和德里拥有65辆出租车。她给成千上万的女性带来了便利，让她们提升了自信。

罗伊的创业事业并未止步于此，她不仅满足了女性通勤者的需求，还为员工提供了与顾客等效的服务。2008年，罗伊开始了她的第二次创业，为那些想为她工作的女司机创立了一所出租车培训学校。课程包括驾驶礼仪、急救方法和防身术，这样，她的员工就能在工作时注意到方方面面的安全问题。罗伊还为女性提供小额贷款，在学校中为那些立志获得与她同等收入和个性独立的女性提供赞助。

铺就通往前方的道路

罗伊和威廉姆森都向我们展示了一个做法，这也是创业者的独特之处——从他们拥有的独一无二的事物开始，然后采取行动。这铺就了创业者未来的道路。下次当你再坐到出租车后排的时候，可以想想如果你坐在驾驶座上，那会是什么样子呢。

创业故事 7-2

从一无所有开始

一些创业者发现他们的商业计划中不经意提到了粪便，于是汤姆·萨基围绕着这些发现，更准确地说是围绕虫粪展开了设计。他的朋友成功地用红蚯蚓处理堆肥，并将其产生的粪便用于植物施肥，这件事激发了他的灵感。他认为，在商业上生产和分销这种他称为"蠕虫粪"的产品，可能是一个商机。萨基在普林斯顿商业计划竞赛中获得第五名后受到了鼓舞。两年后他离开了普林斯顿，创建了泰瑞环保公司，并致力于将虫粪送到各地的家庭。

成功的味道

他开立了银行账户，办理了信用卡，花费 2 万美元购买了一台蠕虫轧棉机。为了养活不断增长的蠕虫群，他将普林斯顿大学的食物垃圾塞进机器。然而一只蠕虫每天可以吃掉相当于它体重 2 倍的食物，所以萨基很快就在这方面败下阵来。他将珍贵的蠕虫粪便包装在纸袋里，承诺这是一种完全可持续的产品。他将其带到园艺店，邀请园艺店销售这种产品。但是他得到的回答是：产品虽然看起来很好，但它的味道消费者无法接受。

回收的想法

解决这个问题的答案已经显而易见了，就是用旧的塑料瓶。既然产品是由废品制成的，那么为什么不用废品包装它呢？萨基开发了一种方法：他先将蚯蚓粪与水混合，滤出固体，留下营养丰富的液体装满回收的瓶子，然后用废喷雾盖密封。这个主意特别好，萨基在2003年的"Carrot Capital 商业计划挑战赛"中夺得了最高荣誉，获得了100万美元的投资奖励。这对他无疑是一件好事，因为泰瑞环保当时在银行只有500美元资产。

致力于废品事业

对一些创业者来说，判定他们成功的关键就是他们能够得到足够的资金来支持并实现其想法。对萨基来说，这是一个核心难题。

投资者希望在不遵循环保原则的情况下直接将泰瑞环保引入生产植物食品的产业中，他们还想改变公司治理的一些方式，萨基为此拒绝了投资。不同于投资商的想法，他加大了与大型零售商的合作力度，并引入了一种更为温和的投资形式。这件事的收益就是，2004年，沃尔玛和家得宝都在加拿大采购他的产品，并且他现在也正在进行多方协商，准备向美国扩张。

升级改造

在萨基的指导下，越来越多的垃圾喂养了越来越多的虫子，这些虫子也喂养了越来越多的植物，而且，美国人每小时扔掉250万个塑料瓶，因此包装材料也很容易得到。随着泰瑞环保的发展，萨基在各地都看到了商机。废品是一种能"升级"的东西，而且还会比原来的产品更有价值。

他利用种子发芽器和罐装混合物，将这些由废品制成的东西以废品的形式进行包装。然后他研制出由电子废品制成的城市艺术壶，之后是塑料制品，最后从风筝到剪贴板，这些都是可以完全回收的。萨基与塔吉特、沃尔玛、纳贝斯克以及卡夫的前期合作已经结束。如今，这些公司参与了"赞助废品"计划，大批消费者收集由这些公司制造和分发的二手包装，泰瑞环保支付消费者一定的费用并把这些废品变成一种新的产品来赚取更多的钱。截至2014年，公司拥有了2 000万美元的收入。

从废品中学习

萨基的经历告诉我们，在你的商业计划中，相较于去说服风险投资家投入大量的资金，充分利用你现在所拥有的东西才是更多机会的策源地。实际上有些人却额外花钱，拒绝了那些原本可以为全新的和有价值的产品提供基础的已有资源。虽然在废品领域建立新事业可能不会成为魅力排行榜的第一名，但它也告诉了我们另一个道理：当"可持续性"（sustainability）这个词从创业者口中说出来的时候，它可以同样适用于企业领域甚至整个星球。

音乐中的搜索和选择

发现机会的方法（通常指的是搜索和选择），对于解释在可预测环境中新企业的成功是有用的。我们知道，大多人喜欢边走路边听音乐，我们也知道，网络能够提供更广泛的音乐选择。据此，我们运用搜索与选择的方法，找到合适的软件和设备，再加以设计，便形成了后来的MP3。但是，这无法解释随身听（Walkman）的发明过程。发明随身听之时，没有任何市场及历史数据可以作为支持。当过去的信息无法帮助你预测未来的情况时，将可能性转化成商机（即机会被创造）的想法是有用的！

机会是被创造出来的

依据"机会是被创造出来的"观点，在创业初期，一切可得的数据既不详尽也不可靠，市场波动不定，消费者也并不了解自己未来的偏好。新技术不断被研发出来。已有数据既令人困惑又彼此矛盾。这就意味着创业活动不能仅仅通过将现有资源进行简单的组合，或者仅仅将资源从现有的用途转换到另一个用途就能够带来更大的收益。事实上，创业者此时需要进行创造或者转换，从而基于各种可能性创造出新的商机。

> 永远不要怀疑，一小群拥有梦想和承诺的人可以改变这个世界。事实一直如此。
> ——玛格丽特·米德

新的组合

约瑟夫·熊彼特（1934）曾经在理论上证明，需求是可以被创造出来的。他认为，所谓创新就是"新的组合"，也就是用全新的方法组合现有的资源。这种转换可能带来新的市场、新的生产过程、新的产品、新的供应方式及新的组织方式。熊彼特将"进行新的组合"确定为创业活动的精髓。

因为创业过程充满不确定性，所以效果逻辑常常奏效

令人惊讶的是，对全世界的创业专家来说，"机会是被创造出来的"观点常常奏效，这可能对创业者是个启发。这种观点是受所谓的效果逻辑引导的，效果逻辑是一种尤其适用于在不确定情境下向前发展的逻辑。为了理解如何使用这个时髦的词语，我们想一想原因和结果之间的区别，或者因果逻辑和效果逻辑之间的区别。搜索与选择法（"机会是被发现的"观点）是受因果逻辑或预测性逻辑引导的，因果逻辑是在 MBA 课程中会学到的一种逻辑，或者被看作全世界管理者所拥有的一种逻辑。这种逻辑意味着你开始时在脑海中设立一个目标，然后寻找一种最佳方法达到这个目标。但效果逻辑是相反的，它采用创造与转化法，而不是从一个特定目标开始（见表 7-1）。你会从一些给定的资源开始，让目标或效果在运用这些资源工作的同时逐步显现（我们会在第 9 章概述效果逻辑的原则，并在第三部分详述）。可以看到，效果逻辑被应用于很多我们仰慕的企业故事中，这些企业一开始经营的业务内容与现在大相径庭。机会是在长期的实践过程中被创造出来的，是通过与顾客、商业伙伴和员工不断交流得来的。创业故事 7-3 说明了两条不同的创业道路是如何被创造出来并实现同一种可能的。一个符合"机会是被发现的"（因果逻辑）观点，而另一个则符合"机会是被创造出来的"（效果逻辑）观点。

表 7-1　因果逻辑和效果逻辑

方法	市场	逻辑	启发
搜索与选择法	市场是固定的。任何一部分已给定的市场都可能是已经被开发的、未被开发的或潜在的	为了找到市场中未得到服务、服务不足或潜藏的领域，探索一系列有限的可能性	**因果逻辑** 设立一个明确的目标。重点在于通过积累必要的方法来实现目标。发生意外事件对于该过程是坏事情
创造与转换法	市场是可以被创造的。创意可以是有意为之的，也可以是因为完成颇具可能且有意义的工作后得到的意外结果	领悟创造新的需求是有可能的。与那些自愿加入的利益相关者一起互动，可以产生无限的可能性	**效果逻辑** 开始行动。重点在于在产生目标的过程中不断改变应对的方法。发生意外事件对该过程来说是好事情

创业故事 7-3

咖喱店生意

试想现在就有这样一个创业者，她打算经营一家咖喱店。根据"搜索与选择法"，她应该首先对当地餐饮行业进行调查研究，然后再精挑细选出店址，合理细分市场，并根据对潜在投资回报率的估计选定目标市场，据此目标市场设计店面、筹资、组建团队，最后运用某些市场策略，日复一日经营下来，最终获得成功。

如果使用"创造与转换法"，那么真实发生的过程在很大程度上就取决于这个创业者是谁、她知道什么以及她认识谁。为了能更好地帮你理解创业过程，我们假定她是一个打算自主经营的印度餐厅大厨。假设她并不富裕，那么她该如何将自己的想法付诸实践呢？她或许可以和一家已有的印度餐厅建立合作关系、参加食品展销会、为客户承办酒宴等。假设她说服了一个在市中心工作的朋友，让这个朋友把她做好的午餐带给同事品尝。久而久之，便会有客户每日预订午餐，她可以在家做好然后亲自送货上门。最终，她便可以利用自己的积蓄租个小门脸，完成自己独立开店的心愿。

假若起初的几位客户并未能给咖喱店带来如愿以偿的开门红，那也一样值得庆贺。因为根据"创造与转换法"逻辑，除了开餐厅以外，这个创业者还可以根据客户的其他具体需求，与其他创业者进行合作，开创自己的事业。例如，客户或许比较欣赏她的性格，那么她便可以录制一段烹饪视频或者开办一所烹饪学校。因为不同的客户有不同的需求，所以这个创业者可能由此进入任一行业。例如，她最后很有可能在以下领域成功创业：娱乐、教育、旅游、制造、包装、零售、室内设计。这仅仅是几个可能的例子。

效果逻辑的首要前提

"咖喱店生意"的例子阐释了我们所说的"飞行员原则"。作为效果逻辑的核心，它将创业者设定为操纵驾驶杆的人。创业者或多或少地决定了企业飞行的航向。创业者在起初设计企业的航向，也很可能在航行过程中修改航向或创造新的航向。正如哥伦布最初的目标不过是探索印度，然而在他很偶然地发现新大陆的那一刻，他的使命便随即发生了彻底的转变。

宠物石（Pet Rock）案例证明了市场不可能事先被预测。它突出了效果逻辑中的另一个重要方面：成功与失败在很大程度上并不取决于创业结果是否完全符合创业者最初的设想，也不取决于相关战略是否被准确地实施。成功是由个人定义的，成功会随着创业过程的变化而变化。在创造新产品、新企业甚至新市场（如宠物石）的过程中建立的关系也会影响创业结果，并影响对成功的定义。

创业故事 7-4
笑话创造出来的市场

加里·达尔在加利福尼亚一家广告公司工作。一天晚上，他和几个朋友边喝酒边聊天，聊着聊着便聊到了宠物。达尔插话说他自己的宠物是块石头——性格温顺、饲养简单、物美价廉，可谓是理想宠物之选。

几个朋友大笑不止。而他们哪会想到，之后风靡一时的产品就此诞生。

1975年4月，达尔想写一本手册《如何饲养和训练你的宠物石》，手把手教读者如何与石头宠物愉快相处。接下来他花了几周时间撰写这本手册，包括介绍如何训练宠物石表演杂技，例如前滚翻（最好在山坡上进行）和装死（宠物石最喜欢自己表演）。在手册基本成形之时，达尔决定再补充一点，将一块真正的石头放在一个铺好细刨花的、带一个小小的透气孔的小盒子里，随书附送。达尔在圣何塞的一家建筑用品店里找到了他想要的宠物石。这些宠物石是那个廉价商店里最贵的石头，每个石头1美分。

8月，在参加旧金山礼品展销会之后，达尔就接到来自纽约内曼·马库斯百货商店的500个宠物石订单。之后，达尔发布了一条新闻，还附有一张自己被宠物石包围的照片，从而一举成名，《新闻周刊》甚至用足足半页纸来报道他的故事。达尔还被《今夜脱口秀》电视节目两次邀请作为嘉宾。10月底，达尔每天可以售出10 000颗宠物石，而到圣诞节之时，2.5吨宠物石又被抢购一空，全美3/4的报纸都在报道他的故事。

宠物石面市几个月之久，销售额就高达100多万美元，平均每个宠物石的价格达3.95美元。达尔，一个最初只想从每颗石头上赚得1美元的人，转眼间成为百万富翁。

创造属于你自己的机会

在阅读历史时，那些奉行因果逻辑的读者总会看到许多英雄、富有远见卓识的伟人及探险家，他们似乎都拥有着非凡的能力。之所以会有这种印象，不过是因为新闻媒体对成功创业者的报道太过夸张而已。从现在开始，我们要把神话与现实清楚地区分开。创业者不比普通人更富有远见、更心灵手快，或者更善于抓住和开发那些普通人根本无法发现的商机。很多时候，创业者其实就是利用平凡的方法来创造他们的商机而已。尽管创业者一直被视为发现者，但我们也把他们看作创造者——既开辟新大陆，也绘制路线图。

结语：一切都由你决定

这一切究竟意味着什么？

简而言之，你不必坐等良机。相反，创造何种商机，一切都由你决定。这样，你就能够发挥更加积极的作用，在一张白纸上，依据自己的品位、能力和方法，依据自己知道什么以及认识谁来自由地绘制路线图。你并不孤单。这也正是早期创业者（还有敲钟人）所处的状态。所谓创业，就是共同创造商机，而不是依赖运气。

现在怎么办

- 观察四个你喜欢的创业公司并进行对比，明确哪些方面是被创造的、哪些方面是被发现的。
- 对于那些被创造的机会，创造过程中的关键元素是什么？
- 既然你可以看到这些创业公司的结局，也就是说它们的路线图已经被创建了，请确定一个实现同样目标的完全可替代的路线。除此以外，它们如何能够更有效地实现相同的目标？这种思考模式与因果逻辑是类似的。
- 既然你还可以看到这些公司的擅长之处，请确定如果在它们发展历程中的某些时刻改变条件，这些公司可能拥有哪些替代目标。这种思考模式更像是效果逻辑。

金玉良言

机会不仅在市场中已经存在，还可以被创业者创造。通常情况下，在飞行活动中飞行员除了要明确目标、寻求伙伴、运送产品之外，还需要主动或被动地创建路线图。但创业者在开始创业时很少会有清晰的视角、明确的目标、清楚的路线。

深 入 思 考

- 如果你像飞行员一样创造机会,而不是一个拥有新路线图的发现者,你的行为和决策会有何不同?
- 成为一个没有地图和路线的创业者,最后不可预期的结果会是怎样的?
- 没有任何规划路线的创业者要从何开始?
- 设想一下当一个人"捕猎鲨鱼"时,应从何处着手?

第 8 章　通过控制管理不确定性

只有你自己可以掌控自己的未来。

——苏斯博士

┊本章概要┊

- 为何控制
- 预测、风险、不确定性和控制
- 创业者的选择
- 随时间变化
- 何为可控
- 控制和企业的成功
- 在行动中控制：减肥诊所
- 控制如何奏效：你和你的利益相关者
- 感知控制
- 控制投入和控制结果
- 结语：控制一切可控之物

在本章中，我们解释控制这一理念如何与情境预测和不确定性相适应。什么是可控的？在不确定性情境中，创业者会用哪些方法来控制企业的命运？这些问题在本章中都会一一解答。

阅读本章时，思考如何在创业的背景之下或通常在不确定性的情境下采取行动来掌握控制权。

为何控制

每个人自出生以来就试图掌控自己的命运，这可能是人与生俱来的原始欲望。有大量证据表明，大多数人渴望掌控自己的人生。无论过去还是现在，不分文化习俗，渴望控制并为之奋斗是人类的一大特点，贯穿于人类历史长河之中。因此，虽然今天人们在不同的地点、以不同的方式、用不同的手段来掌控自己的命运，但其基本内涵并没有发生变化。心理学研究表明，大部分的人类行为或多或少都与寻求控制有关，这能帮助人们培养良好的生活态度。例如，寻求控制在增强自尊心、减轻压力等方面能发挥积极作用，而失去控制则可能加重一个人的无助感，导致抑郁。

> 完全适应环境意味着死亡。在所有的反应中，最核心的就是对控制环境的渴望。
>
> ——约翰·杜威

换句话说，渴望控制不会让你变成"控制狂"（尽管朋友们可能会这样开你的玩笑）。相反，这是既正常又健康的行为。

许多创业者凭直觉就能认识到自我控制的重要性。说到底，很多人选择创业是因为想要自己当老板并选择自己的道路。只有这样，创业者才能够专注于那些他们认为重要的事情，才能够决定自己的日程安排，与想工作的人一起工作。不少创业者表示，比起为别人打工，经营一家属于自己、由自己掌控的公司，感觉很不一样。为了自己的明天而去努力控制事态发展，这种感觉很美妙。对他们而言，自我控制与享受自由、自我导向和独立自主密不可分。

> **自我控制在今天是否比过去更常见**
>
> 20世纪后半叶，社会公众态度认知发生重大转变，个人对控制的感知也受到较大影响，这体现在社会信念体系的方方面面，例如与个人自由和个人选择有关的信念。

一个人控制欲的强烈程度也是个人创业手段中的一个因素。虽然人人都有控制欲，但控制欲的强烈程度因人而异且贯穿一生。例如，极度强烈的控制欲能激励一个人着手创业，而自己做老板的经历又能进一步强化这种激励，甚至他可能再也无法接受为他人打工了。

—延—伸—阅—读—

> **控制的重要性**
>
> 人类对世界的感知很敏感，尤其是因果关系。目前我们还在对这一点进行详细研究，包括人们如何敏锐察觉到因果关系及其有哪些表现、如何影响人类行为等。不过，我们现在就能明确地指出，人们一直在努力分辨哪些事情在他们的控制范围之内、哪些在控制范围之外。在这一过程中，他们会学到能够深刻影响从生理过程到世界政治的一切事情（Peterson等，1995：305）。

预测、风险、不确定性和控制

成千上万种关于商业战略的书都推荐两种有助于进行决策的杠杆。第一大杠杆是预测。如果未来可以预测，那么决策者就能够使公司沿着具有竞争优势的方向前进。第二大杠杆就是控制。如果未来可以被控制，商业领袖需要创造一个环境使之在竞争中处于相对优势地位。这两大杠杆不是备选方案，而是管理者用来进行更优决策的工具。图 8-1 是关于预测与控制的战略图，展示了环境与合适的杠杆组合的关系。接下来，我们将展示决策制定战略与不同象限所代表的环境之间的匹配逻辑。

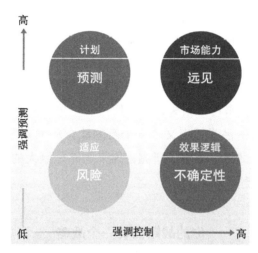

图 8-1　关于预测与控制的战略图

在左侧的计划与适应象限中，公司要么充分计划（更好地预测），要么对环境中的变化更灵活、更迅速地做出反应（更好地适应）。不管从长期（计划）或是短期（适应）来看，这两种方法都依赖于公司觉察和理解竞争环境的能力。

在一个成熟而稳定的环境中，计划作为战略的来源，可以起到有效的作用。计划要求信息（特别是从环境中得来的历史信息）是可靠的，足以作为战略决策的基础（即预测是可能的）。

如果战略基于适应和学习的维度，把在竞争中取胜作为对环境改变的响应，那么快速反应和迭代的能力就很关键了。

右侧的市场能力（远见）和效果逻辑象限，则要求对环境采取更为主动的方式。如果一个企业拥有市场能力（受政府管制的市场或者如 21 世纪的微软一样居于半垄断地位），那么这个企业就可以通过把它的远见强加于环境，从而确保其在市场上的地位，尽可能地决定在环境中将要发生什么。

在效果逻辑象限中，则需要另外一种不同的方式。由于在该象限里的企业缺乏市场能力，因此它需要与合作伙伴、顾客、供应商和其他自我选择的利益相关者共创环境中的元素，例如生产新产品或者开拓新市场，从而使各方受益。效果逻辑要求企业能利用其手段、合作伙伴和行动创造新的元素，从而重塑市场。

有些人可能认为将更好地预测和更快地适应结合起来，可以应对不确定性，但请你想一想一些已经知道的例子。因为执着于更好地预测市场，可口可乐和百事可乐错失良机，使得红牛将高咖啡因和运动结合起来创立了一个新的品类，定义了一个新的软饮料消费群体。相比之下，可口可乐一味地试着适应市场研究，换来的却是巨大的失败和随后"新可口可乐"代价高昂的终止。

一延一伸一阅一读一

你的战略需要一个战略

马丁·里维斯和他的同事（2015）将控制和预测方面的战略定位应用于开发一种能帮助大型成熟企业选择策略的方法。通过BCG（波士顿咨询公司），他们已经出版了一本书，发布了一款应用程序，并撰写了一些案例。

实践中的理论：KEEP180

设想一个流行的独立电台，KEEP180播放着各种各样的新音乐，从西部乡村音乐到法国饶舌音乐。这个电台在当地广播，听众日益增多。电台使用听众的捐款建立起来，在发展过程中，电台面临着把它为数不多的钱投在哪里的战略选择。让我们根据图 8-1 想想这个电台在这种环境下如何发展。

- 计划。这个电台可以做个市场调查，预测某种类型的法国音乐会有一个大爆发，它可以将那种音乐播放给听众并最终利用收听率赚钱。
- 市场能力。KEEP180 电台的制作人也许对法语情有独钟，他可以建立一个只专注法国饶舌音乐和其他法国原创音乐的电台，一旦建立这个模式，他将占据这个行业。
- 适应。由于技术和顾客需求快速变化，电台可以关注其他的独立电台，并和听众交流，时刻准备着，一旦新趋势形成，就迅速做出反应。
- 效果逻辑。这个电台可能与一家法国唱片公司和美国流行音乐偶像合作，共同创造一个法国摇滚音乐浪潮，在网上销售音乐，三方从共同创造的新情境中获利。

创业者的选择

创业者或公司管理者总是面临着很多选择：在何种环境之下公司能更好地经营？在这样的环境中要用何种决策？

在创业过程中，在现有市场中选择一个具有竞争力的产品，比创建一个全新的产品要更容易预测。因此，现在的市场所处阶段或者公司所处阶段决定了创业者预测和控制的选择。在市场初期或公司创业初期，几乎是不可进行预测的。

尽管控制决策自然而然与不确定性相关，预测决策自然而然与成熟市场相关，但企业管理者也可以选择控制决策作为在成熟市场中获取竞争力和创新力的基础。

随时间变化

无论环境还是政策，都绝不是一成不变的。例如，当一个创业机会被创造出来时，风险投资人和其他潜在投资者可能会要求看到一份商业计划书。这份计划书反映了他们对预测的期望程度（有时无论这个期望与现实是否有任何关联）。随着时间的推移，许多成功市场确实会变得更容易预测和更加稳定，因此更应该被预测和计划。当企业达到一个更加成熟的阶段时，预测会变得更加可靠，并且管理者可以主要根据预测性信息做出选择。在这种情况下，企业很容易因环境的不确定性而发生意外状况，创新性产品也更容易受到影响。这些令人惊讶的新产品是使用相同的效果逻辑创建的，大型企业的基础就构建于此。

何为可控

学习如何成功创业，很重要的一点是学习辨别哪些是可控性更强的因素，哪些是可控性稍弱的因素，以及如何最大限度地利用这些因素。预测和控制在创业的不同阶段扮演着不同的角色，我们现在只关注创业启动阶段，以及新企业成立之后哪些因素是可控的。许多因素都能用来评估一项创业活动能否成功。有些因素企业可直接控制或管理，有些因素企业可以施加影响，而有些因素则完全不受企业的控制。

我们在下面列举出了一些影响创业成功的因素，许多机构投资人经常用这些因素来评估一家企业是否值得投资，判断其业务能否较好地开展。想象一下，你已准备好开始创业，那你该从哪里下手呢？第一天该做些什么？你无法同时处理所有的事情，因此需要做出选择，看哪些事情是需要优先处理的。

你应该先处理那些可控性强的事。

接受那些你无法控制的事。

无论何时你都要接受这样一个事实：你的感知可能是错的。你能掌控的因素很可能比你先前想象的要多。但是，即使你的感知并不完全准确,只要从那些你认为可控的事情着手,就能帮助你在风险易于控制和资源可以获得的情况下大步迈进。

控制和企业的成功

创业企业的成功取决于在产业、企业、市场、消费者出现或演变的过程中定义、塑造、完善如图 8-2 所示的要素的能力。仔细考虑一下你会如何处理每个要素,在这里,我们讨论三个例子。

> 冥想时请不断地提醒自己,"人生来就注定要控制事物",那样你会得到无穷的能量。
>
> ——安德鲁·卡内基

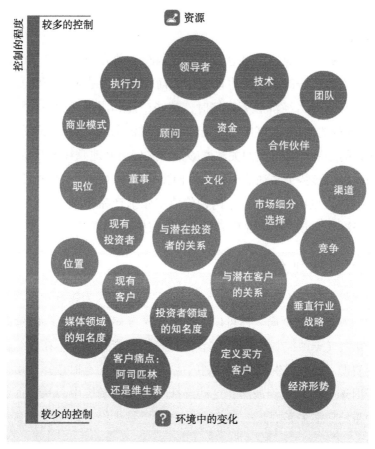

图 8-2 影响创业企业成功的要素

竞争

新企业应该通过预测和控制处理竞争问题吗？其他公司负责处理竞争事务的决策者和创业者很难对竞争进行预测，尤其是在新的和未被定义的市场中更难去预测竞争。但这就意味着无法控制吗？我们将竞争置于图 8-2 的中间部分来表明竞争者的行为远在我们控制范围之外。同时，我们没有把它放在可控性的底部，因为有很多竞争因素是可塑的。确定你企业独特的差异性（技术、商业模式或分销策略），为你提供了确定竞争维度的重要范围（而且也让你有机会选择自己的优势所在）。创业时，请仔细考虑企业的差异性特征是什么。

经济形势

经济形势与企业成功息息相关，原因在于两方面。总的来说，当经济形势良好时，一般的企业也能成功，而优秀的企业则能蓬勃发展，毕竟水涨船高。而当经济形势不好时，某些产品和服务变得更吸引人（请查看第 16 章的例子）。可惜，无论预测还是控制，都不能干预经济形势。通常在好的经济形势下我们关注能够帮助人们更好地赚钱的产品和服务，在不好的经济形势下关注能够帮助人们更好地省钱的产品和服务。所以，如果你把精力放在可能支持这两种价值主张的产品和服务上，那么至少在应对经济形势方面，你就有了更多的潜在控制权。

领导者：元控制器

我们将领导者（通常是创业者）置于高位，是因为领导者可以在其他组织的启发下掌控全局。你可以引导组织思考如何将可获得的资源用于创造新事物（一种控制战略），或者掌控市场调查并寻找不在组织控制范围内的资源（一种提供更少的控制的战略）。你可能有时选择运用控制战略，有时选择运用预测战略；这些选择也在你的掌控中，并在企业发展进程中带给你很多影响。

在行动中控制：减肥诊所

试想有一天你突发奇想，要创办一家减肥诊所，进而在美体健身行业闯出一番天地。你经过观察发现，社会上有很多想要减肥的人。但事实上，10个人中有9个人在减肥后体重很快反弹，最终他们会对减肥诊所感到不满。有哪些方法可以让你在创业行动中运用这些数据？你能观察到可能有90%的反弹率，然后就以下三种选择做出判断。

- 传统的减肥方法只是在浪费时间。你决定转行，创立一家保健食品公司。
- 减肥诊所很有前景，因为客户不可避免地会再次回到诊所，那你就会不断有回头生意。
- 减肥诊所是一个很好的参与竞争的平台，因为只要能稍微降低反弹率，你的减肥诊所就能轻松获胜，吸引大批客户。

这三种运用预测和控制的选择有何不同？简单来说，在前两种选择中，创业者都是基于反弹率这个信息来进行预测的，以决定创办何种公司；第三种选择，创业者是把信息当作控制杠杆，或者说是一个介入点。他认为如果付诸行动，这一现状有可能会改变。创业者没有把"10个人中9人反弹"这一比率当作既定事实，而是视为变量——如果能在一定程度上控制该比率，就可以为企业成功带来积极影响。

历史已反复证明，人类能够改变许多事物发生的概率。以小儿麻痹症致残率为例，为治愈这一疾病，世界卫生组织和一些国家已做出了巨大的努力，使得现在的小儿麻痹症致残率比50年前大大降低。换句话说，在人们的共同努力下，儿童患小儿麻痹症的概率得以改变。

减肥诊所这个例子对我们很有帮助，因为它促使我们思考哪些因素可以控制、哪些因素的确无法控制。借助这个例子，我们也能积极看待预测和控制之间的关系。对倾向于施加控制的人来说，了解事情发生的概率对其改变事件的程度是有价值的。

倾向于施加控制的人和倾向于开展预测的人，他们在利用概率时存在显著的差异。对前者而言，概率是机会，人们可以据此介入某事件，进而产生一定的影响。对于后者，概率也是机会，人们可以依据概率下赌注。倾向于预测的人假定没有任何人可以成功地改变概率，而创业者则假定其他创业者正努力改变概率，以引领企业走向成功。

自我效能感和习得性无助

> 自我效能感是一种被证明与人们选择成为创业者和创业成功有关的心理特征。阿尔伯特·班杜拉（Bandura 和 Cervone，1986：92）描述的概念内涵如下：
>
> 自我效能感被定义为人们对自己能力的信念，即认为自己有能力达到指定的工作水平，从而对他们的生活产生影响。自我效能感决定了人们的心理感受、思考内容、自我激励和采取的行为。这种信念通过认知、动机、情感和选择这四个主要的过程产生不同的影响。强烈的效能感在许多方面增强了人类的成就感和个人幸福感。对自我能力高度自信的人会把困难的任务当作一种能够克服的挑战，而不是一种想逃避的威胁。这种对未来的憧憬促进了人们对自己内在的兴趣和活动的深刻理解。自我效能感高的人在面对失败时会付出更多而且能够持之以恒，在失败或受挫后也可以迅速地恢复。他们把失败归因于自己还不够努力或缺乏知识和技能，并且相信这些都是可以通过后天努力获得的。除此之外，他们会确保自己在能力控制范围之内去接近危险的局势。
>
> 自我效能感低下的极端状态就是习得性无助。当一个人对原因和结果，或者对投入和产出之间的关系的预测不一致时，这种习得性无助就会出现，而且再过一段时间，他觉得好像周围的环境都不受自己

— 延伸阅读 —

的控制了,开始觉得自己无能为力,只能听天由命(Peterson 等,1995)。

创业故事 8-1

控制的力量

闭上眼睛去想象没有电的生活。在人们心里,娱乐和交流通常位居第一。没有 iPod,没有移动网络,没有电视或电脑,这样的生活看起来非常平静。但电力也推动了那些我们现在认为理所当然的基础服务的发展,比如自来水(通常需要一个电动泵)和照明。有 5.8 亿(这相当于一半以上的印度人口)印度人正过着没有电的生活。这看起来是一项公益工程,而且应该已经足够引起世界上所有富裕国家民众的注意了。

改变

现在想象一下,你是贾南尼什·潘迪,一位年轻的电气工程师,你知道你可以利用稻壳发电,而稻壳是一种堆积在你的家乡比哈尔邦乡村道路上的废物。你是否有一种强烈的愿望去申请政府资助,找到国际援助机构,去寻求私人基金会的捐赠呢?美国达顿商学院的 MBA 学生马诺吉·辛哈和查尔斯·兰斯勒就真的参与到了这个项目中。可能你认为这是个奇怪的想法,它真的可以赚钱吗?

利润有多少

通过拨款和捐赠,你很有可能在 5 年之内就建立起一个拥有熟练工人和从美国进口气化装置的电网。但当你考虑"利润"这个概念时,你只能从你拥有的资源开始,或者,如果你足够聪明,你可以在你能承受的损失范围内建立起一个概念型的工程样板。该样板的要求已经明晰:解决方案的成本需要足够低廉或免费。这意味着你必须在当地制造机器,并培训当地的人来组装和维护机器。你必须弄清楚如何获得报酬,除了一些细节外,这完全是可能的。在印度最贫穷的比哈尔邦,当地大部分人没有受过教育,普遍不识字,而且也不习惯"支付"电费,私自连接电网和偷电再常见不过了。

一箭双雕

该团队并没有去创建一个电网，而是着手设计了一种基于村庄系统的商业模式——Husk。很快这种便宜、小巧又能预付费用的东西就像手机一样在比哈尔邦的村落快速蔓延开来。它让那些哪怕只是渴求学习的技术人员、销售人员甚至是当地的商业领袖都来为其付费。当团队将这个看似不可能的事业慢慢做大时，他们才知道强烈的主人翁意识对一个集体有着多么强大的影响，它可以把一个商业模式变成一个宏大的、可实行的计划，他们可以通过这种模式不断获利。世界上那些为了争取利润的社会创业者也正在学习同样的道理。不妨多学习了解格莱珉银行的创始人穆罕默德·尤努斯、Kiva 的创始人马特·弗兰纳里或者阿育王的创始人比尔·德雷顿。

光明的未来

如今，Husk 动力系统为比哈尔邦的村庄大约 20 万名客户提供服务。它通过参加著名的 Cisco-DFJ 全球商业计划竞赛、Acumen 基金等渠道吸收了大约 250 万美元的投资。再加上在壳牌基金会赢得的 80 万美元，这就更容易让创业者实现想象中的可能性了。Husk 在当地创造了数千个就业岗位，但最有意思的事情体现在它的合同细节中。Husk 以每千瓦时 0.07 美元的价格出售电力，这要比点煤油灯的支出划算得多，即使与国家电网的电价相比，也要低不少。那么，社会企业能否超越国家补贴的垄断地位？如果答案是肯定的，Husk 可以从社会领域的新创公司成长为跨国型的社会公司，这的确将是一个巨大的进步。

控制如何奏效：你和你的利益相关者

为什么说最好能直接与利益相关者合作？为什么富有经验的创业者经常表示，为了得到第一手的市场调查资料，他们更愿意走出办公室去试着卖出一件产品，而不是通过收集市场信息来判断产品是否有市场潜力？

问题的答案在于，与自我选择的利益相关者合作使控制成为可能。

- 你要控制的是你选择要与你打交道的人。利益相关者选择了你，而你也选择了他们，这一过程是相互的。如果无法和睦相处，你可以转而与其他人合作。
- 任何一种可以在一定程度上协商的关系，总比无法协商的关系更好。协商有多种形式，包括讨价还价、争论、控制、影响等。这些方法可以在与他人打交道时使用，双方都需要在一定程度上进行控制。
- 要相信，利益相关者与你一样渴望控制。既然人同此心，你完全可以与他合作，努力创造一个更具可控性的未来，而不是花费时间猜测他人的做法。实现控制的许多方法都基于这样一个简单的事实：比起预测，人类通常更偏爱控制，因此也更愿意与他人合作，将各自的目标和计划融为一体。

从上述内容我们应该已经了解，要想与他人一起或通过他人实现控制，需要接受利益相关者的共享角色，需要创业者与利益相关者通力合作来创造双赢局面，让各方都能受益于共同开创的未来。

一艘船驶向东方，
另一艘驶向西方，
吹拂它们的风来自同样的方向，
是那一整套的帆，
而不是狂虐的风，
决定了它们的前方。

——埃拉·惠勒·威尔科克斯

感知控制

到目前为止，我们已经提出了你可以采取的行动，以此来提高控制水平。但心理学的详细研究表明，你的行动意愿来自心理上的控制感。

某些结果可能会产生阻力，某些结果在没有人为干预的情况下可能不会发生——只有在我们考虑这些时，感知控制才是重要的。所以，如果从目标导向来理解，控制就会影响我做什么和别人做什么。你的影响力可能是1%或99%。低控制活动是那些具有因果关系的活动，你不会影响太多事物；高控制活动是你可以产生重大影响的活动。

我们将注意力集中在被大家称为效果控制的技巧上。通常，效果控制技巧倾向于处理那些个人行为与事件要素之间存在较大权变关系的工作。典型的例子如向客户预售尚未上市的商品。在这种情况下，客户关系管理、已承诺产品的交付等个人行为，都会对销售结果产生重大影响。显然，并不是每件事都可控，但卓有成效的效果逻辑创业者会专注于那些可控性比较强的事件。

这种方法与因果逻辑控制技巧形成了鲜明对比。因果逻辑控制技巧倾向于处理那些个人行为与事件要素之间存在较低权变关系或不存在权变关系的工作。一个典型的例子就是根据预测的选举结果制订商业计划，如"我要投资一家建筑公司，因为我预测当选政府将加大政府支出从而刺激建筑需求"。选举结果无法控制，因此，你不得不预测选举结果，然后根据预测下赌注。

控制投入和控制结果

为了深入理解控制与行动之间的关系，我们不仅要考虑控制的结果，还要考虑对控制的投入。例如，有些人认为只要有正确的投入，他们就可以控制结果。但是相比而言，效果逻辑方法运用者的行为是以情境控制投入为基础的，而这种情境又可以通过行动进行控制。

告诉你吧，我正在用变化和复杂性的能量创造我渴望的未来

对结果的有限控制

当人们不确定其能够对结果产生多大影响的时候，他们可能会尝试通过精心策划和计算投注的方法进行补偿。如果他们依赖于预测，将会导致"分析瘫痪"。相反，可承受损失的效果逻辑原则可以刺激行动，特别是参与者要在新的利益相关者加入时改变目标的情况。

对投入的有限控制

当认为自己没有达到预期结果所需的工具的时候，人们就会容易受到"要是……多好"的惯性诱导——要是我有钱的话多好，要是我的个人情况不一样该多好，要是只有我可以使用这种技术多好，等等。如果他们确实决定在这种情况下采取行动，并选择因果逻辑的方法，那么他们很可能会面临追逐资源的情况而失去控制。如果采取效果逻辑的方法，他们需要将公司向所选择的利益相关者开放，因为这些利益相关者可以增加可用的手段（投入）。他们可以采用任何一种方法，但是效果逻辑可以通过将资源需求降低至可承受损失水平，从而降低成本。

既不控制结果也不控制投入

投入和结果都是不可预测且无法控制的感知，可能会导致心理学家所说的"习得性无助"的状态。在不确定情境下进行预测是非常危险的。

这就是为什么效果逻辑方法运用者要从他们控制的投入（即他们的手段）开始。

总而言之，专注于控制战略可以对行动的可能性产生积极影响，因为它不依赖于可预测性、前期投资计划以及追求资源来实施计划。

过度自信

既然创业失败频繁发生，为何有些人还会选择创业？这个问题已有不少人研究过。结果表明，爱冒险和过度自信都是原因之一。我们已经知道关于创业失败的感知普遍是错误的（第4章），那过度自信呢？

过度自信是指高估自己的能力、高估其他相关人员的能力或高估自己信念的准确性。研究者唐·摩尔在其一系列颇具批判性的论文中指出，事实上，人们既会高估自己的能力，也会低估自己的能力。

面对艰巨的任务，人们倾向于高估自己的能力，但同时他们又认为自己的表现要比别人差。面对简单的任务，人们倾向于低估自己的能力，但同时认为自己比别人做得好。这就表明，人们如何分析和感知任务的难易程度，与他表现出的过度自信还是不够自信有着千丝万缕的联系。

那么，创业艰难还是容易？其实，不管起点如何，只要你掌握了正确的技巧，并在创业过程中不断实践这些技巧，事情就会变得越来越容易（Moore 和 Healy，2008）。

结语：控制一切可控之物

你既要知道哪些事物是可以控制或影响的，也要了解哪些是你无能为力的,这一点很重要。继而,你可以据此调整策略,以适应眼前的情况。

- 控制你能控制的,影响你能影响的。
- 预测你能预测的,特别是当预测比控制更有效时。
- 尽最大可能利用那些可控制的因素,从而提高不确定性情境的可控性。这能降低你对预测的依赖,你也会拥有一个总体上更加稳固的根基。

人们对人类在不同层次和不同领域中对过程及结果的控制能力的假设不同。奉行效果逻辑的人不把自己看成无视概率的冒险者,而是看成直接参与世界运转的活跃的行动主体。

控制是什么

预测也可以让你在一定程度上实现控制,但前提是你处在一个比较稳定的环境中。本书所讨论的控制对于不确定环境中的创业过程尤其奏效,因为在这样的情况下人们无法依赖过去预测未来。

个人实施的控制既可以是外源性的(人塑造环境),也可以是内源性的(人塑造自己)。

很显然,并不是每件事都是可控的。创业者专注于那些可控的因素来获得他们想要的结果。

现在怎么办

- 为了现在正在寻找的创业机会,请仔细阅读图 8-2,并详细说明你将对什么因素进行控制以及如何集中精力控制。
- 为了控制图中的其他附加要素,请现在确定你可以做出的三项行动。

- 行动使控制成为可能。你的行动是否与关于哪些事物可控的想法一致？你如今推延的哪些重要行动使未来更多的控制成为可能？

金玉良言

- 行动使得创业者对无法预测的事情加以控制。
- 运用控制驱动战略，并不需要完全控制，只要有足够的控制权，你就可以继续下一步和接近下一个利益相关者。
- 经验丰富的创业者通常不会单方面控制人或市场，而是与合作伙伴一起努力控制可控的要素（见图8-2）。

深入思考

反复阅读本章，它是全书的精髓。

第 9 章　创业专家的效果逻辑

创业专家懂得运用如下基本原则掌控抑或塑造未来：

1. 从你掌握的资源出发；
2. 与利益相关者共同开创未来；
3. 不拿无法承担的损失冒险；
4. 对偶然性保持开放的态度。

这些原则强化了控制能力，因此，创业者不需要依赖预测。

> **本章概要**
>
> - 原则 1：从你掌握的资源出发
> - 原则 2：设置可承受损失
> - 原则 3：利用偶然性
> - 原则 4：建立合作关系
> - 基于现实的原则
> - 结语：换个角度看世界

创业者（甚至是创业专家）与我们并没有任何不同，但他们确实在一个独特的问题领域中发挥作用,在这个领域中到处都是不确定性。即使创业者对该问题领域无法进行预测,但他们还是会与利益相关者一起尽可能地创造或控制结果。我们对比了创业专家和新手对未来的基本假设有哪些不同:

- 新手认为,我们可以在多大程度上预测未来,就能在多大程度上控制未来。
- 创业专家认为,我们可以在多大程度上控制未来,就有多大把握不去预测未来。

新手注重因果逻辑,创业专家注重效果逻辑。因果逻辑不一定涉及创造性思维,但效果逻辑一定涉及创造性思维。这两种逻辑都可以传授或学习,也就是说每个人都可以像创业者一样思考和行动。但这并不是说我们可以立即培养出创业天才,而是说只要我们知道在合适的时间采用什么原则,我们每个人就能学会如何成为一个更好的创业者。

我们为什么要研究(创业)专家

心理学家已对(创业)专家研究了多年,他们是从观察专家下棋开始的。心理学家发现,在自己所属的领域内,专家在模式匹配和问题解决等方面会有独特的启发式方法,但并没有在其他领域表现得更聪明或与普通人有什么不同(Ericsson 等,2006)。通过研究创业专家,我们在不确定情境中的机会创造方面提炼出启发式方法。

一 延 一 伸 一 阅 一 读 一

如何才能做到呢?控制未来的想法可能是有趣的、崇高的甚至是鼓舞人心的,但我们并不知道要从哪里开始和做些什么。针对以上问题,我们将在本章进行具体的阐述。

除了将控制作为处理不确定性的关键之外,我们的研究还确定了具体的启发式方法，创业专家用这样的方法进行控制而不是预测。这里有一系列通用原则，它们和"飞行员原则"一道构成了效果逻辑。本章将更加深入、细致地介绍每一条原则，帮助读者深入领会效果逻辑的精髓。我们希望你能从更多的细节着手充实自己的路线图。

原则1：从你掌握的资源出发

如果创业专家试图创建一家新企业，他们会从自己掌握的资源或工具手段出发去思考问题。这些资源可以分为如下三类：

- 我是谁——个人特质、兴趣、能力。
- 我知道什么——教育背景、所受的训练、专业知识、个人经验。
- 我认识谁——社会/专业人际关系网。

结合这些资源，创业者开始思考都有哪些可能性并付诸实施。在大多数情况下，他们会从最具可行性的资源出发，创建规模较小的企业，而且在几乎没有精密计划的情况下直接将创意付诸实施（先开火再瞄准或是先瞄准再开火）。每一次实践所产生的可能结果都会被重新组合。最后，某些显现出来的结果组合成了可实现的、值得追求的目标——一个个里程碑开始出现在本来如白纸一样的事业中。最终目标是由创业者及其合作伙伴的想象力与抱负相结合而达成的。

创业故事 9-1
从清点资源开始

某一天早上，当你在洛杉矶的钢筋水泥丛林中醒来时，你突然意识到自己事实上更想住在一个位于波罗的海的人烟稀少的爱沙尼亚小岛上，你会怎么做？唯一能够确定的是，如果要在那里立足，你必须开一家公司。这是当然的。当斯蒂芬·格林伍德和伊阿·格林伍德2004年搬到萨列马岛时，他们就是这样做的。但是接下来，具体的问题出现了：开什么样的公司？从哪里开始着手？如何让它运转？

机会轮廓

这些问题的答案在于，从你掌握的资源出发，跨出第一步。格林伍德夫妇盘点了他们掌握的资源。

- 在萨列马岛上有一座闲置的农舍以及大约4公顷的土地。
- 拥有广阔的海滩和温泉浴场的萨列马岛以及他们所在的卡尔玛小镇。
- 通过一位负责管理欧盟创业孵化器的朋友，他们有机会从欧盟得到10 000欧元的种子基金。
- 对可持续的健康有机生活方式的由衷热爱。

如果你只看完故事开头的第一段就开始构思新企业的发展方向或许还有些困难，但当我们看到他们掌握的资源之后，不难想象格林伍德夫妇可以从事有机农业生产、环保旅游业，或是为爱沙尼亚带来潜在的美国旅游客源。

天然原料

格林伍德夫妇知道他们的创业启动资金不能超过欧盟可能提供的10 000欧元（因为他们没有多余的资金用于投资新企业），而且他们的企业必须全年都有潜力带来持续的收益。在考虑全部投入之后，格林伍德夫妇决定创立一家生产有机肥皂的企业。每个人每天都要洗洗涮涮，他们都是潜在的消费者。这样的企业也不需要昂贵的生产设备，生产出来的产品也能满足他们追求纯净而又健康的生活的个人愿望。

加水添柴

基本创意已经清晰，随后格林伍德夫妇制订了一份商业计划，他们因此获得了欧盟所提供的创业基金。他们用这笔钱翻新了农舍（安置生产设施并作为零售店址），同时开始尝试制作有机肥皂（他们使用相对便宜的无机原材料做试验）。斯蒂芬学习过计算机编程，他能为新公司设计网页，因为所居住的小镇叫Kaarma，夫妇二人就为公司取名为GoodKaarma。接下来，他们开始发展合作伙伴。他们与本地的温泉浴场洽谈，询问GoodKaarma能否与他们合作开发定制手工肥皂产品，以让温泉浴场的顾客享受到更好的服务。他们也与当地的设计师和印刷商合作，使用本地的有机材料制作产品包装。

洗涤体验

如今，所有的 GoodKaarma 肥皂都在农舍的厨房里生产，他们采用简单的家用设备，自制木质模具。肥皂的制作采用有保障的纯有机原料，纯手工小批量制作，每次产量只有大约 7 千克。全年生产，产品共分 13 类，在网上全部有售，同时也出口到爱尔兰、英国、瑞典、芬兰、丹麦和德国的一些零售商店。生产出来的有机肥皂也在爱沙尼亚全国有售，并以自有品牌在萨列马的众多高级温泉浴场出售。每年夏天，超过 5 000 人来到 GoodKaarma 的塔鲁农场购买肥皂，其中不少人还参加了格林伍德夫妇的第二项业务——自制手工皂学习班。GoodKaarma 公司作为可持续创业发展的榜样，得到了爱沙尼亚前总统托马斯·亨德里克·伊尔韦斯的认可。或许更重要的是，格林伍德夫妇现在已经成为卡尔玛镇的永久居民。

原则 2：设置可承受损失

在商业世界里，负责开发某种新产品的经理会分析市场，选择能带来最大期望收益的领域。这也是围绕一句简单的口号进行长年训练后形成的自然反应：为预期目标选择最佳策略，从而使收益最大化。

然而，创业者的逻辑恰恰相反，他们依据可承受损失而不是期望收益进行决策。他们要决定的是可以接受失去什么，而不是期望得到什么。奉行效果逻辑的创业者会对可能产生的负面结果进行预测，考虑自身可承受损失的限度，而不是提前计算启动项目所需的资金额度，然后投入时间、努力和精力去筹集资金。之后，创业者会在创业过程中吸引其他利益相关者参与进来，共同考虑他们可承受损失的限度。

延伸阅读

评估效果逻辑

在本书第 1 版的基础之上，学者钱德勒等（2011）、布劳斯等（2014）和魏尔汉等（2015）开发并验证了调查工具，这种工具有助于评估在新企业、新产品等情境下的效果逻辑，还有助于将效果逻辑与传统的因果逻辑进行对比。他们的工作证实，创业者在面对高度不确定性情境时，更倾向于运用效果逻辑，而效果逻辑也被证实更适应不确定性情境。

可承受损失的预估并不会因企业的不同而不同，而会因不同的人而有所差异，甚至因为这些人的生活经历和周围环境各有不同。在宠物石的创业故事中（见第 7 章），达尔拥有足够的时间和金钱去将他的创意付诸实施。而对格林伍德夫妇（GoodKaarma 公司）来说，可承受损失不包括使用的现金，但包括他们使用的旧农舍。

创业者通过预估可承受损失来决定他们该创立什么样的企业，这样也就不必再依靠预测。另外，他们专注于开发那些失败成本较低的机会，以及可以为未来赢得更多可能性的机会。这两者的结合可以使得失败成本最低，在这个过程中所获得的经验诀窍可以应用在下一次机会之中。

但这并不意味着创业专家刻意选择那些即使失败也不会造成很大损失的项目，也不能说他们不想大赚一笔，这只是意味着虽然投入的时间、金钱以及其他资源是可以计量、管理和控制的，不明确的新企业机会依然很难被预测。

创业故事 9-2

让创业更绅士（可承受损失）

布雷特·尼科尔是弗吉尼亚大学达顿商学院的工商管理硕士，曾与一些头脑敏锐的人共同学习,采访过一些世界上最负盛名的公司。他奔波于课堂、大学社交生活和工作机会之间,他的世界一度凝固了。"我无意中从抽屉里发现了一堆写给未来雇主的未完成的感谢信,"他说,"我想过我的母亲会对我感到特别失望,虽然我从小就被教导要讲礼貌,但是要将这个写信的想法付诸行动很难。"这件事情启发了他思考一个更深远的问题,可能不仅仅是向未来的雇主表达谢意,还可能包括在情人节表达爱意、生日送上祝福以及各种彬彬有礼的信件。布雷特和他的同学内森·谭交谈后,他发现不只是他一个人有这种苦恼。所以这对搭档决定开创一个能够减轻男士健忘症的事业。

将想法转变为行动

将创业想法转变为实际行动,就像做一个真正的绅士那样困难。一家名为健忘绅士(Forgetful Gentleman)的企业,专门提供预贴邮票、男士信纸,这听起来可能很简单,但实际上都需要创业者亲力亲为。"我们把打印好的信纸连同一小堆'大象卡'作为简短的提醒",尼科尔这样说道,"我们把它们放在雪茄盒里,卖给我们的同学,挣了足够的钱之后去开拓另一个市场,如农场主市场。每卖出一个盒子,我们就会更熟悉人们喜欢什么,知道如何改进。我们遇见越来越多乐意帮助我们的人,这使我们相信我们真的可以在这个领域干出一番事业。"

有男子气概的做法

当这对搭档毕业后想要去发展健忘绅士的时候,两个人都获得了大公司提供的很好的工作机会。他们2010年1月在纽约礼品展上首次推出了三款样品盒,并在几周内与印刷商品目录的工厂签订了合同。很快,内曼·马库斯公司下了订单。当尼科尔和谭忙于该商店高档零售客户时,他们就一点空闲时间也没有了。几个月后,公司产品又在电子商务网站上线,该公司因最佳新产品被推荐到全美文具展览会。

绅士的创业

用能负担得起的投资来建立一家企业有两个好处。第一,响应速度快。每当尼科尔和谭进行一小步尝试的时候，他们最后都会因客户的反馈而制定改进措施。第二，控制能力强。两人都不必为那些负担不起的投资下赌注，通过客户为他们的生产运营过程融资，他们也不必转让其股权给风险投资人。这些特点使创业过程显得更加绅士。这就是他们首先着手的事情。

原则 3：利用偶然性

如果你不幸拿到了一个酸柠檬，把它榨成柠檬汁就好了！效果逻辑的第三条原则是创业技能的核心能力：将意外转化为收益。

创业者不仅要懂得如何处理意外状况，还要善于利用它们。在大多数应急预案中，意外事件都代表着不利情况，通常都代表着最坏的打算。但因为创业者通常不会将他们的创意与任何理论化的或预先设定好的"市场"联系到一起，所以任何事情都可能通向有价值的意外事件。

通过 Innis & Gunn 公司的案例，我们来考虑以下三种与啤酒相关的产品。

偶然性与薯片

在酒吧，炸薯片和啤酒可谓是绝佳搭配。据说这种颇受欢迎的零食来源于顾客的抱怨。1853年，在纽约州萨拉托加斯普林斯市附近的月亮湖餐厅，顾客因炸土豆的口感软而不脆，多次将做好的炸土豆退回后厨，厨师乔治·克莱姆十分泄气，愤而将土豆切成尽可能薄的片，然后下锅炸，再撒上盐。这么做是为了让抱怨的顾客由于土豆太薄无法用叉子叉起来而感到挫败，但这种意外创造出来的食品在全世界啤酒消费者中迅速风靡。

偶然性与安全玻璃

或许是因为在实验室里小酌了一杯，法国科学家爱德华·贝内迪克特斯失手打碎了一个玻璃容器,他发现破碎的玻璃片竟然还能粘在一起,原因是另一个实验中的某种塑料溶液在容器内壁形成了一层薄膜。因此,在 1903 年,安全玻璃诞生了。

偶然性与性用品

虽然我们意在向读者阐述与啤酒相关的偶然性产品,但万艾可的出现也完全源于偶然。活性成分西地那非从来未能实现它的本来意图(治愈由于心肌缺血造成的胸部疼痛),但在临床试验中,新的副产品脱颖而出了。万艾可这种药品成了第一种治疗男性勃起功能障碍的口服药物。

出人意料的创业者

虽然天赐灵感的故事常为人们津津乐道,事实上,许多产品都来自意外事件,而创业者得以将它们转变为机遇。个中含义十分明显,那些等待着所谓的完美创意的人必须要有足够的耐心,而那些将创意付诸行动的人更可能创造出新产品,然后只需要考虑如何从中发展出新的事业即可。或许,这会改变你对人生中下一个偶然事件的看法。

> 一个人只有每次都迈出稳妥的一步,才能到达梯子顶端。然后,你突然间就会发觉,所有你曾经认为不属于自己的力量和才能,其实都掌握在你的手中。这时,你可以告诉自己"是时候,我也该试一把了"。
> ——玛格丽特·撒切尔

创业故事 9-3

玻璃瓶里的偶然性

当我们想到创新一词时,脑海里率先浮现的肯定不会是威士忌酒。在阴暗潮湿的地下酒窖中,酿酒师正在等待着新一批装在充满异国风情的橡木酒桶里的威士忌酒,酒经过发酵酿制出醇厚的口感,同时,他们也期待着新奇。对格兰父子公司而言,他们梦想中的新奇就是酿出完美的混合蒸馏威士忌。因此,公司聘用了苏格兰最大酒厂的顶级酿酒师杜戈尔·夏普,酿造了一种独特的酒。这种酒将被装在使用过的、浸润着麦芽和啤酒花香气的橡木桶中，在陈化过程中，这种独特的香味将成为威士忌酒不可或缺的一部分。

成功与"剩水"

格兰父子公司为所获得的成果欣喜不已。格兰麦芽威士忌的关键在于将酒储藏在用过的啤酒桶中，这一过程为威士忌带来了绝妙又独特的口感。但是，一位辛勤工作的酿酒厂员工在倒空啤酒桶过程中发现，剩余的啤酒也出现了新情况。因此，夏普与格兰父子公司建立了合作关系，回收了威士忌制作过程中剩余的啤酒，将其重新投入市场，并贴上了以自己和哥哥中间名字命名的新商标 Innis & Gunn。

源自"剩水"的成功

从此，Innis & Gunn 的发展可谓蒸蒸日上。2002年，在该品牌还未正式启动时，英国大型连锁超市西夫韦和森宝利就承诺会采购其产品。2009年，该公司装罐了近50万箱成品啤酒。要知道，如果不是夏普，这些酒早已流入下水道了。该公司产品在国际市场上引起轰动，现今已成为英国著名的瓶装酒生产商。在热爱啤酒的加拿大，这种啤酒非常热销，同时还成为瑞典第二大瓶装啤酒进口商。

商业惊喜

Innis & Gunn 的故事包含了两点对于创新的深刻理解。首先，很多创新不是真正的发明——从巧合中创造——而是我们对已有事物的新组合。其次，关于意外事件的角色。如果不是格兰父子公司的员工尝了剩余的啤酒，这个世界就不会有一种优质的微酿啤酒。同样令人惊喜的是，今天很多种我们熟知并喜爱的产品都产生于意外或是由完全不同的想法所带来的未被计划的结果。

原则4：建立合作关系

效果逻辑的最后一条原则已在第2章简单介绍过：建立合作关系而

不是打败竞争对手。许多创业者在开始创业时倾向于不给他们的想法提前设定市场，具体的竞争分析也就不存在什么价值，因为他们很多时候并不知道竞争对手到底是谁。

相反，创业者通常会在自己周围的潜在消费者中推广他们的产品。有些人在与创业者沟通后，会对企业做出承诺，如时间、金钱或资源，并因此自愿加入创业活动中。

合作关系原则与可承受损失原则密切配合，可以将创业者的创意以低成本的方式推向市场。从关键的利益相关者、供应商或顾客那里获得事先承诺，降低了企业创立早期的不确定性。最后，因为创业者并未死守某种创意，所以不断扩大的战略合作伙伴关系网络在很大程度上决定了企业最终将进入或建立的市场类型。

创业故事 9-4

寻找真药

布赖特·西蒙斯早年就开始了他的事业。作为加纳的一名中学生，他组织他的朋友通过一个流行电台谈话节目来抗议学校菜单的改变。毕业后，他发起了一场活动，能够让世界范围内的人口自由流动，并且这场推动政治变革的活动早期取得了成功。这听起来很吸引人，因为他看起来像是一名正式的职业活动人士。事实证明，政府很难施加影响，活动进展缓慢，西蒙斯很快就将兴趣转向影响更大的事情，甚至可能只是一份拿薪水的工作。于是，他很不情愿地转向商界。

假药

不出所料，他找到家乡加纳和自己兴趣的结合点，并以此为机会开始寻求积极改造社会的工作。当他看到联合国预估在非洲销售的大约一半的抗疟疾药都是仿冒品时，西蒙斯认为假药可能是值得他关注的问题。在加纳的国土上，假的抗疟疾药每年有 2.7 亿英镑的销售额。西蒙斯想要创办一家企业来阻止假药销售。这样做确实是值得肯定的，据德勤会计师事务所特里·西塞的估计，假药每天在全球造成约 2 000 人死亡，它代表着一个灰色产业,每年创造的价值为450亿～1 250亿英镑,范围涉及欧洲、美国和日本,就像一个新兴市场一样。但要如何创办一家企业来阻止人们卖假药?

可能的合作伙伴

显然,合法的制药公司可能对遏制假药交易感兴趣。但是,它们不太愿意去倾听一个没有技术、没有产品、没有行业经验的人的想法。于是,西蒙斯开始和更多的人交谈。他与激光全息图和射频识别行业的人交谈,看看这些技术能否让他识别出真正的药物包装。他与药剂师交谈,了解供应链和消费者购买模式。他通过手机与不同的人交谈,并表现出他已经掌握了所有解决问题所需的技术。

活动家的细胞

2007年,西蒙斯成立了一家公司,名为mPedigree。这个想法是基于一项简单的服务。与一家制药商一起,他用一种10位数的不可复制的代码来为每盒合法药物做防伪标记,并用类似彩票和预付费手机卡上的可刮擦涂层遮盖。终端用户可以通过包装上的四位免费短信号码,输入可刮擦涂层下的药物代码,几秒钟内就可以确认药物是不是真的,以及它是在何时何地生产的信息。此外,制药商可以追踪药品的销售地点和时间,甚至包括购买者的手机号码。这个体系可以阻止假药的循环,大量患者几乎能在世界任何地方以非常低的成本确保药品的真实性。

实现传奇

西蒙斯的第一个商业制药合作伙伴是May & Baker,负责在Easadol、Loxagyl和Artelum几种药品的包装上做防伪标记,并依靠与惠普公司合作建立的一个数据库进行药品验证。现在,mPedigree几乎与所有在非洲运营的移动服务提供商合作。这一系统非常有效,以至于mPedigree已从加纳扩展到尼日利亚和肯尼亚,并且有望为更多的非洲国家提供服务。为抵制非法商业活动而奋斗的工作,让西蒙斯拥有了12名同事、获得了不同的荣誉称号和奖项。但最重要的是,西蒙斯的社会活动家抱负对真正的药剂师、制药商以及患者来说产生了巨大影响。创业精神是理想主义者的秘密武器吗？谁知道呢？

基于现实的原则

运用效果逻辑，创业者从我是谁、我知道什么、我认识谁这三个问题出发，调动利益相关者的关系网络，每一方都做出相应的承诺。这样做，一方面可以增加关系网络中可利用的资源，另一方面也给处于萌芽期的企业带来了诸多限制。因为作为对企业做出承诺的交换，利益相关者希望从企业中有所收获。员工薪金、客户承诺、供应商发票以及类似的事物也都存在这样的问题。有效承诺对创业过程有着重要的影响：

- 侧重于关注未来走向及外部环境中可掌控的部分；
- 创业者只对自己有能力承受的损失负责；
- 企业的发展目标由做出经营承诺的人及他们协商的结果共同决定；
- 创业过程的关键并不在于在各种可能性中挑选其一，而在于如何从已经存在的现实中进行转换，产生新的组合，诞生新的创意。

回顾第6章中关于瓶子的案例，运用效果逻辑的创业者说："不论瓶子里的球一开始如何分布，我只需要坚持不懈地寻找红球，然后把它们放进瓶子里。我会去寻找手里有红球的其他人，劝说他们成为我的合作伙伴，一起把红球放进瓶子里。随着时间的推移，瓶子里的红球逐渐增多，几乎每一次都能拿到一个。另外，如果我们只有绿球，我们也会把它放进瓶子里，当有了足够多的绿球时，我们就能创造出一个有利于绿球获胜的新游戏。"

当然，这样的观点与其说是陈述现实，不如说是表达希望。在现实中，许多创业者遭遇了失败。事实上，创业者经常将充满不确定性的市场视为他们的某种优势，因为他们认为可以通过自身的决策和实际行动，并与预先做出承诺的利益相关者和客户伙伴一起努力创造新的市场，同时将创业过程中遇到的意外事件作为奈特的瓶子的原材料，从而构筑未来。

不像因果逻辑那样通过周密的计划和与之对应的严格执行而产生效果，效果逻辑依靠即时行动而生效。奉行效果逻辑的创业者每天都会根据行动以及与他人的互动，决定制订计划、取消计划、修改计划或重做计划。不管何时，光明的蓝图总能把团队中的所有人凝聚在一起，有趣的创业经历总能吸引更多的合作伙伴，前进不息的探索也总能绘制出未知领域的地图。创业者选择有意忽略前人的历史，自发地创造出自己梦想中的未来。

一　延　伸　阅　读　一

拓展创业思维

通常，认知研究关注和探索的是人们说话做事时脑海中的所思所想。然而，越来越多的人意识到，这种研究视角并不全面，因为它忽视了人类大脑最重要的特点，即利用物理环境（包括人类身体本身）的能力。因此，认知通过以下三种方式进行自身的延伸。

- 根植于自然环境。例如，很多产品的新功能源自对原型和模型的亲身实践。这些新功能并不是由原有想法指导出来的，而是通过创业者亲自实践并"观察"相应原理得出的。
- 立足于感知，即人类的概念体系至少在一定程度上与感知经历相关。例如，对某家公司进行"转型"（pivot）的想法其实与人类的肢体运动相关。
- 通过不同媒介的传播得以拓展。例如，在一家新公司中，通过交换不同团队成员的专业认知资源，可以赋予企业"思考"的能力。

上述视角分析的结论便是，创业者应善于适时发挥物质和社会资源的作用，拓展自己的思维（Dew 等，2015）。

教育成就创业者

维维克·瓦德瓦及其同事（2009）研究了549名成功创业者，研究结果与现有的研究结论大相径庭。现有研究认为，家族企业史与早期的创业活动对创业者的成功至关重要。而在瓦德瓦的研究结果中，52%的成功创业者的直系亲属并无创业史，只有25%的成功创业者在大学时对创业有兴趣，50%的成功创业者在读书时并没想过创业，并且对创业没有兴趣。瓦德瓦的主要研究结论为：教育是预测能否成功的最重要的指标。教育赋予人们极大的优势，不过，教育背景并不重要。普通学校毕业生创办的公司与常春藤院校毕业生创办的公司一样成功。

专家和新手决策的惊人差异

要做一个决策，首先要提出几个备选方案，然后进行比较，从中选择最好的。

这显然没错，对吧？加里·克莱因一直在研究这种显而易见的事情。克莱因为此调查了160名学生、经理和军官的看法，事实上，他们也强烈支持这一说法。这种决策方法不仅被大众所接受，也是有效决策理论的基础。那么，这就完全没有问题吗？

在另外一项研究中，克莱因对这一说法进行了检验，他询问了26名经验丰富的消防员，他们在灭火时是如何做出决策的。消防队员坚称他们没有可以比较的备选方案。指挥官平均有23年的实战经验，均是消防专家，他们说当他们遇到消防事件时，只是意识到该做什么而已，这显然颠覆了有效决策理论基础的传统观念。

这是为什么？克莱因指出，这其实是一种常见的现象。一个人的技能越熟练，他就越不需要考虑如何选择。经验丰富的人会立刻意识到熟悉的情况，并应用他们已有的好方法。相比之下，新手在决策的时候会有很多选择，因为他们没有经验去判断什么是最有效的。

上述例子告诉我们，很多关于如何做决策的传统标准适用于一定的情境，而在其他情境下，那些标准可能会妨碍有效决策的过程。我们可以通过学习本领域专家是如何在该领域做出决策的，从而让自己做得更好（Klein，2009）。

一延一伸一阅一读一

才能被高估了吗

当被问及为什么有些人在事业上成功而另一些人却失败时，一种常见的解释是，成功人士天生有这种能力。他们生来就有这种天赋，而这种天赋一旦被发掘，就会赋予人出众的能力，这是一种根深蒂固并且被社会普遍认可的答案，可以解释为什么有些人会在体育运动、音乐或商业领域做得特别好。

《财富》杂志的高级编辑杰夫·科尔文希望你能彻底否定这个关于卓越表现根源的故事，并用一个不同的故事来取而代之。这个不同的故事说的是，人们通过刻意练习而拥有出众的能力。科尔文提醒我们，研究天赋的学者很难解释究竟是什么天赋让人成为世界级的脑外科医生或国际象棋选手，这使得一些研究人员认为，所谓的天赋只是虚构的。相反，人们通过刻意练习来培养才能的说法似乎更有道理。有大量细致的研究调查了那些天赋异禀的人实际上都做了什么才能成为人才并在领域中保持顶尖位置，这些研究结果都支持刻意练习的观点。

那么，在创业中，才能（天赋）的角色是什么呢？以天赋来解释创业成功的原因过于简单，更合理的解释是，创业人才的开发方式与其他领域的人才是一样的：在本领域进行深度实践和练习。成功创建新企业所需要的出色地完成特定任务的能力，更可能来自艰苦的工作或不断的练习，而不是寄希望于与生俱来的某种能力（Colvin，2008）。

结语：换个角度看世界

除了描绘未来外，效果逻辑还蕴含对世界的某些假设，奉行效果逻辑的人通常有如下特点：

- 以开放的视野看世界，认为世界仍在形成之中。他们认为所有人类活动都有着各自的真正作用，企业和市场都是人类的创造物。
- 从不将机会视为天赐的抑或不受人为控制的。相反，他们相信机会是由自己创造、识别和发现的。
- 对世界不是持有工具主义观。相反，他们将企业看成为自己及世界创造新事物的强大工具；将市场看成自己创造的结果，而不是被发现的；利益相关者之间也并不是简单的客户和供应商，而是共同创造的伙伴。
- 侧重于创造成功，而非避免失败。把失败看成创业活动中的正常部分，因为他们不畏惧失败，时常梳理创业经历，知晓和学习如何消除不确定因素，并且努力培养有潜力的事物。

现在，你对效果逻辑已经有了一个全面的认识。在本书接下来的章节中，我们将全面分析本章所概括的几条原则，明确阐述如何把这些原则应用在创建新企业的每个细节中。

现在怎么办

- 仔细想想你所崇拜的企业，本章中提到的原则在多大程度上促成了它们的创新或成功？
- 为了你正在努力的创业机会，详细说明你将如何使用每条原则。你的动力在哪里？
- 你正在创造的创业机会是"你"展示出来的吗？
- 其他人是否懂得如何将你的资源和创业机会紧密联系在一起？
- 你是否清楚在创业过程中能承担多少时间或金钱上的损失？
- 在创造机会的过程中，有什么意外事件？它们改变了你或你的方法吗？
- 什么样的伙伴确实加入了你的事业，并与你一起合作？你有没有要求他们对这项事业要做出具体的支持行动？

金玉良言

从你掌握的资源出发。

设置可承受损失。

利用偶然性。

建立合作关系。

创业专家经常颠覆工商管理硕士课程中的原理。

深 入 思 考

- 只使用一条或两条效果逻辑原则，会怎么样？
- 本章概述的原则是如何强化之前章节中提出的控制概念的？它与之前的概念是否存在冲突？
- 在某种非常容易预测的情境中，运用这些原则会有什么样的后果？

第三部分

创业的基本要素：行动中的效果逻辑

　　这一部分是本书的核心——创业的起点。希望你能注意到这一部分相对之前部分而言在语言风格上的变化——前两部分侧重引发深思，本部分则侧重行动导向。偶数章节将详细阐述每条效果逻辑原则，而奇数章节将解释如何运用每条原则。无论你是用这一部分来进行企业自我管理，还是让它伴随你跨越创业的起步阶段，我们都祝福你一帆风顺。

　　我们倾向于把现实世界当成可能的未来世界中的一个。但是，我们现在需要重新思考世界图景。我们应确信，所有可能的未来世界都存在于现实世界中。

—— 纳尔逊·古德曼（1983）

第 10 章　手中鸟原则：
从你掌握的资源出发

旅程已经开始：从你掌握的资源出发！

┆**本 章 概 要**┆

- "从你掌握的资源出发"的含义
- 我是谁：无与伦比的竞争优势
- 我知道什么：创业中的学习
- 我认识谁：六度分离原则
- 如何应用
- 规划你的个人资源
- 你未曾意识到的闲置资源
- 结语：现在就开始行动

经过多年的深思熟虑、巨额的投资以及数月的准备，水手不得不面对最后的宣布日：这一天他们将起航离开安全的码头，向未知的海域前进。

当进入创业世界时，你或许会和离开安全港湾的水手感同身受。但事实上，你不必如此。

到目前为止，我们已经破解了很多有关创业的神话，这些神话让创业看起来更像一个令人望而却步的过程，但事实并非如此。我们认为机会不需要去搜寻，它是由创业者与其合作伙伴创造的，所以，拥有完美的想法并不是关键，甚至没有太大必要。想法更有可能在踏上旅途之后才被创造出来。我们了解到，创业者不会去冒巨大的风险，他们不是天才预言家；相反，他们只在自己可承受损失范围内冒险，追求控制并塑造未来，而不会做无谓的预测。很多创业者并非必然决意冒险，他们会一步步开始，从小处着手构筑事业，同时保留返回码头的能力。最后，成功与失败只是认知观念的不同——你如何定义成败取决于你与合作伙伴想做什么。

我们看到，创业专家遵循效果逻辑，利用易于获得的资源，用小步前进的方式面对不确定性，从而在这一过程中塑造未来。本书中的几条原则引导着遵循效果逻辑的创业者。

本章将深入解读效果逻辑的第一条原则——从你掌握的资源出发。俗话说："一鸟在手胜过双鸟在林。"我们以此将第一条原则命名为"手中鸟原则"。

我们将从效果逻辑创业者如何高效利用自己手中的资源开始讲起，与此相反，采用因果逻辑的创业者从目标出发，这两种方式之间有诸多的不同。之后，我们将更加详细地分析资源，帮助你学会利用手中已有的资源（甚至包括你已经拥有但还没意识到的资源）。

"从你掌握的资源出发"的含义

人们对是否会成功、想法是不是好想法考虑得太多，以至忘记了自己掌握的可以利用的资源。对所有人而言，可利用的资源分为三种：我是谁（个人特质、兴趣、能力），我知道什么（专业知识和经验），我认识谁（人际关系网络）。

对效果逻辑创业者而言，基本的问题是："通过我是谁、我知道什么和我认识谁这三个问题，我能创造什么。"他在开始的时候会设想出多种可能的行动方案，而这些方案产生的结果在绝大多数情况下是不确定的。根据每种方案所需投入的资源，创业者对这些行动方案进行评估。任何一种行动方案都可能会变得有价值，但创业者到底要选择哪一种方案并使之成为可能，需要分析他们最可接受的劣势，而不是预期的优势，基于此为这些方案排出优先顺序。

关于从事哪项事业，是由创业者与共享资源的利益相关者一起决定的。当他们贡献出各种资源时，根据所有可用的资源和可承受的损失，利益相关者会为企业设定短期的计划和新的子目标，从而帮助企业成长。

效果逻辑与因果逻辑形成了鲜明的对比。区别两者的关键在于你怎样看待目标和资源。如图10-1所示，当采用因果逻辑的方式时，目标已经给定，这些目标也许是强制性的（例如，上市公司将股东价值最大化），也许是自发的（例如，我要在40岁之前赚到1 000万美元）。在这两种情况下，目标都是给定的，所以真正的决策就变成了：怎样积累必要的资源去达成目标？通常，这个问题变成了如何建立一种愿景，以吸引掌控这些资源的利益相关者加入。资源的积累成为企业的主导目标，利益相关者更多地被视为资源供应者。

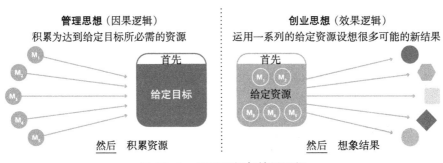

图10-1　因果逻辑与效果逻辑

注：M指的是资源（means）。

效果逻辑是"资源驱动"的，而因果逻辑是"目标驱动"的，难道创业者不是高目标驱动的个体吗？

是的。但我们需要意识到非常重要的事情是，目标通常以层次关系的形式存在。这并不是说采用效果逻辑的创业者就没有目标，他们可能拥有雄心勃勃的更高层次的目标。但当事态发展到紧急关头、所掌握的资源不起作用或只能实现较低层次的目标时，他们更倾向于改变目标，而不是追求那些他们无法掌控的资源。要想理解目标的不同层次关系，人们必须注意两点：第一，层次较高的目标，比如在40岁之前成为百万富翁，这些目标并不会告诉你创业的第一步应该做些什么；第二，选定一个低层次的目标，比如在某个高收入地区开一家高档餐厅，将会使你的创业行为集中在寻求目前所缺少的资源上。根据你已拥有的、可利用的资源开始创业是一个非常实用的方法，它能让你现在就开始行动和创建新企业，同时你又不会放弃更高层次的目标和长期目标，例如赚取巨额利润或是做自己的老板。

"资源驱动"与"目标驱动"相比具有哪些优势？

- 不必急于寻求投资者。
- 不必等待最佳机会或最佳资源。
- 利用自己的长处，不必以克服自身短处为前提。
- 吸引希望创新并共同制定目标而非仅提供资源的利益相关者。
- 自愿与你合作的利益相关者会越来越多。
- 创新的可能性会大大提升。
- 找到或创造出适合自身良机的可能性得到提升。
- 这样做降低可能失败的成本，因为你只在可承受损失的范围内冒险：
  - 从失败中吸取教训的可能性也大大增加，遭遇失败时能更迅速地恢复，下次尝试时将先前所吸取的教训作为可依靠的经验。
- 强迫自己创造性地利用匮乏的资源，包括闲置资源甚至是废弃的"垃圾"。

创业故事 10-1

个性的力量

雅诗·兰黛的本名是约瑟芬·埃丝特·门泽尔，20世纪上半叶她创造了化妆品行业的巨头。她大胆地运用自己所拥有的一切条件，不论是喜欢的还是厌恶的，借助它们不断地改变自我。她做的第一件事就是把自己的名字从埃丝特改成了雅诗,将婚后的姓从劳特改成兰黛。接着,她帮助自己接触到的所有女性"发掘"她们自身的潜力,寻找自己最美丽的一面。

美丽的想法

即使在创业初期,雅诗·兰黛在发展潜在客户时也不使用我们常见的开场白"有什么我能帮您的吗"。在美容院里,充满创新精神的雅诗·兰黛通常是这样接近女性客户的:"女士,我的这款产品能让您展现最美丽动人的一面,我能向您介绍一下如何使用它吗?"在萨克斯第五大道精品百货店,或是内曼·马库斯百货这样的高档商店,她会这样说:"试试这个,我是雅诗·兰黛,这是世界上最了不起的美容产品。"

美丽的方法

由于自己并不像竞争对手露华浓那样拥有雄厚的资金,无法发起声势浩大的广告攻势,兰黛选择分发免费试用品,这在当时的化妆品行业闻所未闻。这一行为遭到专业人士的大肆嘲笑,他们认为这简直是一场大灾难,无异于"把全部身家都白白送出去"。但是,雅诗·兰黛断言,这是"做生意最真诚的方式"。事实证明,人们纷纷涌进店里,试用她的样品,然后不仅购买了产品,还对产品效果口口相传,这是任何广告也无法达到的效果。

雅诗·兰黛借助自己独有的个性——我就是雅诗·兰黛,招揽零售客户。得克萨斯州百货公司董事长斯坦利·马库斯这样描述她:"她是一个坚定果决的商人,她闯出了一条让自己被大众接受的新路。她不仅坚定果决,而且永远维持着优雅美丽的风度。面对雅诗,说'是'比说'不'更容易。"

创业故事 10-2

从现有资源出发

巴巴拉·科科伦经营着一个房地产帝国,资产达到40亿美元。在《地产女王:利用你已经得到的一切》(*Use What You've Got*)一书中,她分享了母亲给她的一条重要建议:如果你没有性感火辣的身材,那就在你的马尾辫上绑一条缎带。这是她在做服务生的时候学到的,当时她深感生活毫无盼头,死气沉沉。有一天她回到家,向母亲抱怨其他服务生总是因为拥有性感火辣的身材而十分受欢迎,可她没有。母亲回答:"总有一天你会懂得,你要利用自己拥有的全部,既然你没有性感的身材,为什么不在你的马尾辫上绑条缎带呢?这样能展现你最甜美可爱的一面。"她照母亲说的话做了……

经验:不要盲目追寻你没有的,应专注于你所拥有的。

我是谁:无与伦比的竞争优势

我们通常不会将自身视为有价值的新机会的首要来源,或者独一无二的竞争优势的基础。简单地反思一下,这是千真万确的,而且绝大多数情况下都是如此。

创业最美妙的一点是,有多少准备投身创业的人,就有多少潜力无限的良机。与其他专业领域(如医学、会计、舞蹈及体育)不同,在创业中不存在创业成功所必需的或充分的、系统性的专业技能、能力或个性类型。在有史以来最成功的企业名单中,一家以财务会计为基础的企业(如布洛克税务公司),可以与一家运动品牌企业(如耐克公司)共存。与此相似,一位个性张扬的冒险家(如马克·库班)和一位精明的算计者(如丹尼尔·斯奈德),都能以拥有的一支球队来构筑辉煌的创业生涯(库班建立了达拉斯小牛队,斯奈德建立了华盛顿红皮队)。

如果我们以此作为前提——我们是谁以及什么让我们独一无二,这不仅是创业的出发点,也是我们将要创造的企业与市场机会的基础因素,那么,我们就会欢迎那些原本被我们忽视的做法。事实上,很多企业的成功都要追溯到创始人所处的独特境况以及看似古怪的个人癖好。

创业故事 10-3

信封回收

创业者运用大量的知识开始创业,他们的知识也在这一过程中不断增长,并且知识决定了他们的行动方式。安·德拉韦尔涅从一个很微小的创意——信封的尺寸着手创业。当看到回收桶中有大量的旧信封时,她灵光一现,这些小信封或许能够产生巨大的影响。

信封背后的数学

更深入的调查使安了解到,美国每年生产并投递至各地的信封至少有810亿个。这给环境带来了很大的影响——需要耗费18亿吨木材,产生4.5亿千克的温室气体,加工和运输需要约75万亿千焦的能量,同时在资金方面也造成了很大的浪费,因为回邮信封意味着要消耗企业直接邮寄费用的15%～45%。

大量的邮寄

作为一位从事有机农业的农场主,安对再利用这一概念有着深刻的见解。她自己已经积攒了大量的信封,再将其重新寄出。但是假如有810亿个回邮信封,它们又能用来做些什么呢?想到这一点,安成立了EcoEnvelopes公司,其唯一的目的就是在商务信函往来中使用一个而不是两个信封来完成往返邮寄。

笔友

如何将小创意转变为能引起轰动的机会,解决办法并不是显而易见的。曾经当过平面设计师的她,坐在自家厨房的桌子边,用一些办公用品和一台缝纫机(用来在纸上穿孔)做出了可多次利用的信封的原形。第一次她只做了10个,寄给了各地的朋友。当10个信封都被邮回来时,安意识到是时候该做些什么了。

直接邮寄团队

合作伙伴和团队能为创业计划提供大量的关键资源。安开始扩大她的团队,从私人朋友到各种既使用邮件又有环保意识的企业。她首先联系的是土地工作项目(Land Stewardship Project)以及明尼苏达州景观植物园,这些组织对公司提供便利的直接邮寄(简称直邮)服务和节省资金的优势感到十分满意,同时,EcoEnvelopes公司使直接邮寄活动的响应率提高到了8%(约为平均值的10倍)。

信封中的金钱

现今，EcoEnvelopes 公司生产销售一系列具有专利权的、装有拉链的可再利用的环保信封，原材料同样是纸张，但确保百分百是由用过的废弃纸张加工而成的。2008 年 1 月，EcoEnvelopes 从 TC Angles 获得了一笔 57 万美元的投资，这也是该天使投资者迄今做出的数额最大的一笔投资。安用这笔钱雇用员工、申请专利，将她的产品推广到世界各地。仅一个月后，美国邮政服务总局便授予安"国家消费引领奖"，EcoEnvelopes 公司成了第一个具有标准认证的再利用信封邮政公司。从那以后，安的信封回收量持续增长。

我知道什么：创业中的学习

想一想你所知道的，比如事实或你从独特的人生经历中获得的经验。每个人都因自己的经历而有不同的知识储备，这也是为什么两个创业者出发点相同、环境相同，所创建的企业却大不相同的原因。

根据走廊原则，创业者在沿着走廊行走的过程中启动创业并开发机会，这也许是更好的选择。凭借已经拥有的资源、信息和知识优势，更易于开启创业之旅。

一 延 一 伸 一 阅 一 读 一

走廊原则

罗伯特·隆斯塔特（1988）提出的"走廊原则"（corridor principle），描述了新的、计划之外的机会是如何在创业者建立新企业的过程中浮现的。就像是站在一条走廊的入口，直到你开始沿着走廊向前进，你才知道走廊中有什么。随着你的移动，你获得了知识和洞察力。走廊原则阐释了创业者如何仅靠打开一扇门并追求一个机会就能创造他们可能没有想过的其他机会（其他走廊）。

创业故事 10-4

餐厅创业密码

如果你想从事餐饮行业,克劳斯·梅耶尔就是一个很好的榜样。2010~2014年,他在哥本哈根的诺玛(Noma)餐厅连续多年被英国《餐厅》杂志评为"全球最佳餐厅"。该餐厅主打北欧菜,以新鲜的海鲜、本地香料以及种植在可食用"土壤"中的小萝卜为特色。美食评论家对诺玛餐厅极尽赞誉,"美味""令人垂涎欲滴"这样的词都显得苍白无力。这家餐厅成功背后的秘诀是什么?

初出茅庐

梅耶尔在丹麦长大,在那里食物只是一种生活必需品,谈不上什么享受。在学生时代,他计划从事金融行业,曾在法国南部度过一年的时间。在那里,他对食物有了新的定义。食物不仅仅提供营养,还代表对美的追求。他21岁时回到丹麦,从内心深处产生了改变丹麦餐饮文化的愿望,并且相信自己一定能够做到。对一个尚未毕业的大学生而言,这是一个远大的理想,而当时的他还没有一个明确的出发点。

窥探你的冰箱

正如梅耶尔自己说的那样,做饭和创业有很多共同之处。一种方法是开始尝试和测试配方,获得必要的配料,仔细遵循说明,从而创建一家公司。另一种方法是打开冰箱,仔细研究里面有的东西,从而创造一些新事物:一种全新的菜肴、一种意想不到的商业模式、一种创新的冒险,没有任何人能事先预测到。梅耶尔选择了第二条路,他瞄准了大学生餐饮需求,开始了第一次创业。他骑着自己的兰令自行车提供餐饮配送业务,给学生带来了极大的便利。

进入厨房

和餐点一样,新企业往往开始于梅耶尔的这种想法:有什么可用的功能以及谁能做。事实上,从那时起,许多厨师甚至非厨师都加入了他的行列。结果,梅耶尔和他的合伙人在过去的25年里几乎每年都要创业再出发。梅耶尔创办的梅耶尔集团与合作伙伴索伦·西尔维斯特将巧克力输往斯堪的纳维亚地区，这种合作关系又促使梅耶尔创建了咖啡进口和咖啡馆这样的企业。在梅泰·马丁努森的帮助下，梅耶尔创建了一家类似剧院的餐厅，并建立了一个工厂来生产豆饼。他主持了一个电视烹饪节目，更多的业务合作让他进军酒店、企业餐饮、食品咨询等领域，他还开设了一个非营利的食品实验室。这不是所有的，梅耶尔还建立了一个微型酿醋厂、一个有机的商业果园和一个精品面包店。他写过一些食谱，做过讲座，还积极从事健康工作和相关研究。就连著名的诺玛餐厅——曾被"北欧菜肴是一个矛盾体"的笑话给予致命打击的餐厅，他也与该餐厅的大厨雷内·雷哲皮结成了伙伴关系。

创业模式

在很多方面，梅耶尔都做得很完美。25年后的今天，他可以很好地找到一条实现自己愿景的路。不过，不是通过他以前的任何一项事业，而是通过他在这个过程中所积累的财富。无论是改变丹麦的饮食文化还是改变世界，真正的创业是大量信息的聚集和融汇，这些信息来自无数人，比如那些或多或少帮助诺玛餐厅成功的人。梅耶尔吸取了每一次创业的经验，而这些经验也铸就了他的成功之路。创业绝不是一个有着敏锐洞察力的个人英雄主义的表现，而是共同创造的学习、实践和应用过程。梅耶尔最初只是迈出了第一步，紧接着迈出了一步又一步，并与一个又一个合作伙伴创造出全新的事业。这些都不是早早就计划好的，而是由他之前走的每一步、不断遇到的人和每个阶段可用的资源决定的。现在，你的胃口已经被吊起来了，你的冰箱里有什么呢？

我认识谁：六度分离原则

创业者通过建立利益相关者关系网来创建企业，把他人所掌握的资源和自己所掌握的资源结合起来。建立这样的关系网，需要有三个利益相关者来源。第一个来源就是那些与你可以直接接触到的人，如朋友、家人和熟人。

第二个来源是你因偶然或意外的机会无意中遇见的人。第三个来源是和你并不直接认识，但可以通过你认识的人建立联系的人。我们都存在于一个相互联系的网络中：我们认识的人认识的人认识的人（依此类推）能够成为有价值的合作伙伴。如果你相信"六度分离原则"理论，那么只需六步，你就可以和世界上的任何一个人建立联系。有时，与不那么熟悉的人的联系反而是最珍贵的，因为他们很可能会带给我们以前从未有过的视角和想法。这就是"弱联结（weak ties）的力量"。

—延—伸—阅—读—

六度分离原则

1929年，一位匈牙利作家凯伦斯在其撰写的一篇短篇小说中提出，任何两个人通过至多六个中间人都可以互相建立起联系。在人类关系中，理解我们如何互相影响，既吸引人又非常重要。1967年，斯坦利·米尔格拉姆在一份学术出版物中提出了关于人类如何相互联系的观点。

此后的众多研究致力于衡量关联性。人与人之间需要通过几个人建立联系，根据人口数量与联络方式而有所不同，但是大致可以证明，这个数字相当小。因此，不论你想称之为"六度分离原则"还是"小世界"现象，通过你的关系网和你认识的人的关系网，你能够接触到世界上的任何人。

如何应用

为了了解资源驱动过程如何运作，我们将在整个创业历史里寻找具体的事例来进行说明。例如西尔斯百货、办公用品巨头史泰博、星巴克咖啡、美国有线电视新闻网（CNN）以及很多其他公司，它们的创建者都利用手中所掌握的资源，一步步抓住机遇。这些长盛不衰的企业起步时规模都很小，也没有进行过精确的市场分析。创业者把他们是谁、他们知道什么和他们认识谁这些普通的事实编织在一起，并应用到他们认为值得尝试的项目中（个人资源清单见表10-1）。然后，创业者一步步将他们最初的计划发展起来并逐步推进，吸纳新的利益相关者，对企业进行重新整合，扩大规模，每一次只前进一小步，逐渐到达更高的位置，发展得更长远，直到最后用他们所掌握的资源和所获得的成果创造出难以想象的巨大成功。

表 10-1　个人资源清单

你认识谁		你知道什么		你是谁	
你的名片盒（领英、Facebook）		你擅长的专业知识和教育背景		品位、价值观、个人偏好	
同学、校友		工作中学到的知识		激情	
偶然认识的人		生活中获得的知识		爱好	
生活中出现的陌生人		非正式学习，兴趣爱好		兴趣	

—延—伸—阅—读—

一项技术→八位创业者→八种不同想法

一项研究表明，在3D打印技术刚刚被麻省理工学院开发出来的时候，就有八位创业者在寻找将该技术商业化的方法。这八位创业者都是从直接参与技术开发的人员那里打听到的3D打印技术。他们都没有与麻省理工学院技术许可办公室联系，彼此之间也没有联系。但最惊艳的事情就在于，每位创业者都对3D打印技术提出了不同的处理办法，这些不同的想法与他们各自拥有的知识或个体的不同经历息息相关（Shane，2000）。

创业故事 10-5

完美的照片

现在,每个有手机的人都相当于随身携带一台高质量的相机,拍摄的照片数量明显增长。但是,如何处理这些珍贵的照片呢?你可以发邮件、发 Facebook 或 Instagram,还可以只存储在电脑硬盘里。

照片传送

德布·惠特曼提供了一个新的选择方案:让照片像变魔术一般地出现在想要一次又一次欣赏你的照片的亲朋好友的屏幕上。他们不必再去搜索你的近况,你可以将一些选择好的照片自动地展示在他们的屏幕相框里。无论这个想法是否吸引你,Photo Mambo(惠特曼的新公司和服务的名称)和她本人都展现了对于创业很有价值的两个方面。

创意来源

第一,创意来源。尽管创业注重的是"顿悟时刻"(一般出现在洗澡的时候,当然没有相机),但是和大多数新企业的发展一样,Photo Mambo 缺少完美的照片记录。在惠特曼创立 Photo Mambo 并担任 CEO 之前,她在 Adobe 公司开发 Photoshop 之类的数字成像软件。在此之前,她还在微软公司负责数字媒体展示工作。其实早在 20 世纪 80 年代,惠特曼就开始从事有关消费者软件的工作。那时,她在 Intuit 公司营销个人财务管理软件 Quicken。她出生在美国中西部,作为一个母亲,惠特曼想要给不精通电子技术的家人分享女儿的照片,这些个人经验和自身兴趣的结合是她创建 Photo Mambo 想法的源头。

行动基础

第二,行动基础。惠特曼从事的是软件方面的工作,所以,她知道创意的可行性和为此所要付出的精力。除此以外,对爱好数码摄影人群的了解也带给她很大帮助,这能使她更容易获得建议、找到合作者。一些有直邮广告工作经验的人也会有同样的想法,但是,他们很可能只是提供每月寄送明信片的服务。而惠特曼却运用了个人知识,在大家懵懂之时及时看清了现状并立即采取了行动。这就是惠特曼成为一个成功创业者的原因。

规划你的个人资源

现在请用一张纸写下你的个人简历，然后开始填充内容。务必发挥你的创造性思维，这份简历并非那些个人简历中的常规内容。开始之前，先回顾你的人生，你都获得或创造了哪些资源：

- 青少年时期；
- 中学时期；
- 大学时期；
- 关于你的第一份、第二份……工作；
- 关于私人生活；
- 关于个人爱好和活动；
- 来自父母的？

你的朋友、同事、家人或熟人如何描述你的工具？

尽可能地拓展自己的思维。你需要的当然不仅是我们提供的"个人资源清单"这一张纸，而是我们希望这个方法可以给你提供一个起步的平台。

你未曾意识到的闲置资源

有时，不寻常的机会和以这些机会为开端的众多成功企业，都是源于起初甚至不为人所知的闲置资源。事实上，世界上到处都是"闲置品"——那些实现其他用途后剩下的资源，或者只是被弃置在一旁从未有人注意到的资源。

闲置资源包括任何弃置不用的物品、空地、法律上的空白、为应对紧急事件所配备的应急品。想一想马铃薯加工业巨头、冷冻薯条的创始人、亿万富翁J.R.辛普劳的故事。他从担心猪肉囤积过剩的农场主那里收购猪。辛普劳饲养猪，等到需求回升时就将猪肉卖给肉类公司，这让他赚到了足够的资金，买下一台电子马铃薯分选机。在整个创业生涯中，辛普劳敏锐地注意收集身边的闲置资源，将它们转化成有价值的产品，时常能从竞争对手的眼皮底下抢得先机。

我们同样在 U-Haul 的事例（详见第 6 章）中看到了闲置资源的作用，创始人伦纳德·肖恩与全美的加油站网络开展合作，将 U-Haul 的代理商置于加油站的闲置空间中。肖恩利用闲置资源，不仅为自己创造了价值，也为加油站网络带来了利益。

对雅诗·兰黛来说，有价值的闲置资源不是地点而是时间。在创业早期，她注意到女士们在美容院等待用电吹风吹干头发时，缺少可以用来消磨时间的活动。于是，她免费提供化妆品小样，包括雅诗·兰黛的面霜和润肤露。大部分顾客接受了试用品，当她们真正体会到产品带来的好处时，大多数时候她们都会把它们买回去日常使用。

有时，闲置资源也可能以厄运的形式出现。在创业故事 10-7 讲述的时尚博士哈库塔的事例中，主人公是一位失业的哈佛医学院毕业生，他拥有最灵活的闲置资源，即时间。如果他像其他同学一样找到了一份待遇优厚的工作，也许他就会像平常人一样，为谋生工作一辈子了。

创业故事 10-6

无心插柳

爱彼迎（Airbnb）的创业案例证实：即使一开始没有任何手段工具，也能为新企业打下基础。为了能够支付租金、提高生活质量，乔·杰比亚和布莱恩·切斯基开始在他们的公寓内提供充气床铺住宿和早餐服务。出乎意料的是，真的有三个人来寄宿。于是，一个新的创意诞生了。但是，爱彼迎之所以能取得今天这样的成就，是因为这两个创业者一开始还是绞尽脑汁采用了很多其他方法和手段的，从在西南偏南（SXSW）音乐节上为开启创业所做的努力，再到拍出好看的房屋照片，以及说服熟人加入他们的企业。

第 10 章　手中鸟原则：从你掌握的资源出发　　165

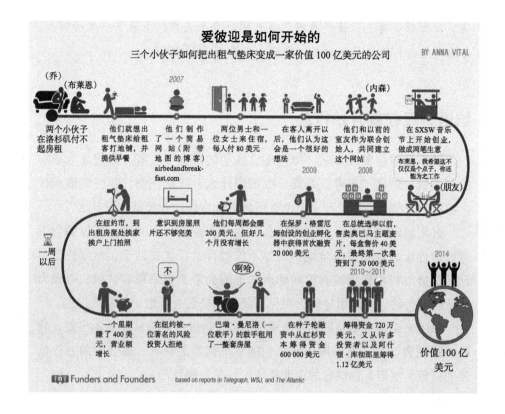

创业故事 10-7

爬到墙上的玩具

肯·哈库塔博士毕业于哈佛医学院，但不久他就沮丧地发现：同学们似乎都找到了比自己优越得多的工作。当为这件事满腹愁绪时，他冷漠地不断朝墙上扔着母亲从日本带给他的一个黏滑的章鱼型橡胶玩具。1982年，这还是市面上唯一一种能从墙上爬下来的玩具。他随后购买了价值10万美元的这种玩具，并打定主意如果生意失败了，就到日本去。他开始在居住的华盛顿地区的小礼品店和玩具店推销这种玩具，直到有一天哥伦比亚广播公司《晚间新闻》为他的产品写了一篇专题报道，这种被命名为 Wacky WallWalkers 的玩具逐渐风靡全美。肯·哈库塔卖出了超过 2.4 亿个 Wacky WallWalkers 玩具，这一产品成为当时最时尚的单品。作为时尚博士,他还推出了自己的时尚个人秀,出版了一本畅销书,名为《如何打造自己的时尚,赚到100万美元》(1989)。

结语:现在就开始行动

效果逻辑将关注点从"如何建立成功的企业"或者"如何成为成功的创业者"转向"思考我是谁、我知道什么、我认识谁,我应该追求什么样的创意与机会"以及"思考我所掌握的资源,我能够创造什么"。

时刻思考你是谁、你知道什么、你认识谁这三个问题,不仅能告诉你该做什么,也能很清楚地告诉你不该做什么,这有助于让你专注于自己的优势。利用你所拥有的和你所知道的会阻止你采取有风险、有较大跳跃性的行动,它能引导你运用你可获得的资源并采取可控制的措施。

总的来说,手中鸟原则(从资源出发)告诉你可以从低成本出发,你所掌握的资源或工具手段构成了你的竞争优势的基础。联合你的合作伙伴的资源和承诺,你创建的企业将是可行的、独特的。

当你将手中鸟原则运用于实践时,创办一家新企业就不再是令人难以置信的冒险行为,而是在日常生活的可能性和约束下你可以做到的事情。你可以在任何时候着手创建新的企业。现在就可以开始!

现在怎么办

- 如果你在决定实施哪个创业想法时遇到了麻烦,为什么不选择同时启动多个想法,然后通过利益相关者的承诺,让主导路径进行自我选择?
- 自己来一场电梯游说——假设你不得不出售公司的股份,你会做出什么样的招股计划书?想一想你掌握的资源而不是考虑你的最终目标。

- 你是谁？你能在适当的时候做出什么样的事情并为之努力？
- 你认识谁？你可以把哪些闲置资源组合在一起加以利用？
- 你知道什么？你不仅要掌握专业知识，还需要知道相关的人，谁需要什么东西，或者如何用新方式组合闲置资源。

金 玉 良 言

每个人都有自己的资源或工具手段，每个人都是不同的。这说明即使从同样的想法出发，每个开始行动的人所创造的东西也是不同的。

深 入 思 考

- 在目标导向型的社会中，你如何保持资源或工具导向型的心态？
- 在什么情况下，为你的企业制定特定的目标可能会阻碍进步？
- 如果没有目标，你怎样知道你是否成功了？
- 从现有的资源来看，如果你想不到任何值得追求的东西怎么办？

（提示：这将在第 11 章中介绍。）

第11章 转化资源，创造价值

> 所谓创业者就是这样的人：他愿意并且有能力将一个新想法或新发明变成成功的创新，同时创造出新的产品和商业模式，引领着整个行业动态和经济的长期发展。
>
> ——约瑟夫·熊彼特（1942）

创新并不神秘。

我们可以采用很简单的方法来学习和实践。

:本章概要:

- 创业实验
- 一个很大的不同：转化的类型
- 持续进行的转化
- 结语：承诺将想法转化成好创意

你已将所有资源准备齐全了，对于"我是谁、我知道什么、我认识谁"也都有了深刻的理解，但是如何将它们转化成有价值的事物，即新产品、新企业，甚至是新市场？很明显，其中包含很关键的一步，不是变魔术，而是转化。

创业者如何将平凡的资源转化成有价值的结果？为了回答这个问题，我们设计了一个创业实验，将在本章对它进行详细介绍。创业实验让我们看到，创业者是如何将点子转化为商机的。通过这个实验，我们将解开困扰创业者的一些谜团。

通过创业实验，我们观察到了转化的一般模式。在本章中，我们将描述创业实验，以及每一种转化模式，给出每种模式的真实案例，让你知道如何创造自己的转化。

你在阅读本章时，每了解一种转化模式，就停下来观察一下周围的事物——从现在你坐的椅子的外观到你喝的苏打水。想象一下，你日常使用的这些事物中所包含的转化。液压装置如何与办公室家具联系在一起，让你能轻松地升降你的椅子？体育器材如何与厨房用具融合，从而使精心设计出来的可重复使用的水杯出现在你的桌子上？

一旦你开始观察，在任何地方都能看到各种转化，原因当然众所周知，就是任何事物都是由其他事物创造出来的。

创业实验方案（正如它所呈现的那样）

实验介绍

在下面的实验中，你需要解决两个决策问题。这些问题出现在为一种虚构产品创建一家新企业的背景下。在实验介绍之后就是具体的产品描述。

虽然这种产品是虚构的，但它具有技术和财务上的可行性。通过实际市场调研（比如用于制订真实商业计划的市场调研），你可获得与这些问题有关的资料数据。迄今为止，参与本实验的创业者都发现，这个项目不仅具有趣味性，而且具有可行性。

在你开始阅读产品描述和了解问题之前，我们需要你自己发挥创造力想象一种情境：自己就是这家企业的创始人，也就是说，你要凭借已有的经验在资金缺乏的情况下开始创建这家企业。

产品描述

你开发了一款与创业有关的电脑游戏,并相信它可以嵌入教学资料和成功创业者的介绍,成为一款优秀的创业教学工具。产品灵感来源于报纸和杂志上关于创业教育需求日趋增长的报道,而且事实上,甚至初中或高中阶段就涉及创业方面的课程体系,引导学生不仅要学习商业相关的知识,还要学习数学、科学以及人际交流技巧。

该产品的游戏部分包括创建及运营企业的模拟环境。整个环境包括市场、竞争对手、政府监管部门、宏观经济因素,以及随机的"运气"等独立的模拟因素。该游戏具有复杂的多媒体形式,例如3D效果的办公室,其中电话可以及时传递市场信息,电视可以显示随时变化的宏观经济信息,还有模拟的管理人员,玩家(CEO)可以向他们征求意见后做出决策。游戏开始时,玩家可以选择任何你想创建的企业类型(如制造业、个人服务业、软件行业等),同时也必须做相应的决策,比如,在哪一细分市场出售产品、雇用多少员工、具体的融资方式等。游戏过程中,玩家要做出产品决策,例如产品数量、是否建立新的仓库以及与物流公司签订协议等;市场决策,例如使用何种分销渠道、利用哪种媒体进行广告宣传等;管理决策,例如雇用、培训、晋升或解雇员工等。游戏中还配有会计程序,用来记录及计算不同的决策对盈利底线的影响。对于玩家的决策,游戏可以给出多种可能的结果,从破产到"曲棍球棒"式增长。⊖

你还需要采取措施保护知识产权。你的公司名称设定为"创业股份有限责任公司",产品名称为"创业情境"。

⊖ 曲棍球棒现象,即在某一个固定的周期内,如月、季或年,前期销量很低,到期末销量会有一个突发式增长,而且在连续周期中,这种现象会周而复始,其需求曲线的形状类似于曲棍球棒或字母J,因此被称为曲棍球棒现象,也被称为J曲线效应。——译者注

创业实验

创业实验呈现给人们一个不确定的商业环境，蕴含多种可能的策略和结果。我们让人们讲述他们创建一家虚拟企业的方式，该企业准备推出一款名为"创业情境"的虚拟游戏。

根据对这一计划的描述，参与者需要回答一系列产品初始市场的拓展问题，并在整个过程中持续地把所有想到的想法说出来。他们的回答将被录音，转换成文字信息，用来进行编码和分析。

为了弄清何种策略对创业者来说是独一无二的，我们将参与者分成三组，从而比较它们的不同点。创业专家不论是独自还是作为某个团队的一员，至少建立过一家企业，其中至少有一家企业运营10年以上，同时顺利上市。

我们将创业专家同MBA学生以及在员工人数超过500人的跨国组织中至少工作10年的职业经理人进行了对比。

―延―伸―阅―读―

你想在工作中成为一个具有创造性的天才吗

创造力与许多因素有关，包括内在动机、人格特质、外部沟通能力和良好的工作环境。30年前，特蕾莎·阿马比尔就开创了组织创造力研究的先河。她最近的工作转向了创造力的直接驱动力研究，特别探寻情绪在其中的影响。

在某研究项目中，阿马比尔及其同事观察在新产品开发以及创新项目推进过程中的个人创造力，追踪情绪与其之间的关系。在研究中，200多名受试者来自三个不同行业的7家公司，他们需要每天汇报当日工作中的感受以及当天发生的事情。研究表明，工作中个体的创造力通常产生在积极的情绪之后。研究者认为，两者之间之所以会产生这样的联系，是因为积极的情绪会促进思维多变。因此，积极的情绪能够使个体拥有全新的、创造性的联想。这个创造过程似乎会在晚上发挥作用，睡眠在其中起重要作用（Amabile 等，2005）。

一个很大的不同：转化的类型

创业实验的结果清楚地表明创业专家采取了一系列独特的策略，而这些策略正是本书所介绍的效果逻辑的基础。除了这些策略（如工具运用、可承受损失、合作关系及利用偶然性）以外，创业专家在将其所处环境转变为机会的过程中也表现出相当的创造力。让我们来看看从创业专家身上观察到的四种常见转化类型（表11-1列出了更全面的转化类型）。

增补／删减

在一家新企业里，增补／删减意味着仔细研究你的产品或服务，思考你希望增加／减去哪些方面，让它们变得更加吸引人。通过增加或删减产品或服务中的某些方面来创造新的产品或服务，会出现不受任何限制的可能性。新元素可以与最初的产品在某些方面相关，或来自一个完全不相关的领域。

露思·奥维德斯（第15章）提供了一个关于删减的好例子。她的Calyx and Corolla园艺产业公司通过从花农那里收购鲜花产品，然后用联邦快递将它们直接运送到顾客手中，在鲜花分销过程中完全省去了批发商这一环节。通过这一举措，她不仅不必经过中间分销商这一环节，而且还能为顾客提供更新鲜、保存期更长的优质鲜花产品。

合成 / 分解

将现有资源进行重新组合（与前一种模式不同，前一种模式是在已有的基础上增加或减去），就是我们所要介绍的合成／分解模式。

在一家新企业内部，这种模式意味着需要对你提供的事物——产品、服务或工作方式进行评估，然后将它们分解成若干部分，再以一种新的方式重新组合起来，这个过程类似于对乐高积木玩具的拆分和重组。

在你阅读曼农先生的故事时，请仔细领会随着想法从糖果店到旅游观光再到巧克力魔法的转化，他是如何进行分解与合成的。

创业故事 11-1

巧克力魔法

走进布鲁塞尔一处安静的郊区，在一个很不起眼的车库大门后面，有一家曼农巧克力加工厂。它的标识牌很小，很容易被人忽略。一进入车库门，就是克里斯蒂安·范德克肯（通常他被人称为曼农先生）的巧克力王国。1935 年，曼农的祖父建立了这个工厂，生产出 80 种不同的手工夹心巧克力，其所用的原材料都是纯天然产品，有些甚至就是从曼农家的花园里取得的。这种高档巧克力的生产地位于布鲁塞尔郊区的一家不起眼的零售店，这些巧克力不易碎，能够承受远途运送，因此它们被出口到世界不同地方，包括欧洲其他国家、日本、美国。

独特的参观

大约 17 年前，曼农接到一个电话。这个电话并不像平常那样向他订购一批巧克力产品以用于什么特殊场合，而是希望能够获得曼农"避风港"的入场券——到曼农的巧克力加工厂进行一次私人参观。曼农很乐意分享他的夹心巧克力制作专业技术，也对公司直接营销的可能性很感兴趣，于是就同意了这个请求。

魔法配方

曼农将他大量的巧克力制作知识与从一位中国老人那里学到的神奇

工艺结合在一起，设计出了参观巧克力加工厂的流程，包括学习制作手工巧克力、品尝巧克力、参观传统巧克力制作设备，以及了解为使巧克力品质优秀而加入的特殊原料。这一参观项目大获成功并且被传开，曼农开始提供定期的旅游参观。

曼农先生说："在我第一次举办工厂参观活动时，我只是觉得这很有意思罢了。12年过去了，我的初衷仍然不曾改变。我从来没有只把它当成一门生意，它是我的一种乐趣，同时我也可以从中赚到一点钱，就是这样。除了每天吃250克黑巧克力（有助于健康）以外，我想大家都应该了解一下巧克力是怎样做出来的，这就是我的真实目的。"

不可思议的副业

每年约有3 000人来参观该加工厂，参观费用为每人12欧元（周末15人以上组团参观每人10欧元）。曼农完全不必担心赚钱的问题，也不用担心观光获利业务会终止。虽然观光活动增加了一些经营成本（观光活动也带来了丰厚的利润），但曼农成功地从自己的营销中获得了收入。大部分参观者都会在参观结束后来到车库大门附近的工厂直销店里购买他的手工巧克力，而且将参观的经历口口相传，让曼农的巧克力加工厂变成了猫途鹰（TripAdvisor）网站上"布鲁塞尔最受欢迎的30处旅游景点"之一。

魔法召唤出的企业

曼农是不是在做巧克力生意呢？当然是。那么，他是不是在从事与巧克力相关的知识教育和娱乐产业呢？毫无疑问！通过将教育融入商业中，他扩大了巧克力产业的经营范围，从而巧妙地让自己在布鲁塞尔众多优秀的巧克力生产商中（很多有更强大的资金基础）独树一帜。他也教会了我们如何用敏锐的眼光发掘创意。创意经常隐藏在我们所熟知的事物当中，支持日常生活的运行。曼农拥有百年巧克力独家配方，以及从中国学到的经营窍门。曼农的故事提醒我们，什么样的生意我们可以做呢？当你可以提供某种神奇事物的时候，机会就会非常精彩。

创业故事 11-2

充电前沿

当今全世界的手机数量超过了人口总数。为确保正常使用,每一部手机都需要至少一两天充一次电。这就意味着很多小型充电器难免被丢失、遗忘或损坏。如果能给手机无线充电呢?听上去是否有几分类似《星际迷航》的色彩?令人惊讶的是,这种核心技术(磁共振)事实上在《星际迷航》系列的第一部上映之前就出现了,我们只需将这种看似离我们很遥远的科学技术应用到现实生活中就可以。

准时带我去教堂

不过,科学技术有时像一位不情愿的新郎。手机无线充电技术需要发送和接收电流的设备,这就需要应用多种集成技术,因而整个系统的功能就好比一枚结婚戒指,需要消费者去适应以及采用。从商业角度来讲,这就意味着需要与电源适配器供应商、手机及笔记本电脑制造商、标准认证机构以及无数其他工业品制造商等建立联系,这对一个创业者而言是很难实现的。

设计合作关系

玛侬娅·伊特科宁大胆地独自开始了这个计划。但是,作为一名从赫尔辛基艺术设计大学毕业的工业设计师,她的第一本能并不是寻找技术支持,而是重新设计一个用户体验项目,让他们能够直接将这种技术运用到日常生活中。当她思考用户体验问题时,她从用户感到有挫折感的地方出发。例如,假如你在机场还要再等待两个小时飞机才能起飞,突然意识到自己忘了给手机充电。伊特科宁和她的产品正好消除了你的这一苦恼。当你把电量耗尽的手机放在旁边的桌子上时,手机魔术般地开始工作了。你坐起来发现:手机正在充电!

形成合作关系

从设计角度思考这个问题,伊特科宁与芬兰两家规模最大、最著名的家具制造商 Martela 和 Isku 建立了合作关系。她很高兴地发现这些看似传统、古板的大企业很愿意与她合作，它们希望在传统的生产线中注入推动现代移动生活方式发展的新活力。一张桌子不再只是一件简单的家具，奇妙的事情即将发生。之后，伊特科宁和第一批合作伙伴一起制作了一个样品，并与当地的许多咖啡厅建立了合作关系，这样便有了新技术的实验场所。2009年，赫尔辛基市区的用户在这里享受美味的咖啡，和朋友谈天说地，品尝着各式茶点，与此同时，放在桌子上的手机也充满了电。这是一个经过设计的完美结合。

幸福到永远

最初的产品设计使伊特科宁和她的12人创业公司Powerkiss引来了更多关注。伊特科宁担任首席执行官和首席联络人，同时她被欧盟女性发明创新者联盟（EUWIIN）授予"2009年度女性创新个人大奖"。2013年，Powerkiss并入PowerMat Technologies，因此两家公司可以在无线充电行业携手并进。这是一件很重要的事。

—延—伸—阅—读—

创造力模式

雅各布·戈登伯格（1999）对创造力和创新颇有研究，他关于创造力模式的著作与本章中创意转化的理论十分相似。他描述了五种模式，这五种模式大约可以解释70%新产品创意的来源：

- 减法、乘法、除法模式，每一种模式都可以用来完善本书讨论的转化类型。
- 任务整合模式（在产品现有元素中增添新功能，从而在一个部件上实现多项功能）及改变属性依赖关系模式（改变一个产品的属性与其环境之间的依赖关系）都是嫁接这一转化类型的具体方法，因为它们都涉及转变某种产品或某种组成成分的方法。

> 总之，不管你如何命名它们，了解学者们长期积累下来的关于创意产生的研究成果是十分有用的。创意产生不是什么魔法，而是一种有规律可循的方法。

嫁接

嫁接事实上是进化生物学家所用的术语，意思是利用原本为了某种目的而产生的事物，去实现另一种不同的目的。

在建立新企业的过程中，嫁接意味着利用现有的技术、产品、服务或生产要素去实现某种新的不同用途。

想一想小小的阿司匹林片。1897 年，拜耳制药的科研人员发现乙烯水杨酸可以充当高效止痛剂及退烧药，他们将这种药物命名为阿司匹林。1899 年，一个新的品牌诞生了，该产品立即大获成功，特别是它在抗击 1918 年西班牙肆虐的大流感中发挥了强大的作用。当该产品专利在 1917 年终止的时候，仿制品充斥了市场。这一产品的辉煌地位的真正衰落是在 1956 年发明了对乙酰氨基酚（俗称"扑热息痛"）及 1969 年发明了布洛芬之后。看上去，阿司匹林似乎遭遇了滑铁卢。

但是，到了 20 世纪 70 年代，临床试验显示阿司匹林具有良好的抗凝血功效，降低了因凝血而引发疾病的风险。该药品销量重新上涨，因为它具有显著的预防心脏病以及中风的功效，这与它原本的用途可谓大相径庭。

至于另一个与嫁接相关的案例，请确保你已读过创业故事 11-2 "充电前沿"。

嫁接

> 鸟类的羽毛是如何进化出飞翔能力的呢？一种解释是，起初是某些生物为了调节温度才进化出来的，最后却"嫁接"出了另一种完全不同的目的——飞行。这也是嫁接这个概念的最初含义，由进化生物学家古尔德和弗尔巴（1982）所创造。这些研究者发现，生物学家花了大量时间去关注物种的适应能力，这种能力让它们能更好地适应生存环境。但是，他们很少关注另外一点：生物体的某一特性，起初是出于某种特定原因，或是出于某种未知原因进化而来，却产生了一种新的功能。在创业学领域，同样的概念也可以用来描述某种产品（可以是任何产品）功能转换的过程。因此，当创业者面对一把锤子时，他们不仅要自问，"我能用一把锤子做些什么"，而且还要思考"除了用来砸钉子，我还能用一把锤子做些什么"这个嫁接的过程，反复提出"还能……"的过程，这对很多创业者来说是很自然的。

重新评估

重新评估主要是增强或弱化产品／市场的某些方面或属性。

例如，德国宝马汽车公司在进行新的产品设计时，逐步提升"驾驶体验"，强调"最高级的驾驶机器"的设计理念。而沃尔沃则强调它的驾驶安全性能。通过阅读创业故事11-3 "尘土·汗水·创业"，请思考波莱加托在购买鞋子的决定中如何重新评估流汗的重要性。

创业故事 11-3

尘土·汗水·创业

1992年，你还不会称马里奥·莫雷蒂·珀莱伽托为创业者。那时，他还只是一个葡萄酒商人，在意大利特雷索地区从事酒水罐装生意。正是那一年，出于生意的原因，珀莱伽托到美国内华达州雷诺市参加一个葡萄酒生产商会议。美国西部风景秀丽，珀莱伽托寻思不能白来一趟，决定去爬山。夏日炎炎，他很快就觉得自己的脚汗津津的。那该怎么办呢？他立刻把鞋底剪了两个窟窿，好让脚透气。直到现在，珀莱伽托都还保存着这双破洞鞋，时时向人们展示。

并不是唯一的鞋底受害者

珀莱伽托对自己的这个创意既高兴又不满。一方面，他不是世界上唯一一个受到汗脚折磨的人。显而易见，他的这个创意能吸引大量潜在的消费者。另一方面，这个创意有很明显的缺陷。在干旱的沙漠里，穿着破洞鞋走路是很美妙的。可是在阴雨连绵的伦敦街头，那将会是糟糕透顶的体验。珀莱伽托把"让全世界的人的脚更舒服"看成自己新发现的使命。在完成这个使命以前，他只能在葡萄酒厂里继续努力工作。

非同寻常的组合

之后，珀莱伽托做了创业领域很常见的事情。他把一些从来没有放在一起的东西组合在一起。这两种富有成效但一开始并不显眼的组合物，分别来自美国国家航空航天局和学术机构。为了找到既能排汗又能防雨的材料，珀莱伽托寝食难安。他去了位于得克萨斯州休斯敦市的美国国家航空航天局，在那里他发现了一种用于制作太空服的材料。该材料能很好地满足这些性能。此外，在意大利帕多瓦和挪威特隆赫姆当地的大学，珀莱伽托还发现材料科学领域的研究者正在研制一种可以输水的膜技术。结合自身的需求，珀莱伽托将这两种材料应用于新鞋制造之中。通过联合这两个不寻常的合作伙伴，投入少量资金以及向一家小型滑雪靴公司寻求鞋子设计上的帮助，珀莱伽托终于迈出了非同寻常的一步——研制出了会呼吸的鞋。

加快步调

珀莱伽托的故事给所有创业者提供了三点有用的启示。第一，生活中处处有商机。第二，创造商机最简单的方法仅仅是寻找人们的需求。第三，相比发明本身，创新更多的是一种组合的过程。珀莱伽托为研发会呼吸的鞋而需要的所有事物，都是已经存在的，只是没有人把这些东西组合在一起造鞋。

快速行动

显而易见，珀莱伽托不是这个世界上唯一一个有汗脚的人。2004年，他的透气鞋业制造公司健乐士净收入接近10亿美元，雇用了来自全世界的30 000名员工，经营着1 200家零售店。珀莱伽托本人也成了一名亿万富翁。或许，更重要的是，他今后都不必再忍受汗脚的折磨。

一 延 一 伸 一 阅 一 读 一

亚当·斯密和新奇的组合

当制造机器成为一个专门行业的时候，许多改进都来自机器制造者的新颖构思，也有些改进是出于所谓哲学家或机会主义者的才智，他们的职业不是做某一件事情，而是观察每一件事情，因此，他们常常能把相距极远和极不相同事物的力量联系在一起（亚当·斯密，1776）。

持续进行的转化

前面只是简单概括了创业专家将工具转化为创意的方法。如果你需要更多的灵感，表11-1还列举了"创业实验方案"中创业专家使用过的其他转化类型。

表 11-1 转化类型

转化类型	说明	创业专家如何在创业中应用这些转化
增补/删减	增加或减去已经存在的部分	增加所用软件的功能来教授创业之外的技能,如市场营销和销售
合成/分解	将已经存在的部分重组;分解或重新组合	聚焦于实验里的商业谈判方面
嫁接	通过改变用途,对现有产品进行转化	将所用软件看成是一个对潜在创业者的自我评估工具,而不是一款游戏
重新评估	增加或减少某些特质或属性的权重	在"创业情境"中,例如"我们真正在谈论的是……"的说法被提前和重新评估,然后专注于"创业情境"的一个方面
操纵	对某种创意或产品进行由内而外的彻底转变	与其卖给那些可能想要成为创业者的人,不如卖给那些不打算成为创业者的"伪装者"
变形	改变原来的创意或概念的形态,类似于爵士乐中的音乐变调	不要将"创业情境"视为一款产品,而要将它作为多种不同产品的平台,一款囊括了从众筹到分销的软件
本土化/本地化/全球化	扩大或缩小市场范围	从向区域发展机构售卖"创业情境"创意,到开发它在全球创业大赛中的用途的创意
点对点关联	利用之前的经验和记忆,将当前的企业与之前的某些问题和机会联系在一起	一位在特许经营方面有经验的创业者将"创业情境"成功变为一款交叉许可产品

设计思维

—延—伸—阅—读—

包豪斯运动(1919)最初提出一种设想,即设计需要一种特殊的思维方式。这种观点催生了大量的相关主题学术成果(Simon, 1969)。艾迪欧(IDEO)创始人创立了全球性工业设计创意公司,斯坦福大学建立了一个教授"设计思维"的学院(名为 d.school)。事实上,效果逻辑和设计思维有异曲同工之妙,特别是它十分契合本章的主题。目前的研究开始试图探索它们之间的关系,着重于这种特殊的设计理论(Agogué 等,2015),我们期待在未来可以看到更多将这些创意融合的作品。

如何让马飞起来

凯文·阿什顿在他最近出版的一本书中概括了他对于创新的见解：

能否成为一个杰出的创造者，不在于你有多聪明、你有多少天赋，又或者你有多努力，而是取决于你如何突破创造瓶颈（Ashton，2015）。

结语：承诺将想法转化成好创意

创业就是"将某种事物转变为某种事物"。这是熊彼特1911年在《经济发展理论》一书中提出的一个中心概念，"我们认为那些可以创造新的组合关系的人就是创业者"。

创造新的组合十分容易，因为有不计其数的可能的新组合，但是为同一原因找到有价值的新组合十分困难。大多数创业研究者，包括奈特（1921）、熊彼特（1911）以及当代的研究者总结出，创业者拥有某种直觉或判断力，让他们本能地从不计其数的可能组合之中发现好的组合。本章概括了创业过程背后的分析机制，但是忽略了一个对创业者而言很常见的因素：相互作用的重要性。

相互作用的链条事实上很简单：我有一个想法——将想法告知他人——我们共同将想法转化为某种有意义的产品。因此，虽然转化模式允许仅凭个人产生创意想法，但它也同样鼓励与他人合作进行创意转化。

同时，相互作用的关键在于承诺的重要性。虽然你能通过这些转化模式获得更多的创意，但是，将优秀的创意与一般的想法区分开来的核心在于关键的利益相关者，例如雇员、合作伙伴及顾客，他们是否愿意对该创意做出相应承诺。创业者以利益相关者的承诺为基础进行转化，而不是凭空幻想。数学家明白，数学变换需要空间上的相互作用；同样，创业者也知道，相互作用是在利益相关者的合作空间里发生的。

现在怎么办

- 对于一个你已经想到的机会，请运用创业专家的转换概念想象出三种新的方式，为不同的目标群体创造价值。
- 将现有的资源分解为各个基本要素，想象可以与这些要素联系在一起的不同群体。
- 想象创意中的某个要素，它是你认为最不相关的但结果是最有价值的。你会怎样做出调整？
- 创造一种方法，从而向某位认为你所假设的东西与其毫不相关的人描述这些新的创意。
- 借鉴一种你最爱的产品创意。你怎样用一两点说明让你想象中的群体认为它是有价值的？

金玉良言

应用这些转化过程的创业者能比那些仅仅通过搜寻和选择现有机会的人开发出更多的新市场创意。如果你正为创造机会而大伤脑筋，不必独自去凭空发明创造某些新产品，你要做的只是将某些现有的资源转化为其他事物。

深入思考

- 转变现有的资源能否创造出真正全新的事物？
- 如果你只是重组了一些事物，那你是真的在改变世界吗？请举例说明。
- 在那些你梦想的公司里，是你在适应世界，还是世界在适应你？

第 12 章　可承受损失原则：低风险，小失败

要想像那些经验丰富的创业者一样管理风险，就要依据可承受损失进行决策，而不是去猜测潜在的优势。

┊本 章 概 要┊

- 选择最佳商机
- 确定可承受损失：参考指南
- 结语：低风险创业

为了探索可承受损失原则，我们要了解创业专家在决策方法上的第二条原则。我们将以一个思维实验开始阐述。

假设你是一个创业者，在一家大型计算机制造公司当了 12 年工程师，在这期间，你利用自己的空闲时间发明了一种可以识别并回应眼球转动的设备，它有望成为鼠标的替代品。它跟耳机一样能戴在头上，如果加以设置，人们就不必点击鼠标，只要微微转下头、转动眼球就可以操控计算机了。你相信该设备有很大的潜力。你希望你的老板能认可你的创意，但他们并不感兴趣。当前还没有其他公司推出类似的产品，而你恰好拥有该产品所需的全部专业技术，能够进行可行而高效的生产。于是

你辞了工作，继续深入研究自己的想法，对通过零售渠道售卖设备进行初步的市场调研，从而对现存的或新款的计算机进行升级换代。你在商业计划竞赛中胜出并研发出了产品原型。之后，你面临着一个重大决策。

你已经准备好了原型产品，也做了初步的市场调研，打算将这个设备通过零售渠道进行销售，改进目前市场上已有的或者准备推出的计算机。商业计划竞赛中有位评委很喜欢你的创意，她恰好也是一个风险投资人，她认为1 000万美元的初始投资可能让你在全球个人电脑的市场中占有1%的份额。她建议你把产品价格定为30美元，从中抽取20%的纯利润。而对于这笔投资，风险投资人所期待的回报是拥有你公司40%的股份。

与此同时，你也在跟你父亲的一位朋友商讨此事。你父亲的朋友在经营一家大型的制造厂，他愿意支付你100万美元，用你的技术开发一种免提设备，使工人们可以用此设备在安全、受保护的工作区内控制工业生产系统。你一共需要95万美元来改进自己的产品，将其和生产制造系统相结合，并使之商品化。他愿意将费用预支给你。

选择最佳商机

由于开发这些机会的时间有限，你不能两者兼顾，只能择一而行。为了做出决定，这里列举出了一些你可能会提出的合理的问题：

- 哪个选择机会更大？
- 每个机会的净现值是多少？
- 你对这两种方案分别会做出哪些投入？
- 两种方案各有什么风险？

或许你已经发现，前两个问题侧重因果逻辑，更多地从预测的角度考虑决策制定，而后两个问题则更多地从我们讨论过的效果逻辑角度进行决策制定。现在我们来逐一地分析这几个问题，以便更好地了解哪一个问题可以帮助你在"风险投资人"和"父亲的朋友"两者之间做出更好的选择，而哪个不能。

哪个选择机会更大

这看起来是个很显然的问题,但你如何回答这个问题?我们先来回顾一下第3章里看似荒诞不经的1-800-尸检公司这一例子。1988年以前,世界上还没有一家公司提供尸检业务。然而,自从公司成立起,个人尸检业务越来越成功,需求也越来越大。也许有人会说,潜在的需求一直都存在,只不过维达·赫雷拉意识到了这一点,其他人都忽略了而已。如果我们回到1988年,他能够对潜在投资者发表一个什么样的电梯游说呢?或者说,在20年来美国咖啡市场消费直线下降的情况下,星巴克于1980年投资咖啡业,又是如何说服投资人的呢?

常识告诉我们,计算投资一个企业的损失(也就是你所有的投入)并非难事,但如果要计算潜在的收益,也就是不同商机的规模大小,就困难多了。

如何预测净现值

预测净现值涉及一系列关于未来的细节问题,我们逐一来看看。

计算净现值多依赖于对产品需求的预测,这一过程通常包括在给出的价格设定下收集信息、了解产品的最高需求和最低需求,并将两者进行折中。同样,价格设定依赖于对产品特点与竞争对手行动的预测。

下一步是对交付成本的估计。成本由原材料成本和劳动力成本组成,并且根据固定成本和可变成本再次确定。这些成本以及边际成本都会随时间而变化,也会受到你自己的行动(改进产品或按比例增减产品数量)以及竞争对手的行动的影响。

在这些假设之上,你需要将资金成本贴现并评估预测的可变性。综合以上内容,你会发现净现值的所有维度,当预测一个不确定的新企业的活动时,会出现差异和随之而来的广泛的误差。

创业故事 12-1

帮人跑腿的企业

只需要花一分钟的时间阅读史蒂夫·基里里的故事,你就可以找到创业的机会来源。肯尼亚当地的一个大学毕业生基里里正在快速清点他缺少的东西:一份工作、现金,还有任何能提供抵押贷款的财产。但是,用他自己的话说:"我没有无所事事地闲坐、埋怨自己,而是着重于那些已经放在我面前的东西。"他罗列出以下这些已有的东西:文凭,亲戚们总让他帮忙跑腿,房子的可用空间,政府官僚作风和办事过程烦琐、费时,高中生或者中途辍学的无业游民可以提供志愿劳动,朋友们愿意给他机会以及国家媒体愿意将他的故事传播到世界各地。基里里将资源进行整合转化,创办了 Petty Errands。但由于肯尼亚基础设施发展还不够完善,他将公司的价值主张定位于那些需要他帮忙做一些费时的琐事的顾客(一开始是亲戚朋友)。

未规划的路线

基里里运用现在自己拥有的东西立即开始行动,而不是等待一个商业计划和 500 万美元的风险投资。随着他把顾客纳入自己拥有的资源列表中,他的这家创业企业不断发展。基里里帮助顾客更新驾照的时候,他们很可能也会问能否帮忙代付账单(在肯尼亚,这种任务仍然需要个人亲自去完成),或者能否帮忙在内罗比递送快件。由于交通状况差、秩序混乱,再加上道路施工,这种杂事很轻易就会耗费一早晨的时间。新的需求逐渐演变成为新的商机,Petty Errands 不再是一家小公司了。

下一步

1995 年以后,这家公司开始将企业组织、非政府组织和政府团体纳入它的客户群。肯尼亚通信委员会批准 Petty Errands 在市内经营,基里里被肯尼亚电视网络公司授予"最鼓舞人心的创业者"的称号。现如今,这家公司雇用了 50 多名员工,一年内可处理 15 000 多件差事。当然,基里里的故事和探究创业机会起源的故事都还没有结束。因为今天基里里列出来的能够做的事情要比 1995 年多得多。除了许可证、顾客和雇员,他还有了另外一些东西，比如受尊重的品牌、客户的当前需求、业务专长和摩托车运输技术、与肯尼亚快递行业的广泛联系以及与银行工作者的良好关系。实际上，当新的资源通过商业活动被发现、获取、应用或失去时，机会创造意味着结识新的朋友、学习新的技能、一次又一次地探寻。基里里的故事仍然在继续。

拓宽道路

即使 Petty Errands 已经形成规模，但仍然有许多新的机会存在。基里里是否应该利用便捷的摩托车运输来提供更好的服务，是否应该腾出部分设备租赁给大众？为了更好地服务客户群体，基里里是否应该充分利用经营知识推进货运业务？又或者，他是否应该寻求新的方式来充分利用资源，比如说，在周六跑腿生意冷清的时候递送婚礼请柬或者活动邀请函？这些业务都还没有出现，但是，对机会来源的洞察已经存在。运用现在容易获取的东西，把看起来普通的资源变得有价值，这就是一个坚定的创业者应当坚守的使命。

每个机会的净现值是多少

计算一个机会的优势很难，但并不意味着人们不能去尝试。净现值公式被广泛用于商业世界中，是一个用于预测未来项目的当前价值的公式。为了计算两个选择的净现值，你需要回答几个问题：你预测的需求是什么？你的产品成本是多少？管理费用有多少？这些成本会随着时间怎样变化？

综合来看，你会发现对相关问题的预测都属于评估机会价值的范畴。随着假设的积累，你也会看到计算的机会价值如何变得更接近于猜测而不是科学。

你对这两种方案分别会做出哪些投入

两个选择——一个来自风险投资人、一个来自你父亲的朋友——都要求你投入大量资源。现在我们从以下角度认真思考这两个方案有何不同：

- 你的时间承诺。

- 你的信誉。
- 你的机会成本。
- 你的知识。
- 你的情感承诺。
- 如何衡量这些？你如何决定什么构成了合理的投资水平？这些都是很主观的自我评估，并且会随着时间的变化而变化，就像有形成本一样。
- 每个选择有哪些潜在风险？

我们假设你选择了风险投资的选项，这里有一些可能的情景：

- 根本没有预料中的市场，风险投资人从公司撤资。
- 有市场，但风险投资人控制了公司，把你解雇了。
- 你跟风险投资人合不来，而你又无法买断她所持有的公司股份。
- 每年卖出 25 000 台设备，只够维持收支平衡，公司半死不活，你不得不收拾这一烂摊子。

假设你决定和父亲的朋友合作，以下是你要考虑的情景：

- 你没能在最后期限前完成，导致你父亲的朋友损失了一个星期的产值，从而对你父亲感到非常不满。
- 你交的货有瑕疵，结果导致一位雇员受伤。
- 该方案的执行成本是你预计的 2 倍。
- 就在你和你父亲的朋友合作时，一家新公司发布了和你的产品非常相似的产品，并取得了巨大的成功。

以上哪种情况最糟糕？为什么？哪些在你的掌控之中，哪些不在？在每种情况下，你接下来会怎么做？

以这种方式开始整理这些问题是估算可承受损失的第一步（见表 12-1）。

表 12-1　估算可承受损失

	风险投资人	父亲的朋友
时间		
信誉		
机会成本		
知识		

可承受损失以及它作为决策工具的用途

在用于计算的信息相对稳定的情况下，净现值会提供有用的规划。成熟市场中有着从能源到碳酸饮料等不同领域的管理者，这让净现值被频繁使用。但在新企业创建的不确定情境中，用于计算净现值的必要信息不容易获取，加上范围太广，以至于结果对规划或运作新企业没有帮助。

本书所依据的研究表明，相对于运用净现值法计算一个机会的优势，创业专家更喜欢运用"可承受损失"的方法。从根本上来说，可承受损失是基于创业者已知的和能够控制的情况，而净现值法依靠的是他们无法信任和掌控的预测。

与其他效果逻辑原则一样，可承受损失原则颠覆了传统的商业惯例。相比依靠潜在收益决定是否追求一个机会，遵循效果逻辑的创业者更希望参考潜在损失。他们的决策基于他们认为可以承受的潜在风险，而不是可能的优势。因此，效果逻辑创业者先确定他们愿意承受的损失，而不是预先计算所需的项目启动资金，然后投入时间、努力和精力融资。当追求机会时，他们会与利益相关者一起，减少自身以及利益相关者需要投入企业的资源，通过与其所选择的利益相关者的努力、承诺和资源更好地控制风险。

在思考如何分析可承受损失时，要记住一个很关键的"视角"，即可承受损失原则是将创业者放在首要和核心位置的。传统的商业计划是将企业放在首要和核心位置，重点考虑企业运作所需的融资，并没有考虑创业者的现实条件。可承受损失从创业者自身的具体情况出发，而不是抽象地估计企业的筹资需要。从这一点来看，它的重点就是考虑创业者的情境。创业决策在很大程度上依赖于你的家境、人生阶段，以及你所处的社会规范，例如，你所在的社会环境和行业中人们对于失败的态度。

可承受损失是要从你的生活状况、当前的承诺、理想抱负以及风险倾向来推算的。以下两个步骤可以帮助你思考你能承受的损失。

第一步是问自己，你究竟需要多少资金创业？你需要的资金越少，需要担心的损失就越少。请开动脑筋用各种你能想到的方法，运用所有你易获得的资源将你的创意推向市场,以减少成立公司所需的资金。绝大部分的新企业都是通过小额资金注册成立的,并且主要依赖于非金融方面的投入,例如创业者的时间以及(通常)来自家庭的支持和来自合作伙伴的闲置资源。

第二步是问自己,你究竟能够并且愿意为创业承担多大的损失?这实际上是要你清点自己可利用的资源,衡量自己的风险承受能力。

> 思考
> 输者不明了可能的损失,
> 但谈论可能的收益;
> 赢者不谈论可能的收益,
> 但明了可能的损失。
> ——埃里克·伯恩

创业故事 12-2

垃圾背后的商机

大部分的学者,尤其是经济学家,都没有什么幽默感。但是在这里,我们给大家讲一个老笑话。一位经济学家和一名创业者在街上闲逛的时候发现地上有一张 50 英镑纸钞。创业者赶紧走过去捡起来,但是,经济学家说:"别捡了,要是真的,它早就被人捡了。"创业者耸耸肩,把钱放进口袋,说:"你说对了,确实有人捡了。"

严肃地讲

布鲁克·法雷尔就是这个笑话中的创业者。50 英镑纸钞?指代的并不是真的货币,而是价值,在本例中就是垃圾。法雷尔花了 8 年的时间咨询美国废弃砾岩废物管理公司,并且每天观察马路边有多少"50 英镑"。"当你环顾四周时,确实能看到废弃物无处不在,"她说,"如果把美国产生的废弃物装进卡车,那么一年的总量可绕赤道 600 圈。再看看周围,目光所及之处都是商机,到处都是。"

交易撮合者

2009 年,法雷尔辞去工作,和她的妹夫联合创立了 RecycleMatch 公司,其定位是废弃物品在线交换电商平台。从再循环的角度来看,开发一个全新的 B2B 商业市场是她的废弃物处理业务经验与软件专业技术的自然结合。但是，与创业团队有良好的默契并不能保证与顾客也有这样的默契。

利益制造商

两位创业者根据他们愿意投资的小额资本对企业进行自我投资，并在前 6 个月里建立了一个可以向潜在顾客展示的技术模型。大多数大公司的高管都没有花费时间为公司的废弃物品寻求市场，所以法雷尔一直在寻找他们。第一单生意来自一家大型国际企业，其价值高达 180 000 英镑的窗户玻璃在一场飓风中全部受损。因为这种玻璃覆盖了一层厚厚的塑料涂层，所以不能用于循环利用，如果找不到出路，它最终的命运只能是被埋入地下。"我们告诉他们，我们可以通过在平台市场上列出受损玻璃材料，为该公司挽回大笔损失。"法雷尔说，"我们认为，我们为他们提供了一个很好的途径，实际上他们和我们签约不会有任何损失。我们对服务相当自信，除非市场出清，否则我们不会得到报酬。我们发现有一家公司想要压碎玻璃，将窗户玻璃升级为工作台面装饰，这样一来，市场就诞生了。"

为市场应运而生的市场

RecycleMatch 公司于 2011 年 2 月成立，其业务运行如图 12-1 所示。如今，这家公司已经使许多废弃物品重获新生，比如将原用于油漆滚筒生产的废弃聚酯运用到汽车零件制造场，还将室内装饰消费品制成纺织品，实现家居装饰用品的循环利用。这家公司已经吸引了很多外部投资者和经验丰富的首席执行官。法雷尔不浪费任何一个机会，并已经投身于 RecycleMatch 的另一个新项目之中了。除去在公共市场提供给任何企业列出废弃物品名单、投标竞价的机会以外，她正在建造一个企业产品软件，帮助大公司进行供应链管理、追踪，以及通过废弃物物流和工业副产品的分布位置进行变现。"我曾拜访过一家大公司，告诉他们我正在做的项目，"她说，"他们告诉我这太不可思议了，他们公司的废弃物是不能变现的。这让我花费了一点时间认识到，他们之所以这样说，是因为他们对自己丢弃的物品完全没有概念。我们准备提供给他们一些必要的信息，来让他们公司可持续发展、创造更多价值。"这个案例不仅告诉我们企业应如何为世界做出绿色贡献，还启发我们思考机会起源于何处。这样的经验并不是来自经济学家提出的理论或者市场的必然性，而是来自创业者从地上捡起50英镑的沾满尘土的双手。

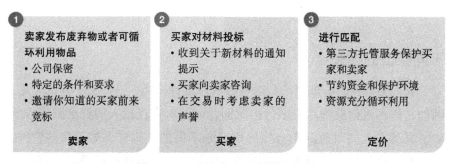

图12-1　公司业务是怎样运行的

确定可承受损失：参考指南

一旦你开始寻求每一个可能降低成立新公司所需成本的方法，你就不得不考虑一个问题：你能承受哪些潜在风险？现在最关键的就是要问自己几个恰当的问题，这有助于你想清楚自己能承担什么损失和愿意承担什么损失。我们来逐一进行分析。

确定报纸产业可接受的亏损程度

我们来回顾一下《今日美国》的创业过程。该报纸的所有者曾为这个创业决定做了大量的财务分析，但所有的分析都改变不了一个事实，那就是报纸的成功关键取决于广告收入（占收入基数的70%），而几家主要竞争者对新报纸的反应方式则对这一收入有很大影响。也就是说，一个企业的成败部分取决于市场上各家企业之间的相互影响。无论用来决定创业的财务分析做得有多

> 好，所有者都无法控制这家报纸未来的财务状况——决定权在竞争者手中。
>
> 《今日美国》于 1982 年发刊，前 5 年亏损了约 4 亿美元，之后 5 年也一直处于亏本状态，直到 1993 年才扭亏为盈（盈利 750 万美元）。

不同类型的损失

人们会依据"心理账户"对各种资源进行分类，并产生不同的考虑。例如，许多人创业都尽量多付出时间，而面对自己投入的资金则能省就省。显然，人们对时间和金钱的解读是不同的。同样，对于有些资源，心理账户会将它们排除在风险之外，例如，家长为孩子积攒的教育储蓄就是个很好的例子，这笔钱在创业时通常被认为是风险"禁区"。

一延一伸一阅一读一

心理账户

心理账户的概念最早是塞勒（1985）在一篇文章中提出来的，后来他又在其他文章中对这一概念做了总结。心理账户基本是从有限理性这个概念直接发展而来的：人类的认知处理能力是有限的，需要对账目加以记录。塞勒从理论上阐明，人们会对资金进行分类以便了解它们的动态，就和公司里的会计记账一样。例如，他们分别为不同的长期储蓄（如退休金和教育基金）和短期开销（如娱乐和休闲活动）建立了不同的心理账户。心理账户的关键影响在于它颠覆了经济学中可替代性的基本假设，也就是说，人们在心里自动给资金分配了不同的账户（Thaler, 1999）。举个简单的例子，对于"经济人"来说，"钱总是钱"，但是在大多数"社会人"看来，"不同的心理账户中的钱并不完全等同"。正是由于这种不可替代性，消费者会受到心理账户的影响，才会针对不同的账户做出高息贷款、低息存款的奇怪事情来。

要想了解你能承受什么损失，就必须知道你有什么资源，但同时你也要对什么资源可以用来冒险、什么资源不可冒险有所决断。在思考这些问题时要记住，正如心理学家所告诫的那样，理性的人从不会拿对他们来说真正重要的东西去冒险。

> 你无法改变风的方向，但可以改变帆的方向。
> ——安东尼·罗宾斯

在你思考哪些损失是可承受的、哪些是"禁区"时，请仔细考虑以下几种资源类别。

时间

人们为创业投入的时间通常被认为是"汗水资本"，绝大多数创业者长期以来都为创业孜孜不倦地付出心血。这对他们来说合乎情理，因为时间是不同于钱的另外一种"货币"，因此他们会以不同的方式计量为创业投入的时间，并且，因为时间易逝，人们对投入时间的感觉也有所不同。毕竟，无论如何他们都有可能浪费时间。因此，在创业中，损失时间比损失金钱更能让人接受。

意外之财

在弗里德·史密斯构思联邦快递的创业计划时，他的父亲去世了，联邦快递的创业资金来自弗里德和他姐姐共同拥有的400万美元遗产。这看起来像一个相当高标准的可承受损失，但并不令人惊讶。人们将遗产和自己赚来的钱放入了不同的心理账户——人们愿意拿前者冒险，而非后者。其他能够显著增加个人可承受损失的意外之财还包括彩票中奖和资产（如股票）价格的大幅上涨。

现在看来，当年弗里德用他和姐姐继承的遗产投资羽翼未丰的联邦快递公司是多么明智的决定。但如果他是经验丰富的创业者，也许一开始他就不会从自己的腰包里掏一分钱。

长期积蓄

一些研究表明，多数人的经验法则都是预支或者花掉他们心理账户中其他生活方面的资源，例如，为自己退休或者为家属（孩子和父母）攒的钱。

创业故事 12-3

合伙人的可承受损失

马吕斯没有多少有形资源，但他拥有更多的灵感，这样的说法是公平的。他的童年在罗马尼亚北部度过，是在大厨房里长大的，那里用新鲜和天然的原料制作传统的食物。当马吕斯来到首都布加勒斯特时，类似这样的手工美食是很少的。所以在2009年，马吕斯辞去了他在传媒行业的工作，去创造"专注好食物的事物"，尽管他不知道这个"事物"最终会是什么样子，而且也没有资助项目的资金。

从灵感到行动

马吕斯以他可获得的和免费的事物起步。他建立了一个Facebook网页，并请他的朋友们告诉他关于食物和他的企业应该是怎样的信息。很快，有1 000个朋友建议他开一间餐馆，但他拒绝了。因为他没有足够的资金，也没有足够的专业知识。取而代之，他决定通过他的小型供应网络为朋友们提供好的食物——开一家小型的、高度专业化的食品杂货店，并以此作为一种供应方式。

从行动到互动

尽管开一家杂货店的资金少于餐馆，但马吕斯仍然不具备所需资金，直到一位导师问他需要多少钱。"10 000欧元，"他说，"我完全不知道从哪里能得到那么多钱。"导师回答道："那你有没有10个可以给你1 000欧元的朋友呢？"在马吕斯完成创业之前，他从一些朋友那里七拼八凑，共筹集到了25 000欧元。

从互动到创造

2010年，马吕斯创建了Bacania Veche（类似于传统的杂货店），它是罗马尼亚最受欢迎的小型食品企业之一，专注于提供优质健康食品。从这一起点出发，马吕斯又开了一家餐馆（同时也是一家致力于临终关怀的慈善商店），并推出了一档烹饪电视节目。他每天为5个托儿所的200个孩子递送食物，拥有一家餐饮企业，并雇用了20个人。

秘密配方

食客在猫途鹰上这样评论Bacania Veche："这是我见过的最好的商店。那里制作的饼干和面包散发出香味，令每一位顾客着迷。"但我们没有办法得到它的配方。马吕斯开始创业的秘诀在于他了解他的合伙人的可承受损失。虽然10 000欧元的投资对很多个人来说都是一笔意义重大的金额，但提供1 000欧元给一位朋友用于创业改变了这一主张。如果创业失败，损失1 000欧元并不是压倒性的损失。但如果创业成功，1 000欧元会带来利润，也许还有各种其他收益。这是让其他人加入新企业的秘诀。

家庭住宅/房屋净值

有很多人用房屋抵押贷款进行创业，但也有很多人不愿意用自己的房子冒险，因为这样的损失也许"不可承受"。

信用卡账户

我们都听说过用信用卡创业的例子——美国电子数据系统公司（EDS）和家得宝公司。

有证据表明，人们对信用卡消费和其他消费的心理账户是不同的，因为使用信用卡时开销和实际支付的联系没有那么明显。

向亲友借钱

开销和支付联系较弱的例子还包括从亲戚那里借来的、还款期限比较宽松或没有明确还款日期的钱。举例来说，在家族企业中，亲戚的钱被称为"耐心资本"。这些资金似乎比那些严格要求还款日期的资金更能用得起、输得起。

我愿意损失什么

一旦你决定了能够承担的损失，接下来就要考虑你愿意为这家公司承受什么样的损失。解决这个问题需要你估计创建这个企业的意愿程度及强度；还需要设定门槛，因为如果对你的企业不利的情况低于你设定的关键门槛，你就会颠覆你的行动方案。最后，你还要问自己："是不是就算投资尽失我也要创业？"

"我们考虑了每种潜在风险，除了避免所有风险的风险。"

无论你的创业动机是不是主要在于金钱，以下通过创业决策推理出的方法，运用了可承受损失原则，可能会增加你决定创业的机会。

- 可承受损失原则能够降低财务风险，将起步成本最小化，可以降低你的创业风险。
- 可承受损失原则能够让你将精力集中于你能掌控的事情（潜在风险）上。即便最后的情况在意料之外，该原则也能让你继续下去，这会增加你的创业信心。

- 可承受损失原则明确了公司的潜在收益主要取决于你和其他利益相关者的行动,这又提升了你对公司的可控性,从而更加吸引你创业。
- 可承受损失原则让你有机会选择一个对你来说不仅仅是经济上受益的创业。将财务之外的因素考虑进去,你能够做出更加现实的决定,这也符合多数人做重大决定的方式。

总之,用可承受损失原则考虑问题能让你找到更多支持你创业的理由,也让你更难找到放弃创业的理由。

—延—伸—阅—读—

可承受损失

经济学家乔治·沙克尔在一篇论文中提到了可承受损失的概念,他认为创业者具有依据可能的收益和损失判断创业机会的特征。他还提出损失能够帮助创业者评估追求哪个机会。

从绝对意义上讲,依据企业的性质和规模来关注损失是可行且合理的。因此,创业者会选择建立合适的工厂或确定合适的企业性质和规模,并且将自己能承受的主要损失与其依据自身资产规模和特征所能承受的损失保持一致(Shackle,1966)。

结语:低风险创业

数据表明,刚起步的创业者似乎仅仅因为有许多创业失败的例子就对创业产生了一定的偏见。可承受损失可以减轻失败带来的影响,它通过将损失降低到创业者为了企业发展愿意承受的程度,让失败变得可以被接受。如果创业者将潜在损失降低到自己可以接受的程度,即便失败,他们的损失相对于那些凭借预测公司潜在收益而进行投资的创业者来说也要小得多。

现在怎么办

对于你正在寻求的创业机会，从可承受损失的角度考虑这些问题：

- 我需要雇用人吗？我应该雇用谁？我应该怎样雇用他们？
- 如果需要，我应该为所研发的长期项目投资多少？
- 为了推进我的创意至下一个阶段，我能够限定时间、名誉、金钱，以及其他我愿意损失的资源的水平吗？
- 谁能从我的创意中受益？我如何让他们加入我，从而共担损失和风险、共享收益？

金玉良言

利用可承受损失的方法进行创业决策有助于你理解如何一边着手创业一边管理风险的问题。创业的决策不必预测能有多大的收益；相反，创业是一个关乎风险是否致命的问题。

深入思考

- 在不同国家，可承受损失的概念会有怎样的差异？
- 可承受损失对于承诺可能有什么积极或者消极的影响？
- 如果一个机会的投资受到可承受损失的限制，是否会实现成功的"全垒打"？

第 13 章　使用冗余资源进行自我滚动式融资

自助法

也有人依靠自己的能力硬是从社会底层闯入了上层。

——詹姆斯·乔伊斯,《尤利西斯》,1922

能租赁就不购买,

能交换就不租赁,

能借到就不交换,

能免费得到就不去借。

┊ **本章概要** ┊

- 图示:史黛西的皮塔薯片
- 选择融资方法
- 结语:保持控制——付出最少,成效最大

我们在第 3 章中了解到,缺乏资金对有志于创业的人士来说是一个普遍的障碍。受一些讲述风险投资人和天使投资人如何将数以百万计的

美元投入到只有一个商业计划的小型初创公司的故事的影响，刚起步的创业者自然而然地以为创业的第一步就是筹钱，而且是越多越好。但在融资之前，先思考以下几个问题：

- 你想要多少资金？
- 你需要多少资金？
- 你为什么需要资金？
- 如果没有资金你怎么办？
- 获得资金的代价是什么？
- 你愿意为了获得投资而放弃什么？

本章以及后面的第18章（所有权）和第19章（商业计划）都将帮助你回答这些问题，并针对创业融资提供其他不同的观点，这些观点将反映出我们在创业专家身上观察出的效果逻辑。

本章我们学习自我滚动式发展——如何在不依赖（或尽可能少地接受）外部投资的情况下依靠自身力量创业。正如在第12章中所讨论的一样，这是一种体现出可承受损失原则的实践。

为了具体了解企业如何实现自我滚动式发展，我们来看一对年轻夫妻创业的真实例子。当看到故事中的每一个决策点时，请仔细回想上述问题，并思考如果你是创业者，你会如何回答。

当然，整个案例的假设基础从常理出发，即创业过程中的资金收入大于或等于支出（第3章介绍的资金匹配）。

图示：史黛西的皮塔薯片

我是谁、我知道什么、我认识谁（第9章）
1996年，史黛西和马克这对夫妻生活在波士顿，马克是一名心理学家，史黛西是一名社会工作者。他们曾在餐馆工作，都对加利福尼亚的食品行业有一定了解。他们知道美国的流行元素是自西向东扩展的，并且认为加利福尼亚的食品很快就会在波士顿流行起来。他们对美国西部的健康饮食很有信心，于是决定自己做老板，但是，两人总共有37万美元债务

马克和史黛西对食品/餐馆业很有兴趣，如果条件允许的话，他们想开一家健康的小餐馆，但一想到那些债务，想到还得需要家人帮忙支持创业，他们就打消了这个念头。最后他们推着小车在波士顿的街头卖起了香肠和热狗。这实际上并不是他们所设想的健康饮食，但生意的确很赚钱，收入很高

他们下一步应该怎么做

继续推小车卖香肠：因为这个赚钱？	不卖垃圾食品，去找工作？	卖更健康的三明治？	做点别的（记不记得第7章里的"咖喱店生意"？）
不符合他们的价值观	不符合他们的目标	不错，但是需要多少投资呢？	可能吧，但是需要有合伙人的指导

时间的机会成本
花时间和花钱的感觉是不同的。时间价值（有时也称为"汗水资本"）的概念更模糊且易逝，因为时间无法储存起来以备将来之需。因此，时间的损失感觉上比金钱的损失更可承担，因为人们认为时间的计算更为灵活，所以相对于企业在金钱上的损失来说，他们或许更能负担得起时间的消耗

销售更健康的三明治的资产负债表

收入	支出	资金问题
从他们第一次卖热狗的创业经历中，他们就知道这里有需求	食材	你想用新鲜的食材吗？能便宜点买到前一天的面包吗？能和皮塔饼商达成交易吗？
	手推车	你已经有一辆了，但你愿意损失卖热狗赚的钱吗？
	时间	你如何看待时间问题

他们夫妻决定在波士顿金融街推车售卖用皮塔饼包的三明治。时间是1997年

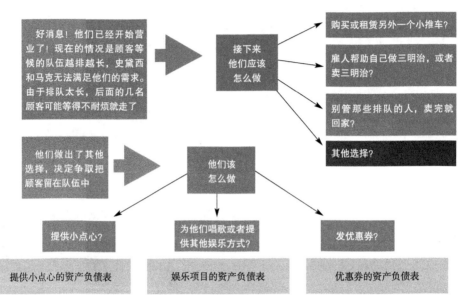

第 13 章 使用冗余资源进行自我滚动式融资

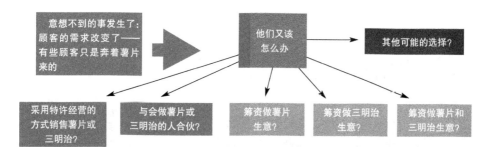

何时需要合伙人

当面对选择时，总有其他的出路。有时，你需要的并不是金钱，而是合伙人。

对于马克和史黛西来说，找合伙人并不是难事。他们已经尝试过两次，并且在这个过程中获得了超过他们本身资源所能承受的需求。合伙人能够提供各种他们需要的资源，可以是广泛的食物供应（提供三明治的高档食品店），也可以是工厂设备（白天闲置下来的面包厂，因为大部分烘焙都在晚上进行）。

另外，钱并不总是寻求合伙关系的唯一目的。正如上面提到的两个例子，你也可以找到除了钱以外的其他方面感兴趣的投资人。反过来，这些合伙人不仅可以提供除了钱以外的资源，还能让你发现之前意想不到的新机会（比如，风味皮塔饼就是由面包店合伙人烤出来的，有了这个皮塔饼，三明治就更美味诱人了）。

何时需要资金

要牢记，所有的资金都是有条件的。因此，当你以各种名目筹集资金时，就要注意管理好通过这些资金建立的关系。参与投资的人需要知道业务的进展，他们有权利了解最新情况，并且在某些重大决策上拥有话语权。维持这种关系需要花费大把的时间和精力，而这种精力与投入和你处理同大客户关系的投入并不相同。投资越多，需要处理的这类关系就越多。

和所有的关系一样，这种关系的维系也是双方面的：投资人并不是简单地听从于你，你要从他们那里获得经验，把他们的资源纳入你的资产组合中。我们提供这一案例就是为了论证本书前面提到的偶然性的价值，我们将在讨论偶然性的内容时再次详细解读。一旦你听从你的投资人、出借人及其他资金来源者并同他们合作时，你就无法再毫无约束地处理许多不确定因素了。就算你有强大的资金来源，就算你有精明的大思想家信任你，整个过程还是会让你放慢脚步。

最后，筹资越多可能越容易导致你与客户之间的互动方式走向指挥型而非合作型。假设你在销售蒜香薯片时发现了一个大客户，他喜欢你的薯片，但是他只喜欢肉桂味薯片。如果你坐拥 1 000 万美元，你很可能拒绝这样的要求。但如果你只有 1 美元，你就会迫不及待地答应了。结果呢？你会拒绝那名顾客——因为你卖的是蒜香薯片！

 马克和史黛西不确定应该做什么，于是他们停下来思考。他们与同行交谈、查阅商业杂志、与伙伴和竞争对手沟通听取了别人的意见后，马克夫妻决定放弃三明治转投薯片。市场反馈让他们觉得可以在这条路上发展得更好、更快。但他们并不想融资，也不想寻找合作伙伴。面对那些令人生畏的债务，马克和史黛西开始寻找开销尽可能少的薯片生意，但他们还需要其他一些东西

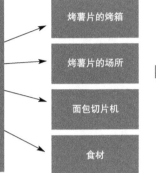

- 烤薯片的烤箱
- 烤薯片的场所
- 面包切片机
- 食材

下一步他们该怎么做

哪里能筹到钱？
显而易见的资金来源：
- 朋友、家人
- 天使投资人
- 风险投资人
- 银行
- 政府资助

比较隐秘的资金来源：
- 代理商（客户）
- 供应商
- 专业咨询
- 媒体
- 非资金资源

如何应对资金困难
和供应商打交道时，记得协商以下条件：
- 延长付款期限
- 用收入的一部分来付款
- 直接资本投资
- 以直接服务方式支付（使他们成为顾客）
- 在他们停工期间，利用他们的加工技术、资产或才能（利用其冗余资源）
- 让他们在其开户银行为你提供信用担保

和客户打交道：
- 用现金的方式预付第一笔订单（PO），以便得到更好的价格
- 取得大订单，联系愿意接受 PO 作为抵押物的贷方
- 利用客户的商业银行并利用他们的授信额度（冗余资源）
- 让他们为你提供信用担保
- 预售与他们第一年购买价值相符的产品

和投资人打交道：
- 向投资人借钱，而不是单纯地接受投资
- 用可变成本的方式，而不是用收入的一部分偿还（不要与时间挂钩）
- 让他们为你提供信用担保
- 接受投资时要争取"追回利益"（clawback），如果顺利的话可以赢回公司股份

雇用员工时考虑以下条件：
- 能给期权就不给现金
- 按销售额的百分比支付工资，不设定基本工资

以上这些选择都可以降低创业的资金门槛，如果还不行，那就试试信用卡吧

他们在面包房租了块地方，等面包房歇工时，他们就用里面的烤箱做薯片。这个办法同时解决了场所、烤箱、机器的问题，但无法进行大批量生产

第13章 使用冗余资源进行自我滚动式融资

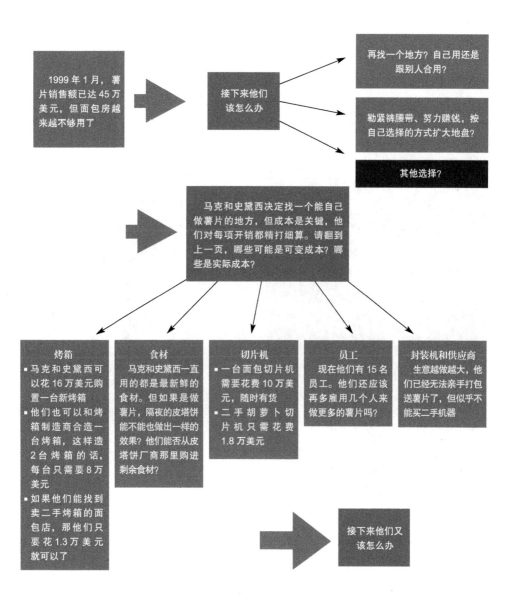

马克和史黛西扩大薯片生意

- 他们让史黛西成为公司的大股东,这样她就有资格让为女性提供创业贷款项目的波士顿银行融资。他们贷款了6万美元来购置自动封装设备和物资。6个月后他们又申请了50万美元的贷款,但由于金额太大,银行要求获得公司股份,而马克夫妇并不愿意,于是最后将贷款数额改为30万美元
- 他们找不到二手烤箱,于是和烤箱制造商合造了一台,付了8万美元——原价的一半
- 当他们意识到需要第二个烤箱,而且银行不愿再借给他们钱时,他们从一家倒闭的面包店购置了一台二手烤箱,并用信用卡付了账
- 他们找不到价格合适的自动切片机,于是从金宝汤公司购置了一台已有40年历史的胡萝卜切片机,之后马克对其进行了改装
- 他们向一家租赁公司租用了郊区的仓库,没花钱装修,而是从亲戚朋友那里得到了一些免费的家具,还有一些是他们自己的
- 他们聘请史黛西的弟弟加入公司,报酬是公司的利润分红
- 当他们现有的15名员工不够用时,他们就雇用临时工
- 他们没花钱做广告,而是亲自在美国各家展销会、厨艺展台、街道以及食品店分发薯片
- 他们与波士顿地区主攻"创业学"的百森商学院合作,招聘暑期实习生设计他们的网站。作为交换,他们在学校发表演讲

马克和史黛西的故事验证了新企业自我滚动式发展的永恒法则:
- 能租赁就不购买
- 能交换就不租赁
- 能借到就不交换
- 能免费得到就不去借

到2000年,史黛西皮塔薯片已经盈利130万美元,跟1999年相比,翻了一番

5年后,马克和史黛西将皮塔薯片卖给了百事可乐公司旗下的菲多利公司。此时他们已成为全美皮塔薯片的顶级销售商,年收入6 000万美元,拥有员工100名

延伸阅读

收入与资金消耗

我们分析了美国上市公司在 10 年内收购的所有私营公司。在这些公司中，有 27% 是在不到 5 万美元的总投资下创建、发展的。然而，我们观察这些数据时发现，相对于收购时的最终估值而言，那些投资资本很少的公司的总估值并没有被明显打折。显然，资金的投入并不代表产出。

与投资金额相关的一个重要变量是从企业创建到被收购之间的时间。投资资金使企业发展加速，同时能加快流动资金周转。根据数据，我们可以将人口分为通过收入和现金流创造价值的"收入者"，以及通过投资推动增长的"燃烧者"（Wiltbank 等，2015）。

选择融资方法

自我滚动式发展限制了创业者投入初创企业的资金量，但这并不意味着无风险。显然，选择自我滚动式发展的创业者在前景广阔的机会面前可能会面临投资不足的风险。他们很有可能会低估市场的潜在机会，也很有可能只投资了其中的一个方面，而将大把的机会让给了别人。

但是，创业者不能只因为担心错过机会而寻求外部融资。

人们对于自己的预测往往是过度乐观的，以为自己的公司会得到快速发展，因而需要大笔资金。而过度乐观所带来的风险就是，你所创建的公司可能拥有过多的办公空间、员工、专利、市场营销和销售渠道，这是你在实际收入水平下难以支撑的。

对多数新企业来说，相比外部融资，自我滚动式发展是更好的选择，原因在于：①风险小；②企业可以在没有大量投资的情况下证明自己的经营能力；③不用担心是否会引起大型机构投资的觊觎。

结语：保持控制——付出最少，成效最大

不知道该如何为企业融资的有抱负的创业者需要记住，除了投资资金以外，企业发展的方式数不胜数。

总的来说，经验丰富的创业者更倾向于花钱少的选择，因而他们总会想出成本低、风险小的创新方法。当不得不寻求外部投资时，他们会仔细思考需要什么人力和物力。

明白了如何以最少的付出换来最大的成效，创业者才能够保持对公司的控制。

现在怎么办

为众多机会融资之前，先问问自己以下问题：

- 你什么时候需要资金？

你很有可能不需要一次性筹到资金。确定至少三个你需要钱的地方，你能把这几个地方按优先顺序排列出来吗？你能用最少的资源最先解决哪一个？

- 与你需要支付最大的账单相比时，现金何时流入此业务为妥？

想出能加快资金流入的三种方法，再想出能延缓开销的三种方法。就算多付出一些、少收获一些，能让收入和支出平衡也是很值得一试的。

金玉良言

多数初创企业都能找到创造性的方法来避免外部投资。这种做法使得它们具有控制力和灵活性，而不会仅凭借预测来赌一把。

深入思考

- 如果在每一个决策点上，马克和史黛西做出不同的选择，结果会怎样？
- 在不同国家，有哪些文化方面的因素会影响新企业的融资？

第 14 章 疯狂的被子原则：建立合作关系

合作伙伴会带来新工具、新思路，可以帮你分担风险，也能助你创造新的机会。

┆本 章 概 要┆

- 碎布缝被子与拼图游戏
- 效果合作关系如何产生
- 双向说服
- 通过合作关系创造市场
- 结语：买进强于卖出

你认为可以单枪匹马创业吗？现在你需要重新思考一下这个问题。这并不是说你一定需要一个联合创始人，但你一定需要其他的人。更重要的是，你的企业需要其他的人。事实上，其他的人，诸如一个能给你提供原材料的供应商、一位对你出售的东西感兴趣的客户、一个将你介绍给潜在合作伙伴的熟人，最终对你的创业过程产生的影响，可能比你想象的要深远得多。

我们已经介绍过效果逻辑如何引导创业专家转变其头脑中传统的商

业逻辑。当谈到合作关系的时候，这必然同样是正确的。效果合作关系（effectual partnership）和因果合作关系（causal partnership）的不同之处在于，自动自发选择创业的人相信自己能够决定创业目标。

如果你在开始创业时已经有了既定的目标，作为因果逻辑者，你就会选择能帮助你完成目标的合作伙伴，企业将支配合作关系。但如果相反，你以一系列既有的手段工具开始创业——你是谁、你知道什么、你认识谁——并接受各种可能的结局，那么这就是合作关系创造了企业。你会将合作伙伴视为提供其他工具资源的人，他最终可能会以你预料不到的方式改变企业。你将不再视其为合作伙伴，而是利益相关者。

效果逻辑过程包括与每个愿意为创业做出实际承诺的利益相关者进行协商，即便不是所有的协商都能带来承诺。

碎布缝被子与拼图游戏

打个比方，效果逻辑决策过程和因果逻辑决策过程的不同就像是碎布缝被子和拼图的差别。碎布缝被子和拼图游戏至少有四个不同之处。

- 与拼图游戏不同，缝被子的人决定了组合模式。假如有一篮子碎布，你可以随意选择用哪块布，并按照自己认为好看的、有意义的方式缝起来。而拼图游戏只有一种模式。
- 缝制一个大被子一般都是由多人一起完成的：缝被子的好手会和其他人一起缝被子，这些人会带来自己的碎布篮子，随之而来的还有他们的品位和才能。在这个过程中，缝被子的人必须决定和谁一起缝以及为什么，还要管理两者合作中出现的各种问题，处理突发事件。玩拼图游戏的人也可以与他人合作，但这仅仅意味着拼图可以更快地完成，其他人的贡献并不能改变拼图。
- 被子缝制完成时所展现出的样子的不确定性，每一次都是由一个承诺解决的。无论是缝被子的人做决策，还是由一组人来决定颜色方案、针法与镶边，无限的可能性都有一个最终结果。
- 被子不仅要缝得漂亮、有意义，还要有用处和价值，其最终目的是要保暖并体现缝被子的人的审美。拼图只需要将所有的碎片归位来完成。拼图最终完成时的图案可能很漂亮，但并无其他用处。

无论是成立新公司、建立新组织，还是开设任何一种机构，效果逻辑都涉及将相似的主体、主体间、客体的元素合并在一起，整个过程更像是把碎布缝在一起，而不是玩拼图游戏。

主体间性

一延一伸一阅一读一

数百年来，哲学家对这样一个问题争论不休：我们究竟是以客观的（基于事实的且可衡量的）方式，还是以主观的（理解的或感知的）方式来看待世界？唐纳德·戴维森（2001）给出了第三种答案：我们以主体间性（the intersubjective）的方式来看待世界。他所表达的含义是：任何事物都不能孤立地看待，人类通过彼此间达成共识来理解这个世界。主体间性的概念证实了我们是典型的社会性动物。在创业领域，它则解释了为何合作伙伴，尤其是效果合作伙伴尤为重要。

合作关系与社交媒体

一延一伸一阅一读一

菲舍尔和吕贝尔（2011）研究了创业者利用社交媒体如Twitter来联系企业利益相关者的情况。他们发现效果逻辑对使用这些工具发挥了很大作用，创业者可以通过在社交媒体上的关系来推动企业发展。利用社交媒体的最大结果就是可以拓展创业工具，而要想实现这一成果，创业者就必须遵守该社区的价值导向，并遵守其行为规范。

效果合作关系如何产生

当创业者对其经济状况及可承受损失进行评估后,他们就要向他人寻求建议、投入、知识或帮助了。它是效果推理的核心部分,我们称之为"请求"(ask),并将在下一章节回答。这也是新创业者遇到的最大困难之一。基于自己认识的人,潜在的利益相关者可能是朋友、家人、同事,也可能是人生道路上偶然遇到的人。当创业者发现有人想要参与创造出东西(这里所说的创造出的"东西"无论是抽象的还是具体的,以后都会发生变化)时,他就会从这些人身上获得实际的承诺。在这一过程中,关键就是利益相关者是否愿意对创业做出承诺,而非他们是否顺应预想的创业思路或机会。每个与创业有关的利益相关者都会为塑造机会贡献力量。当你读到阿尼尔·帕拉朱利如何通过模糊医生、游客与客户之间的差异,而将喜马拉雅卫生保健(Himalayan Health Care,HHC)的利益相关者聚集在一起的故事时,你就会了解到出现的各种创新组合类型。

无论利益相关者承诺了什么,都会成为不断扩大的被子中的一块布,而只有通过大家不断协商,以吸引新的利益相关者参与进来,被子的图案才会有意义。换言之,利益相关者用自己所承诺的资源来进行交换,以获得重塑企业目标、影响最终创业结果的机会。

因此,与利益相关者互动的过程有两方面的影响:一方面,新的合作伙伴会增加创业的工具(再次强调,这里的工具并不只是指财务手段),创造了新的可能;另一方面,随着承诺的积累,创业的目标会逐步固化,并且方向也将变得越来越具体。

在某一点上,利益相关者的获得过程会终结,没有了对创业目标再继续协商和操控的余地。随着市场结构逐渐成形,信息得以源源不断地获取,决策自然而然地由关注控制并塑造企业上升为在操控企业的过程中更多地使用预测。

当我们将这些结合在一起时,能够看到效果利益相关者合作伙伴之间的互动,与其他三个主要的效果逻辑原则紧密相连。

- **每个利益相关者都为创业带来新工具(手段)**。每次互动都寻求将个体与其多样的工具相结合，以创造出新颖的、有价值的事物，通过这种方式，创业者和利益相关者之间实现了双向选择。

- **每个利益相关者投资的东西都是他们能损失得起的（可承受损失）**。在效果逻辑过程的起始阶段，没人知道创业这块蛋糕会做成多大，更不用说将来每个人能分多大一份，因此利益相关者无法把预期收益作为选择投资的直接标准。相反，他们还是可以暗自揣度自己是否可以承受投资创业可能出现的损失。在这方面，选择也同样是双向的。
- **每次互动都包含偶然事件（意外事件）**。如果不想让偶然事件影响创业过程，你就只能为了达成预定目标而建立纯粹的交易关系。偶然事件也许会破坏为实现既定目标的当前手段的价值，但通过那些追求新目标的手段，它反而提供了创造新价值的机会。

通过阅读本章内容，如果你已经学到了效果合作关系，并由此激励你与企业一道朝着你未曾想过的方向发展，那真是太棒了。效果逻辑不是为了找出一个最佳方案。相反，你与合作伙伴共同创造的企业是充分条件的结果，而非必要条件的结果——这对你们来说都是正确的创业。

创业故事 14-1

合作伙伴之山

公司创造收入，并且（在理想情况下）为所有者创造利润回报，这看起来很简单。相比之下，创办慈善机构无法获得收入，自然也无法创造利润，但它容纳了有创造性的创业者。英文中的"创业者"（entrepreneur）一词其实是两个词语的组合：在法语中，"entre"意为"在两者之间"；"preneur"意为"获取者"。将两个词连起来，创业者一词的字面意思便为：在两者之间获益的人。

陡峭的小径

跋涉于尼泊尔山区途中，阿尼尔·帕拉朱利遇到了来自北部达定地区的搬运工人。工人们向他索要能带回村子的药物。在好奇心的驱使下，

1991年，帕拉朱利为了他的第一次医疗评估而奔波。这段经历使他发现了尼泊尔村落对医疗技术的需求。随后，帕拉朱利在与纽约的一位朋友聊天时，这位朋友提出在美国设立一只非营利的募资基金。之后他又遇见了曾到尼泊尔度假的一些医生，他们十分乐意为当地需要医疗护理的人提供医疗技术。制药公司也千方百计地找到了帕拉朱利，希望能够捐赠药品。就这样，渐渐地，一个如今被称作喜马拉雅卫生保健（HHC）的公司发展壮大起来。

协作治疗

HHC的经营模式是合作伙伴造就的。帕拉朱利经营"医疗跋涉"项目，使来自世界各地的医生到遥远的村落为患者医治，培训当地的医疗保健工作者，深入了解当地的需求，并且创造收入。如果你是一名渴望四处游玩的医生，并且想要尝试"在野外"为患者治疗的话，在为期两周的跋涉中，你大约需要花费1 800英镑（你需要购买机票、为免起水泡而准备的缠足绷带并支付其他个人费用）。

自我选择

帕拉朱利为我们提供了一个独特的视角，使我们认识到创业者如何通过看似微不足道的事情成就一番事业。他们不仅不在乎人为定义的差异，还鼓励周围的人为在这些差异之间搭建桥梁而创造机会。通过将一名志愿者转变为付费旅行者，让他分享自己的医疗专业知识，帕拉朱利使人、时间以及金钱成为他和他的医疗计划的可用资源。

杰出的创业者

帕拉朱利刚刚为HHC成立20周年进行了庆祝。在这段时间里，他在尼泊尔的达定地区（尼泊尔北部与中国西藏交界处）以及拉姆地区（尼泊尔东部与印度交界处）进行的医疗跋涉超过80次。他为数万名尼泊尔村民提供基本卫生保健服务，并开办了帕拉朱利社区医院，医院24小时提供服务，他还雇用包括当地医生在内的40名工作人员。除此之外，他为来自世界各地的数以百计的医生及当地的卫生保健服务提供者搭起了交流合作的桥梁，同时也在推进教育以及针对尼泊尔当地人的创收项目。消费者？合作伙伴？创业者？以上皆是。

一延一伸一阅一读一

市场是共同创建的

关于新市场形成的原因，涉及人类研究的所有领域，从心理学和社会学到经济学与市场营销学，但这些领域都没有提供一个关于新市场诞生的综合性解释。

在营销领域，一些学者已经开始采用本书中的观点，即市场是由供应商与客户的互动共同创造的。瓦戈和勒斯克（2004）提出，在发达经济体中，大部分市场提供的是服务而不是产品，而产品被认为是服务的有价值的附属品。在任何一种情况下，所提供的服务的价值是由客户与服务之间的互动实现的。客户与服务互动的时点则是价值创造的终点。因此，企业在与客户没有互动的情况下是无法创造价值的。市场是企业与客户共同创建的。

双向说服

在一个不确定情境下创业，无法确定将来的产品和服务，你要具有说服力，并且要能被说服。当我们说到要具有说服力时，这并不意味着你要具有销售精英般的能力，而是要能被说服，但这也并不意味着你要表现出无所谓、含糊不清或没有主见的样子。

这里所表达的意思是，如果你不能说服别人（你的潜在客户或者供应商等）跟你一起工作、创造，那你就没生意可做。另外，能被说服，你才能与其他人共同创造，这一点也十分重要。

创新是不同利益相关者之间互动的结果。

创业故事 14-2

一个有关残留物的合作

你上一次喝利乐的盒装橙汁是什么时候？利乐使用的果汁容器盒是由塑料、纸和铝的混合物制成的，对于天然饮料有着出色的保鲜能力。然而它最终可能成为无法进行生物降解的废物，需要耗费资金处理，并且为垃圾填埋与环境治理增加了负担。

自然解决方案

你也许认为这是一则关于废弃纸盒的再利用并将其作为创业商机的故事，并非如此，因为这样的工作已经有人在做了。在整个欧洲地区，纸盒的回收与再利用系统已经相当完备了。每年有大约 250 亿个包装盒被运往回收工厂，其中的纸纤维会被提取出来并重新加工成新的包装品，例如麦片盒。

残留物问题

将饮料包装盒中的纸纤维成分进行回收，这种处理方式很棒。但是剩下的塑料和铝呢？你似乎不太可能会在一个麦片盒中看到这些东西。原因是在纸盒回收过程中遗留下来的含有塑料和铝的污泥会被排入垃圾填埋场。对于像巴塞罗那的斯道拉恩索公司这样的大型回收商而言，这意味着每年需要花费大约 130 万欧元，将 3 万吨的污泥"倒"入土壤中。不管在你看来这是多么脏乱。

残留物带来的机会

如果你是汉斯·库尔或吉斯·詹森的话，情况就不同了。当我们只看到了脏乱时，他们看到的却是从利乐回收过程中遗留下的那些含有塑料和铝的熔融物中获取价值的潜力。他们在一次 MBA 的课堂上讨论了这种潜力，之后他们的同学将这对搭档介绍给了卡洛斯·勒德洛·帕拉福克斯——剑桥大学化学工程专业的博士，他专门研究塑料气化的热解过程。就这样，三个人合伙成立了 Alucha 公司。公司的名称结合了英语中的"aluminum"（铝）与西班牙语中的"luchar"（战斗），其含义为"奋斗"。他们下一步"奋斗"的内容,就是吸引尽可能多的可靠的合作伙伴。

合作伙伴助阵

库尔和詹森首先参观了位于巴塞罗那的斯道拉恩索公司。在听取了他们利用这种污泥创造价值的想法后,回收厂的经理把这两个人带到了院子里的一个封闭的大楼内,并向他们展示了一台已经废弃的机器——之前尝试用它来处理塑料或铝废料,却未成功。他们可以利用这片场地,并使用新的技术再次尝试吗?库尔和詹森随即赶往德国的铝加工公司Konzelmann。它会对Alucha公司从包装物中提取出的铝的品位感兴趣吗?在澳大利亚,这对搭档又与通用电气颜巴赫的负责人沟通,这是一家制造由特定气体驱动的发电机的公司。从铝废料中提取塑料时会产生一种气体,它可能会对共同开发燃烧这种气体的机器感兴趣吗?随着这些问题获得一个又一个肯定的回答,这场"奋斗"成了一项事业。

清洁的证据

自2004年开始创业以来,库尔、詹森和他们的合作伙伴一起面对来自技术、管理、操作等方面的各项挑战。通过与合作伙伴共同努力,他们如今造就了一台能够每周7天、每天5次轮班运转的设备。他们从中获得了多种形式的"收益",从收入达到180万欧元(2011年),到获得来自欧盟委员会的"2010年最佳LIFE环境项目之一"的奖项,再到看着卡车以载满铝而不是载满污泥开往制造车间的满足感。燃烧回收物过程中产生的气体,满足了斯道拉恩索公司20%的蒸汽需求的事就更不必多说。他们将来可能会继续为气体的直接利用努力,例如将气体直接导入为设备供电的发电机或在电网进行销售。通过曲折的创业奋斗经历,他们向我们展示了合作伙伴如何联合起来创造一个具有创业精神的企业,它既在今天创造了利润,又为明天创造了更清洁的环境。

通过合作关系创造市场

效果逻辑强调利益相关者的事先承诺,将其作为一种减少甚至消除环境中的不确定因素的方式。每个做出承诺的利益相关者都会为企业带来更多可用的工具，这使得企业发展更加有前景。每个做出承诺的利益相关者将企业的概念传输给每个人并使其容易接受，增加了这个想法具有良好有效性的可能性。

合作伙伴可以来自四面八方、五花八门，重要的是他们要找到自己笃定的一点并做出承诺，同时影响他人对于商业模式的看法。合作关系是否有效，在于双方能否从中受益。但结果为双方都提供了新东西，对双方均有益处，并且这是任何一方都无法单枪匹马创造出来的。

让利益相关者做出承诺是最困难的一个环节。不过对话一旦开始，承诺就有可能达成。

创业故事 14-3

集体狩猎

巴鲁·帕特尔 1939 年出生于乌干达，他通向创业生涯的道路已经铺设好了。事实上，这条道路是从印度来建造东非铁路的祖先亲手铺设的。肯尼亚银行出纳员出身的帕特尔，很快开始在一家旅行社工作。怀着提升业绩的信念，他参与了运营商的管理层收购，一跃成了一名创业者。

个体发展

怀着对旅游事业的责任感，帕特尔开始构想新的服务和产品。客户们享受欣赏肯尼亚大地上的风景和动植物，但他们是否有可能从空中看到更激动人心的景象呢？1981 年，帕特尔买了一架飞机，开始涉足航空业务。1986 年，他买了热气球，提供马赛马拉上空无声的空中旅行。业务量飙升，帕特尔用这笔收入进军房地产、印刷、保险和采矿业。

在每一步的扩张中，帕特尔都获得了了解该领域客户和市场所带来的收益，所以他对需求的掌控游刃有余，但他在独自购买有形资产的问题上冒险了。这一风险发生在他和表弟纳扬的印刷企业中。2002 年，帕特尔观察到，只有大约 30 万条电话线路支撑着肯尼亚 3 500 万的人口。手机行业蓄势待发。他想要从印制预付费电话卡中获得收益，所以他购进了卡片印制的专业设备。但肯尼亚的手机运营商已经拥有合作伙伴，而帕特尔只有自己。他的设备被闲置了好多年，直到肯尼亚通信系统瘫痪导致运营商缺少国外印刷卡，这才让帕特尔终于有机会开始了这笔生意。

共同发展

这些经验让帕特尔变得更加老练，促使他和儿子罗翰一起创建了田园小屋——在肯尼亚国家公园内提供高端酒店服务。他们最新的企业桑卡拉酒店度假村是一家酒店管理公司，不持有有形资产，而是与所有者在非洲主要的发展中城市合伙经营面向商务旅行者的现代五星级宾馆。

我们的新企业桑卡拉，源于梵文中意为"宁静的发源地"的词语。与酒店名称相吻合，我们的目标是创建高雅的酒店，提供功能齐全且宁静的客房，同时提供充满活力的休闲娱乐设施，这将成为都市日常生活的中心。就我个人而言，这有着特殊的意义；我发现我与合作伙伴共担的风险以及共享的回报越多，我就越能在企业经营中做到波澜不惊。

——巴鲁·帕特尔

创业发展

当你的企业处于创业的荒原时，就得想想谁可能与你共担风险。这些人或公司不仅能够减少你所需的资金量，也有帮助你成功的动机。也许我们从肯尼亚学到的真正的创业经验是：打猎时，你作为群体的一员远比你仅靠自己更有效。

结语：买进强于卖出

在本章结束前，我们要对"如何理解效果逻辑互动"这一哲学问题做出切实的回答。答案很简单，"买进强于卖出"。换句话说，卓有成效的互动是基于承诺的。虽然有人愿意和你做交易是件不错的事，但你也要清楚你真正想要的、他人做出的实在并且理性的承诺。

现在怎么办

个人反思时间：

- 你是容易被说服的人吗？你愿意为了获得合作伙伴的承诺而与他们重新构思自己的创业计划吗？
- 什么是你不愿意改变的？为什么？
- 哪些潜在的合作伙伴想看到你成功？为什么？
- 具体来说，你如何知道潜在的合作伙伴是否真正为你们的合作关系做出了某些承诺？
- 现在，去和你的潜在合作伙伴沟通吧。如果承诺与你合作，他们将要承担什么？

金玉良言

合作伙伴可以自行选择进入新企业，并且付出不同的努力。没有承诺，你就没有合作伙伴，你有的只是一个潜在的合作伙伴。你与承担义务的利益相关者共同创造企业，这个企业通常与你最初构想的企业并不相像。你影响他们，他们也影响你。

深入思考

- 如果将每一个人都看成能被说服的，你看待世界的观点会有何变化？
- 当"共同创造"一个机会时，谁是创业者？为什么？

第 15 章　请求潜在合作伙伴做出承诺

> 大多数人从不主动拨打电话,也从不主动提出请求,这就是实干家和做白日梦的人的不同之处。
>
> ——史蒂夫·乔布斯

┊本 章 概 要┊

- 请求不是销售
- 关于请求的层次结构
- 请求的障碍
- 成为一个专业的请求者
- 结语:关乎建立,而非得到

我们在第 14 章已经讨论过,创业者把他的想法付诸现实检验的第一步,往往是找到一个合作伙伴。这个合作伙伴会做出一个或大或小的承诺帮助创业者创建企业。那么,这种合作关系是如何形成的呢?创业者是如何将一个毫无兴趣的旁观者转化为真正的利益相关者的呢?

通过请求。

回想最近一次你为了某件东西而向别人发出的请求,可以是一次约会、一个帮助、一些有形或无形的资源。当时你可能会有点不舒服,也许你不知道该如何开口或交流,也不知道如何从别人的拒绝中回过神来。

大多数人对上述情况感到畏惧,然而另一些人非常善于处理这些问题,尤其是那些创业专家。他们不仅在请求过程中表现得非常自然,而且其方式有利于双方达成富有成效的关系。他们不是只关注自己的迫切需要,即他们想要的东西,而是通过邀请潜在的合作伙伴提出自身诉求来不断寻找共同的利益。这些创业者把握住了了解他人的机会——让自身的条件和可承受损失与他人相契合——这样他们才能共创未来。总之,他们通过各种方式把互动的双方转化为某种利益相关者。

相比提前计划和深思熟虑,创业者更倾向于采取实际行动。通过对创业专家进行调查发现,效果逻辑在某种程度上是他们看待机会和不确定性的思维模式。但是归根结底,效果逻辑是由一系列行动组成的。提出请求恰恰是人们为践行效果逻辑所能采取的第一个行动。

在你的企业不断发展壮大而你也逐步成长为创业专家的进程中,你永远不能停止请求。

你要征求他人的建议、寻求与创意有关的帮助、请求资源、渴求被引荐的机会以及金钱,这些对于促成卓有成效的创业都是极为重要的。因此,我们决定给它起一个精练的名字——"请求"。

创业故事 15-1

一次美好的合作

创业者阿什·苏德进口专业的登山设备,然后销售给在印度北部与巴基斯坦和阿富汗交界的多山地带巡逻的印度士兵。他为了寻找最好的设备走遍了全世界。在中国台湾,他的商业合作伙伴向他展示了一个不同寻常的新型产品:能在人指甲上迅速画出图案的设备。因为它价格便宜,所以阿什买了两个带回家乡德里。

非常不确定

以常年驻守在边境保卫国家的士兵为目标客户的创业者,能用这种高科技美甲机做什么呢？答案因人而异。参与过秘密行动的人可能会为武器涂上颜色进行伪装，保证部队完全隐秘。有制图经验的人可能会在士兵的指甲上画上地图的信息，以便在陌生地域完成远程任务时使用。阿什拥有获取一种不同类型的专业知识的渠道。他的妻子莫妮卡曾是时尚行业的创业者，她建议他们开设一家独特的美甲店。

门店

"我们去了德里唯一的购物中心，想找一个地方开店，"莫妮卡解释道，"当我们描述我们的想法时，大家都认为我们疯了。但是最终，购物中心给了我们一个处于电影院和美食广场中间的地方开店，那地方很小，别人都不想要。我们确定了租用条款。不用预付租金，如果第一个月干得好，再和业主商量租金；如果没挣钱，就可以直接收拾东西走人。"很快，前来购物的消费者纷纷被将照片、图案和定制颜色即时画到自己指甲上的服务吸引了。阿什和莫妮卡非常高兴，因为他们要去商谈租金、继续经营下去了。

时尚的缺陷

令人悲伤的是，创业生涯并不总是一帆风顺的。尽管那些高科技设备能很好地吸引消费者，但是它们不能很好地留住消费者。有的时候设备会出现故障，不能给指甲画上图案，或者画上了有偏差的图形。用于喷绘的墨汁和原材料费用很高并且消耗速度很快。因此苏德夫妇登上前往中国的飞机，和生产商商谈改进设备、大批量采购墨汁和原材料等事宜。他们去了中国大陆，在墨汁和印刷物资供应商中找到了售卖时尚配饰和人造首饰的商家。莫妮卡想出了一个替代方案，当美甲机无法运作时销售时尚配饰。她购进了满满一书包时尚配饰，回到了德里。

大转变

定制美甲服务开展仅四个月，阿什和莫妮卡就售出了非常多的时尚配饰，他们甚至可以不依靠美甲机来赚钱了。他们给这家店命名为Youshine。他们的事业特别成功，就连购物中心的老板都提议让他们在他的新购物中心再开一家店。莫妮卡每三个月都会去一次中国，直到他们在首家店的街对面的商场里开设了第三家店。到目前为止，苏德夫妇已经在印度开了至少八家美甲店，并在不到两年的时间里实现了网络零售。

探寻本质

这件事说明了和愿意与你共事的人一起，转换你的资源和知识，并且承担可承受的风险，运用偶然事件以带来新的可能性是很重要的。除此之外，苏德夫妇还教了我们创业的另一个经验。"如果你想和你的丈夫一起创业，一定要确保责任分明，"莫妮卡说道，"作为采购主管，一旦我做出了错误的决定，那就是我的问题，不需要阿什为我收拾烂摊子。虽然我们就在早餐桌上召开董事会会议，但是我们仍然需要相互尊重和包容，这是非常重要的。最终，我能和我喜欢的人在我愿意的时间一起做我想做的任何事，真的很美妙。"

请求并不是神秘莫测的。我们每一个人或许从很小的时候就开始因为各种事情而提出请求，但是大多数人可能都没掌握"请求"的艺术。我们首先应该学习"请求"是什么和不是什么，然后才能掌握有效请求的方法。

请求不是销售

在大众眼中，创业者是完美的销售人员。他们有引人入胜的愿景，并且具备良好的沟通技巧和令人信服的人格特征，能够说服他人主动为他们的点子"买单"。但是，正如前面所讨论的，创业并不是单方地"销售"愿景，而是需要和合作伙伴共同创造愿景，建立一种互惠共利的合作关系。

然而，就像我们在第 14 章讨论的，创业者虽然不需要拥有优秀的销售人员的品质，但是需要掌握说服的艺术。你得知道怎样说服他人加入你的企业，同样重要的是，你自己也要听取他人的意见。你必须知道如何表达你最初观点中最吸引人、最有趣的部分，然后你要以开放的甚至关切的态度考虑合作伙伴的条件和可承受损失，最终要让他们乐于和你一起将你的项目和愿景转换为现实。只有对合作伙伴敞开怀抱，共同打造企业，才能最终创造价值。而你也正是通过请求才能达成这种富有成效的合作关系。

若想要理解销售和请求的不同之处，请思考传统的因果逻辑和效果逻辑的区别。因果逻辑是为了达到预定目标运用各种所需的方法手段，相比之下，效果逻辑则是运用一系列已有的资源，根据事件的进展形成可能的结果。创业者在两种逻辑下都要发出请求，但方式有所不同。

基于因果逻辑的请求很像传统的销售推介：

- 你创建一个愿景；
- 你想出实现上述愿景所需的资源；
- 你设想一下能够提供这些资源的个人或组织；
- 你起草一篇推介讲稿以触动他们，让他们给你想要的资源；
- 你进行推介，最终可能得到寻求的资源，也可能得不到。

基于效果逻辑的请求开始于一场对话。你可能会以某种程度上很像"路演"或"推介"(pitch)的形式开始你的请求，但是最终你希望其他人能够告诉你的是他们自己的推介：

- 你根据你的条件和可承受损失程度决定你可以开始做的事情。
- 你设想一下可能愿意与你共创未来的个体和组织。他们也许是潜在的客户群或供应商，也许只是一些感兴趣且有才华的人，甚至他们可能在你的企业中扮演的角色还不完全清晰。
- 你起草一系列可能的请求。
- 你传递出这些请求，最终可能得到别人的承诺（关于才能、金钱、想法、时间），那些新的利益相关者所拥有的资源很可能将你的点子转变为现实。他们也许还会带来更多的人，这些人又会纷纷运用各自的资源来塑造和完善你的项目。

基于因果逻辑的推介有可能成功也有可能失败，你也许得到了你想要的，也许没有得到。然而基于效果逻辑的请求是十分灵活的，即使失败也不会是真的失败。和传统的销售推介不同，它不是一次性的事件，你可以找同一个人多次并进行不同方面的请求。或许在初次接触时你就找到了喜欢你的点子、愿意为你提供资源的人。建立关系之后，你仍可以进行后续的请求，比如请他给你介绍些潜在客户。

应用完成效果逻辑的请求之后，你已经成功地把自己"推介"出去了，你现在是其他人愿意合作的人了。但是在这个过程中，你讲的话其实并不多——没有特别激进地进行销售，更多的是在倾听，了解你需要的潜在利益相关者能为你提供什么，以及他们对你的点子是怎么想的、他们愿意承诺什么。

基于效果逻辑的请求结果，最终往往会超出你的预期。事实上，这个结果通常是对话双方最初都没有想到的。以一个改变角色的例子说明吧。你的老板没准成了你的客户，你的客户成了你的投资人，你隔壁的公司可能会成为向你提供互联网接口或协助你加工的受托者。效果逻辑的请求很有可能给你带来惊喜，毕竟，你不知道其他人会说什么以及他们的处境如何。当别人用自己的请求回复你的请求时，也许他是在向你表达他的情怀，也许他正在考虑转行，同时还在想着自己在现有资源条件下还能干点什么。或许当你来发出请求时，他正好发现他的点子和资源对你有价值，你也许能给他提供你从没想过对他而言会有价值的东西。"请求"的目标是让他人和你共享收益、共担风险。最终，你可能会做出未曾准备的承诺或者得到他人意想不到的承诺。

一 延 伸 阅 读

影响力

在罗伯特·西奥迪尼的畅销书《影响力》（*Influence*：*The Psychology of Persuasion*）一书中，他提及了"影响力的武器"一词。我们在下面列出几点。

- 从众原则：人们会跟随他人的做法。
- 权威原则：人们倾向于遵从权威。
- 喜好原则：人们更容易被自己喜欢的人说服。

- 稀缺原则：物以稀为贵。
- 互惠原则：如果有人帮了你，你就会想着要报答。
- 承诺和一致性原则：一旦人们做出了承诺，他们很可能不会收回承诺。

上述这些原则同样能很好地应用于在交易型的互动中提出请求。

创业故事 15-2

难道成本永远是成本

作为多元化邮购零售商 Avion Group 的主管，露思·奥维德斯发现了有关业余园艺师的新商机。她发现业余园艺师是一个极容易接触到的群体，并且如果能得到良好的服务，他们就会很忠诚。最重要的是，他们有迫切的需求：这些消费者没有获得高端专业的园林设备的便捷渠道。她围绕这一需求向 Avion 的总经理推荐了这项业务，但是公司并无兴趣。她又问公司能否允许自己根据这个想法独立创业，没想到，公司同意了。

露思以前从来没有离开舒适的公司环境出去工作过，她简单调查了一下自立门户的情况，结果表明，像她这样一个刚起步的创业者，要为自己未经证实的想法筹集创业资本并非易事。拿露思收到过的最高的融资出价来说，也得她自己掏腰包拿出 25% 的资金成立公司，还要放弃 49% 的股份给另外四个私人投资者。最后她决定自力更生，不用其他投资者的资金，她一心扎到了事业中，将她的公司起名为"园艺师的伊甸园"。

埋下种子

露思的第一站便是印刷公司。对于一个邮购公司来说，最大的一笔开销就是商品目录的打印和邮寄，这些甚至可以花去公司一半的费用。露思需要的不仅是好的打印成品，还得有个好价钱，但鱼和熊掌常常不可兼得。于是她提出一个方案,让印刷公司承包她前两个商品目录而不仅仅是第一个。这表示她愿意对印刷商做出承诺,而印刷商也得提供优惠以做交换。虽然她的建议对印刷公司来说很新奇,但它们也乐于接受。她走进印刷公司,对负责人说:"你看,其他家印刷公司给我 90 天的账期,你们能不能再延长点?"于是,她获得了 6 个月的账期。

然而"园艺师的伊甸园"仅有商品目录是远远不够的。她同公共事业公司协商,寻求长期信用关系,使得自己不必预先将现金存进缴电费和电话费的账户中。她还同生产加工特色园艺品的供应商建立了长期的信用关系,以备日后出售这些园艺品。她还与房东及信用卡公司极力讨价还价,为自己争取最低的价格。她甚至去说服邮政支局,一次次地去请求当地的邮件管理员,直到他睁一只眼闭一只眼,不再收取她每天领邮包的服务费。

露思的策略很简单:弄明白成功会使谁受益,告诉他们自己想做什么,解释清楚为什么他们对公司的创建具有关键作用,一旦她成功了,他们又会得到什么好处。她向所有人争取她所需的一切,她发现自己所做的远比之前预想的要好。她没使用任何术语,而是成功地运用"请求"和公司可承受损失策略,找到各种能够减少成本的创新方法,把风险降低到自己可承受的程度。表 15-1 对比了她如果不运用"请求"(而是运用售卖)的成本以及运用"请求"的成本。

表 15-1 露思·奥维德斯的资本支出表

启动费用项目	使用售卖	运用"请求"
打印和邮寄商品目录	100 000 美元	协商两种商品目录,并获得 6 个月账期
邮寄名单的租金	30 800 美元	30 800 美元
商品支付	75 600 美元	经协商建立长期信用窗口
杂项支出和其他定金	4 000 美元	协商后无定金
其他营运成本,如邮寄用品、雇员、租金	15 000 美元	15 000 美元
总计	225 400 美元	45 800 美元

看他们成长

最终,露思建立了一个人人都有理由为她的成功出力的环境,在这一环境中,她把公司的供应商转化为合作伙伴。公司成立不到4年就被家居装饰零售商威廉姆斯-索诺玛公司收购,当时露思的销售收入已经远远超过100万美元。

早在18世纪90年代,亚当·斯密(1789)就说过:

个人的才干并不是决定分工的基础,真正的基础是说服能力,这是利用人性的好方式。因此我们应该主要培养说服能力,而实际上我们也很自然地这么做了,这在我们的生活中随处可见。总而言之,我们必须具备和其他人谈判的能力。

一延一伸一阅一读一

建议

实验经济学家研究了建议在决策中的作用。安德鲁·斯科特在关于"建议"的实验结果研究报告中指出:"尽管大家在很大程度上依赖别人的建议,但是关于这方面的经济学理论并不多。"然而,他发现,"实验结果表明,口头建议很容易影响人们的决定"。

斯科特(2003)的主要发现如下。

- 受试者愿意听从在任务有关专业知识方面比自己懂得多的人的建议,并认为相比自己决定,这样能做出更好的决策。
- 建议改变行为:受试者在接受建议后,表现行为与接受前相比有所不同。
- 在信息和建议面前,受试者更容易选择建议。
- 提建议和接受建议的过程会促进人们学习,因为人们给他人提的建议往往比给自己提的更好一些。

关于请求的层次结构

效果逻辑下请求的层次结构如图 15-1 所示。

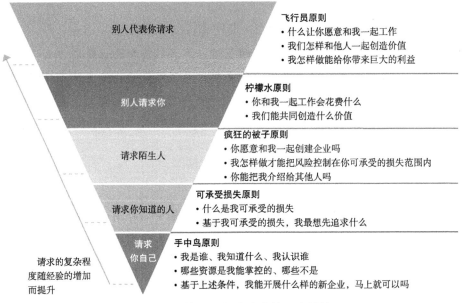

图 15-1 效果逻辑下请求的层次结构

效果逻辑的行动过程起点在于创业者问自己，自己可支配的资源有哪些以及愿意承担什么风险。"我知道什么？""除了履历上写的那些信息以外，我还知道什么？""我认识谁？""我能够承受什么损失？"

然后，创业者去寻找潜在的合作伙伴（通常是他们认识的人），寻求建议、反馈、各种各样的帮助。这些请求也给合作伙伴一个讨论自己的想法和抱负的机会。经历过这个过程，这些人最终可能还会向你请求某些事情，让你做出某种承诺。这就是忠诚的合作关系的形成过程，就像碎布条被缝成了疯狂的被子。

最后，当你的忠诚利益相关者的关系网络扩大时，你的合作伙伴也许会代表你提出请求——这就是企业中真正的承诺和合作的标志了。

请求的障碍

请求并不简单。对大多数人来说，它不是一件自然而然的事情。各种各样的来自内部和外部的阻碍，让人们觉得向他人求助是一件难事。这里列出了一些容易让人临阵脱逃，并感到疑惑、不安、焦虑和恐惧的例子。如果能提前注意这些，你就能更加容易地克服它们。

- 请求会让我看起来脆弱。这是真的，在崇尚独立和自力更生的文化里，请求任何事都被看作缺点，甚至在你迷路时向别人求助都不例外，因为这代表着你承认了你不能独立完成这件事情。但是，最简单的道理告诉我们，人类是不可能独自完成所有事情的，那么我们为什么又想要全部独立完成呢？正如本章开头引用的乔布斯的那句话，我们研究的创业专家知道他们需要其他人的想法、洞察、专业知识、沟通和资源来创造价值，并且他们愿意承认自己不知道或没有的事情，这不是缺点，而恰恰是他们最厉害的地方之一。

- 请求让我看起来是执意强求的。某些被一部分人认为是执意强求的行为，对另外一些人来说却是勇敢或有创造力的，特别是当你在请求他人的准许并"纠缠"他们的时候。多数人会觉得你的坦白特别有趣，并且会告诉你他们所能忍受的"纠缠"程度。最重要的是，你不是只有一次机会。如果你感觉对方想要拒绝或觉得反感，你可以退后一步，开展更开放的对话，诸如围绕对方的兴趣或目标等。最终，他们可能会向你请求一些事情。

- 当我一无所有时，我该如何请求？让别人来当裁判吧。也许你自己觉得你没有任何东西能提供给别人，但是你不清楚别人的想法，所以不知道别人会做何反应。我们认识一个MBA学生，她想进入为她授课的教授所在的行业，于是她鼓起勇气向这位著名教授询问相关建议。她最终得到了她想要的建议，但是她同时也得帮助教授的侄子解决商学院入学申请的问题。在她发出"请求"之前，她无论如何也想象不到自己对教授来说还是有一些价值的，是发出"请求"的这个行动让她意识到这一点。效果逻辑下的请求不完全是请求双方互相交换条件，而是在与对方的每一种互动中都要开诚布公地接纳别人、为别人着想，这样才会给你带来意想不到的惊喜和互利共赢的机会。

如果对方非常慷慨大方，而你现阶段也许真的没有任何能作为回报的东西，但这也不意味着你不能在未来回报他，或者你可以把回报传递给另一个创业者。

- 我担心对方不同意。如果对方不同意，不要灰心，你可以换一种问法提出请求。你不要再问一个是或否的问题，而是问一个开放式的，能促进对话、引发人们想象的问题："我们怎样能一起工作？""怎样能说服你和我合作？"事实上，你要意识到直接的"不"和"不，但是……"是有重要区别的。因为当别人回答你"不，我没有办法帮到你，但是我知道有一个人可以帮助你"或者"不，我对这个想法不是很感兴趣，但是对某个别的项目很感兴趣"时，往往背后就会隐藏一个有价值的"是"。

- 我害怕人们会说是！当你与潜在的利益相关者的对话慢慢走向某种承诺时，即使只是很小的一个承诺，你也已经非常自如地运用效果逻辑导向的请求了。祝贺你！但是，当然，你的工作还没有结束，这可能才刚刚开始，你感到有一点紧张也是很正常的。你现在需要做的就是尊重这段萌芽伊始的合作关系，并把共同的承诺坚守到底，对偶然事件始终保持开放的心态。

同意比你想象的更加容易

一延伸阅读一

社会心理学学者研究了人们向他人求助的问题。例如，在一系列的六项研究中，弗朗西斯·弗林和凡妮莎·莱克（2008）让哥伦比亚大学的学生到社会上寻求公众的帮助，包括让人们填写调查问卷、借电话和问路等。其中一项研究甚至考察在实际情况下人们为某个非营利组织募捐时的表现。在每项研究中，在受试者开始提出请求之前，研究人员都要求他们先估计请求成功的可能性。例如，受试者要提前预测请求所需的时间和精力，或者在他们获得帮助之前得向多少人提出请求。

以上所有的研究发现，人们会高估向他人求助的困难程度。换句话说，其实有很多人比大多数人想象中更愿意提供帮助。

成为一个专业的请求者

想要更好地掌握"请求"的技巧、克服对"请求"的恐惧或焦虑，最好的方法就是不断地实践。除了在创业中，你在日常生活中也可以找机会练习（请别人加入你的有趣的项目或者说服他人为了某个有价值的原因投入时间和金钱），或者可以与朋友一同模拟练习。这里我们介绍一些在掌握"请求"的艺术时需要注意的技巧：

- 打磨你的表述直至最适合。努力创作一个将你面前这个人和你的兴趣相结合的故事，这个故事是真正地因你们共同交织的那部分利益而生的，并且需要涉及足够广泛的内容来让对方决定成为你的合作伙伴。在创作故事的过程中，你要思考为什么这个人愿意首先和你讨论，怎样将他的经历和你的利益相结合。
- 开始的时候要具体。谈话之前要想清楚你具体想要的东西（例如，一项投资、一次指导、一个被引荐给其他人的机会），还要在脑海中列出一份备用列表。有的时候别人没有时间或者没有兴趣指导你，但是很愿意把你介绍给他的同事。所以，不要因为太在意你自己想要的东西，而忽略了别人提供的东西。
- 做一个好的倾听者。诚然，你请求的时候得说话，但是倾听也是同样重要的。只有聚精会神地听别人讲话，才能真正接纳他人提供的东西。
- 不要期待存在捷径。请求可完全不是一件简单的事情，你不能在得到请求的东西之后就放任不管，然后等下次再有需求的时候才又提出新的请求。面对他人的愿景和资源，你必须让你的愿景始终保持易于被人采纳和接受的状态。记住，你是在和已经做出承诺的利益相关者建立关系，而不是在你需要某样东西时才想要得到它。
- 提出一系列开放式问题。"你认为……怎么样？""……要花费你什么？""我们怎样才能一起做……""你能告诉我怎样才能……""你能想到我们……的办法吗？""你觉得……的最好办法是什么？"
- 定好基调并且保持。让别人在最开始就知道你想要展开的对话的类型："我想要和你说说我的点子，也很有兴趣听听你一直在从事的工作。"然后请确保你不会辜负你的承诺。
- 不仅仅关注钱。你也许认为你真正需要的是金钱。事实上，虽然你需要钱去买某样东西，但是对别人来说，给你需要的东西也许比给你钱更容易。一个例子是，一个成功的创业者在我们的课堂上做完演讲之后，班上两个学生请求他给他们的企业投资。他们解释说需要钱来乘飞机飞往世界各地宣传他们的点子。最终，创业家没有给钱，而是为他们提供了许多（未使用的）飞行里程。
- 想一想如何退场。如果你足够幸运，你会得到合作伙伴对你的新事业的承诺。如果没有得到，也不要灰心。记住，请求是一个循环反复的过程。你可以在对话结束时，询问是否可以在未来（届时你可以提出不同的请求）再次谈话，或者请求对方推荐其他人给你。

结语：关乎建立，而非得到

请求就能得到吗？是的，但是也许你会得到你从未设想过的东西。向效果逻辑创业者提出请求的目标不是接受什么，而是通过将自己与他人的资源和愿望整合起来建立合作关系，观察事件的进展。

在这种逻辑下，是时候把旧的格言换成效果逻辑了：

请求能让你学到知识，

请求能帮你共创价值，

请求能为你开启新世界的大门，

……

练习能帮助你掌握如何请求。

现在怎么办

- 你是否可以很自然地向他人提出"请求"？你擅长这样做吗？花些时间思考一下你在何时、何地、怎样才能很好地求得建议、金钱、点子或引荐的机会。

为了一个你正在开发的创业机会：

- 设想一下你需要的东西，你会向谁发出请求以得到它们？现在就去一步一步地实施你的计划，你如何与他们建立对话，而不仅仅是得到对方对于你需要的东西做出的那个是或否的回答？
- 想一想"你认识哪些人"，联系其中的某些人；想一想如何用三种不同的方式请求他们加入你的创业计划。
- 什么样的"请求"是最让你感到紧张的？为什么？不要躲避它。努力想出三种应对它的方法。

金玉良言

合作伙伴只有在收到你的请求后才有可能选择是否加入你的新事业中。在创业的早期阶段，你通过开放式的对话与合作伙伴建立联系，而不只是获得你想要的东西。你要帮助他人看到你预见的机会、倾听他人想要的东西。你们之间要相互影响，并做出让双方都能受益的行动。切记多加练习。请求不只是销售,更重要的是建立关系。

深入思考

- 不使用"请求",怎样能使公司继续经营下去?
- 你怎样知道什么时候应该运用基于效果逻辑的请求,什么时候应该运用基于因果逻辑的请求?
- 你如何在这两种逻辑的请求之间探索建立合作关系?还是说这两种请求一定是相互排斥的?

第 16 章 柠檬水原则：利用偶然性[一]

> 问题不在于创业过程中是否会遇到意外事件，而在于我们是否利用它，何时利用。
>
> 乐观主义者与悲观主义者对我们的社会都有贡献。
> 乐观主义者发明了飞机。
> 而悲观主义者发明了降落伞。
>
> ——小说家 G. B. 斯坦恩

本章概要

- 理解不同种类的偶然事件
- 如何利用偶然事件
- 让偶然事件听你指挥
- 结语：对自己能够有所作为充满自信

[一] 在本章中，我们根据中文的使用习惯和上下文的意思，有时将 contigency 翻译成"意外事件"，有时翻译成"偶然事件"，两者在英文原文中大部分使用同一个词。——译者注

我们将在"冰旅馆"(第17章)的案例中看到,偶然事件能在创业中引发重要的转折点。在冰旅馆的案例中,冰雕遇到雨水是一个令人不快的意外,这的确事与愿违。然而,冰旅馆的案例也阐明,偶然事件即使是消极的,人们也能以积极的方式对其充分利用。在冰旅馆的案例中,创始人英韦·贝里奎斯特没去对抗雨水,而是采取了一些不那么突兀的举措:用他的话说,他"创造了一种新的感觉"。他没有试图尽力保留一些违背自然力的东西,相反,他利用了自然的力量,让雕塑被毁坏,并在原来的基础上创造出了新的东西。

这个案例概括了柠檬水原则,正如那句老生常谈:"如果生活给你一个又苦又涩的柠檬,那么就把它制成柠檬水吧。"这个创业观点,同样也适用于生活的其他领域。接受并且利用这些环境中的偶然事件、人及信息,我们经常能够做得更好。传统的模式认为,创业者应该预想他们所要进入的领域,设立目标,并且在投身生意前,做相对系统的计划。然而,尽管我们能从这些活动中受益,可是人们也容易忽视它们的潜在成本。预先设定的计划往往使得偶然事件成为棘手的问题,因而导致你像避开障碍一样尽量去回避它们。但与此同时,你也可能会失去偶然事件带来的机会,因为即使是负面的偶然事件,也往往包含着某些潜在的机会。

与其将偶然事件看成是一个难题,不如将其看成创业的资源。

创建新企业所需要的一些资源,只有当创业者上路之后,才可能搞明白。创业专家思考偶然事件如何才能为新的机会奠定基础,练习掌控可能出现的偶然事件。

> 悲观主义者在每个机会中看到困难。
> 而乐观主义者在每个困难中窥到机会。
> ——温斯顿·丘吉尔

在很多方面,柠檬水原则是创业者技能的核心。根据柠檬水原则,偶然事件不是新企业的成本、代价,相反,它是一种资源。这种资源或许能在创业者手中化腐朽为神奇。偶然事件或多或少,或来之匆忙,或姗姗来迟,或好或坏。然而,不论它们以何种方式出现、何时出现,以及多么频繁地出现，都能被用于新企业的投入。尽管创业者不能预测偶然事件，也不能设计偶然事件，然而，他们能够尝试在创建企业的过程中去开发并利用它们。

创业故事 16-1

打印惊喜

办公用品零售连锁店史泰博是偶然事件促发新企业诞生的典型案例。那天是 1985 年的一个星期四，恰逢 7 月 4 日美国国庆节假期的前夕。托马斯·斯坦伯格当时刚失去了在超市的工作。他正在构思一个连锁超市的商业计划，这时，他与苹果电脑配套的打印机 ImageWriter 的色带用完了。当斯坦伯格去当地商店购买打印机色带时，他发现要么找不到他需要的色带，要么商店因国庆节假期而早早地关门了。找不到打印机色带这一简单的信息，对斯坦伯格来说成了一个新想法的诱因。在之后的美国有线电视新闻网采访中，他说道："我忽然意识到，许多小企业不能像大企业那样迅速获得必需的文具，有时它们根本买不到。"因为斯坦伯格找不到打印机色带，所以他周末没能完成有关连锁超市的商业计划。然而，事情远远没有结束。正因为这个偶然事件，斯坦伯格萌生了一个新的创业创意——开办一家办公用品连锁店，这家企业价值（自 2016 年起）超过 60 亿美元。

创业故事 16-2

橡皮泥惊喜

或许，一个最广为人知的基于偶然事件创立新企业的案例就是橡皮泥（Silly Putty）的产生。这种材料是第二次世界大战期间在通用电气公司纽黑文实验室中一次创造合成橡胶的失败实验的产物。很多年来，通用电气公司一直考虑如何使其发挥使用价值。直到 1949 年，一位失业的广告商彼得·霍奇森发现，这种材料可以作为聚会娱乐的玩意儿。他发现这种有弹性的材料完全出乎意料，霍奇森充分利用了这次意外事件。当时他处于失业状态，并且有 12 000 美元的债务。但是，霍奇森看到了其中的商机，于是借了 147 美元生产了一批产品。他将其改名为"橡皮泥"（Silly Putty），并通过广泛的社会关系网络，成功地将这一形象展现在双日书店、内曼·马库斯百货商店及《纽约客》杂志中。出乎所有人的意料，橡皮泥销量飙升。霍奇森一路高歌猛进。在他 1976 年去世时，他的身价高达 1.4 亿美元。

创业故事 16-3

蔬菜惊喜

偶然事件经常随着与一个不期而遇的人见面而出现。这在杰克·辛普劳的创业经历中能够很好地体现。辛普劳在经济大萧条时期建立了一个储存及分选土豆与洋葱的商店。戴维·希尔弗（1985）讲述道：

1940 年的春天，杰克·辛普劳决定开车前往加利福尼亚州伯克利去探探究竟，为什么一个洋葱出口商有一单价值 8 400 美元的次品洋葱款项到期未支付……办公室的女孩说，老板不在公司。辛普劳说，没关系，我可以一直等到他来。

两个小时之后，10 点钟左右，一位满脸胡子的老人走进来。辛普劳还以为这是他的债主，并与他搭讪。然而，他的名字叫索科尔，只是过来询问一下为什么他的洋葱片和洋葱粉还没有到货。他们一直坐到中午，但是出口商一直没有来。

中午过后，辛普劳忽然想到一个主意。他邀请这位老人到伯克利酒店用餐，而这一餐决定了他的命运。"您想要洋葱粉和洋葱片，"辛普劳说，"我们有洋葱，我会烘干它们并且在爱达荷州加工成粉末和薄片。"

就这样，通过与索科尔一次意外的会面，辛普劳找到了商机，而他的企业继续发展并成为美国最大的农业企业之一。

理解不同种类的偶然事件

总体上说，偶然事件仅仅被看成一种可能性，可以发生也可以不发生。因此，偶然事件是非必然的，它们并不是一种逻辑需求。或者说，它们属于随机事件，或者没有特殊原因而发生的事件。

但这些机会事件会以各式各样的形式出现，因此，按照一些基本的方法将它们进行分类会很有用处。例如，尽管刚才讲的例子都属于偶然事件，但实际上，它们属于三类非常不同的事件。

未预料的人

第一类偶然事件是偶然与他人的会面。或许你会纯属巧合地遇到某个特殊的人，或许你们会面的谈话内容是未预料到的且可能有些随机性。这两种偶然事件在辛普劳与索科尔会面的故事中均有体现：辛普劳与索科尔不期而遇，并且在这次会面中，两个人开始了一场关于洋葱粉与洋葱片的未预料到的对话。有关创业研究表明，像辛普劳与索科尔这样的会面比你想象的更可能发生。

未预料的事件

历史学家经常探讨未预料的事件，该领域的研究众多，以至于出现了一种新的题材，采用反事实推理的方式假设历史的可能进程，也就是设想如果某事件没有发生，历史可能会是怎样的。第二类偶然事件（即未预料的事件）扮演重要角色的经典案例在战争史中有很多。战场上的一场大雨使拿破仑在滑铁卢的军队举步维艰，这就使得惠灵顿军队获胜；一场肆虐的海上风暴打散了西班牙无敌舰队，并使伊丽莎白的英格兰免遭攻击。

史蒂夫·马里奥特被抢劫的经历，在个人层面上是偶然事件的经典反面案例，而Zopa则是经济层面的案例。无论哪种方式，创业者都将这些事件转变成了新奇且有价值的事物。

未预料的信息

第三类偶然事件是未预料的信息。其中一个例子是未预料的信息改变了人们对"市场"的预期，就像我们将在本田公司的例子中看到的一样。新信息可能会以不同的方式呈现：在史泰博的故事中，是因为托马斯·斯坦伯格无法找到打印机色带才触发了一个重要信息，即在美国建立办公用品零售连锁店可以大有作为。

表16-1列示了本章8个故事中的偶然事件。综观此表，你会发现有些事件是积极的，而有些则是消极的。如果偶然事件最初看起来是积极的，人们通常将它们归因于"运气"——偶然发生的好事情。如果最初看起来它们是消极的，人们通常将这些偶然事件归为"墨菲定律"的例证，即该出错的地方，一定会出错。在后面，我们将向你展示如何充分利用这些偶然事件，无论它们最初是积极的还是消极的。

表16-1 无论积极还是消极，偶然事件都是资源

公司	偶然事件	改变了的资源	新的商机	创新的结果
未预料的事件				
Zopa	2009年金融危机	信贷市场受阻	发展个人借贷（P2P）	在新的领域得到发展
美国创业教育指导基金会	被市中心的青少年打劫	个人的恐惧	采取行动克服个人恐惧	在衰落的市中心区成为高中教师
未预料的信息				
Silly Putty	制造合成橡胶失败	具有柔韧性的灰泥	制作一种新的玩具	创造出延续了60年的产品
Contour	摩托车后视相机的需求有限	用相机"自拍"的使用方式	运动相机	摄影机的巨大市场
Railtex	铁路短程运输生意损失	认识到铁路短程运输生意失败的原因	做管理咨询工作	创造了铁路短程运输的新商业模式
史泰博	无法方便地买到办公用品	了解到对小公司来说，它们无法买到办公用品	向小公司卖办公用品的机遇	建立史泰博办公用品零售连锁店
未预料的人				
辛普劳	意外的会面	接触到有特殊需要的人	用现有的器材制作洋葱粉	在干果与蔬菜市场找到增长机遇
本田	西尔斯百货想要销售本田的轻便摩托车	未预料到该领域的需求	销售轻便摩托车	进入美国市场

创业故事 16-4

10 美元惊喜

有时,偶然事件以不幸的形式出现。在史蒂夫·马里奥特的案例中,他被 6 个青少年行凶抢劫就是突发事件。1981 年 9 月,马里奥特走在曼哈顿的下东区,突然,一群青少年将他包围,抽打他,将他撞倒在地上,并且威胁要将他扔到河里去。他们的目标是马里奥特身上的 10 美元。尽管这件事给马里奥特造成了很大的心理创伤,但是,他决心从此事中寻找一些积极元素,因此他决定在纽约附近做一名高中教师,通过在教育领域做出贡献,尽其所能提高市中心青少年的生活状况。教授学生如何挣钱的经历使他看到了把创业作为工具改变人们生活的潜力,因此,马里奥特创建了美国创业教育指导基金会,致力于教育他们通过创业创造美好生活。

创业故事 16-5

铁路惊喜

和本书中的很多故事一样,Railtex 公司的故事也是一个非常普通的例子。毕竟,铁路短程运输这种生意既不是最新颖的,也无法激起人们很大的兴趣。Railtex 公司的故事始于 1977 年,它的创始人布鲁斯·弗洛将自己的 5 万美元连同投资人的 5 万美元共同投资于得克萨斯州圣安东尼奥市的火车车皮租赁生意中。事实证明,投资火车车皮租赁并不是个好主意:5 年过去了,生意还是没有盈利,仅能勉强维持经营。公司现状迫使弗洛和他的团队开始通过为小型铁路公司提供管理咨询来获取更多的资金。管理咨询工作后来被证明是一次意外的好运:他们偶然发现,小型铁路公司急需良好的管理与市场营销,这个意外事件成为公司命运的转折点。弗洛不再为小型铁路公司提供咨询,而是开始收购它们,并改善它们的运营模式,通过为当地公司提供货运服务,将其发展壮大。从圣地亚哥和帝王谷开始,Railtex 公司持续兼并了几十个短程铁路运营公司，并于1993年上市，逐步成为美国最大的短程铁路运营商。

一　延　伸　阅　读

意外的创新

尽管管理者千方百计地降低新产品或服务开发过程中意外事件发生的可能性，但众所周知，运气因素在创新活动中起重要作用。在创业过程中，创业者似乎更是对幸运的降临抱有幻想。那么，他们如何才能提升其在创业之路上偶获好运的可能性呢？

我们可以从一篇文章中找到答案。这篇文章出自罗伯特·奥斯汀和他的同事，他们通过涵盖多种行业（从制鞋业到航空业再到百老汇戏剧）的20个案例，研究了创新者如何将偶然性整合到他们的工作当中。研究发现，一些创新者不仅勇于拥抱偶然性，还有意地设计环境和过程来创造"意外"。举个例子，一位陶瓷艺术家向研究者展示了一件精妙绝伦的作品，并补充说，他在创作过程中故意用木棍去敲打罐子，以创造出一个意料之外的效果。他自言自语道："噢，那简直太美妙了。"

研究者总结，令创新者拥抱偶然性的最大驱动力，是非生产性的偶然事件的成本。研究对象则说，他们所经历的大多数偶然事件都是不利的，对负面影响的承受能力决定了他们将"意外"带入其工作的程度（Austin et al., 2012）。

如何利用偶然事件

在我们目前所讲的例子中，有一点很重要：偶然事件本身不会自动塑造新企业的未来。相反，创业者要去利用偶然事件——他们必须采取某种行动对偶然事件做出回应。确实，创业者很擅长以使用价值为目的抓住这些偶然事件所呈现的令人惊讶之处，并且想出策略，创造性地利用它们创造出新的可能性。

在处理偶然事件时，有很多通用的方式，不妨考虑两种传统的方式及一种创业型方式：

- 适应式回应，指改变自己去适应偶然事件。例如，托马斯·斯坦伯格本可以将无法买到打印机色带看成是一个只需应对的挑战，而将打印商业计划的事情推迟到下周。
- 英雄式回应，指按照自己的偏好来改变世界。斯坦伯格可以将无法买到打印机色带看成需要克服的障碍——下定决心要打印出自己的商业计划。他可以全力以赴四处寻找打印机色带，把自家半径 50 英里⊖范围内的所有商店都搜寻一遍，直到找到卖打印机色带的商店为止。
- 创业式回应，它是一种不同的方式，它将偶然事件看成资源，或是创业活动的输入。在遇到偶然事件时，不是去简单地适应或克服它们，而是将这些偶然事件看成创新的财富。如果适应式回应多指"在盒子内思考"，英雄式回应就是"跳出盒子思考"，那么创业式回应则是某种更微妙的方式，它意识到"盒子"已经发生了变化，然后利用这个新盒子做一些创造性的事情。这里，我们所说的"盒子"可以看成创业时的投入。

有时，偶然事件是显而易见的积极事件；在这类事件中，创业者要做的就是投入其中，竭尽所能挖掘其潜能。然而，最具挑战性的偶然事件还是那些不幸的或消极的事件，例如史蒂夫·马里奥特在纽约遇到的行凶抢劫。正如这一案例所展现的，如果你有足够的创造力，总能以一种积极的方式去应对偶然事件。就像我们曾说的，偶然事件的关键点就在于创业者如何利用它们。

⊖ 1 英里≈1.61 千米。

图 16-1 给出了应对偶然事件的过程。

第一步是偶然事件本身,正如我们所讨论的,它可能以一次未预料的人、一个未预料的事件或未预料的信息等形式出现。

第二步就是意识到偶然事件通常会改变你的创业资源(你是谁、你知道什么和你认识谁),创业者可利用这些当下可用资源开始创建企业。

遇到一些新的人会改变"你认识谁",新的信息和偶然事件会改变"你知道什么"抑或"你是谁"。事实上,每个人都能被看成是由众多偶然事件塑造而成的。从长远来看,这些点滴的偶然事件塑造了我们的个性、知识结构及人际关系网。你可以回想一下自己的生活,以及所有那些塑造我们的事件、人及信息。偶然事件在大多数个体资源形成过程中扮演了重要的角色。因此,当偶然事件发生时,创业者应该首先考虑如何改变他们的创业资源,从而充分利用偶然事件。

图 16-1 从偶然事件到创新结果的路径

第三步就是形成一个应对偶然事件的可能行动。我们在这里列出的普遍利用偶然事件的方法,与从"创新式问题解决"的研究中得到的部分重要结论是相吻合的。这些研究表明,人们在创新性地解决问题时,有两个关键点。

第一,提出大量的解决方案。大体上说,对于一个给定的问题,你想出的可能的解决方案越多,就越有可能找到一种创新性的解决方式。对创业者来说,这就意味着你要想出尽可能多的方案去应对未预料到的人、事件或信息。

在大多数情况下,你可以有许多直接的、明显的、自发的反应,例如，与你遇到的新人合作（参照辛普劳遇到索科尔的案例）。而在其他情况下，没有很明显的事情去做，这时创业者就需要花时间构思各种各样的方案以采取行动。例如，史蒂夫·马里奥特不必立即决定去当一名高中老师，这个选择只是后来当他需要正视被抢劫的恐惧时才浮现出来的。

第二，改变问题界定的方式。对创业者来说，典型的方法是改变偶然事件呈现的方式：不是将偶然事件看成问题，而是换个角度将它们看成（伪装过度的）机会。例如，布鲁斯·弗洛将他从短途铁路业务遇到困难时所学到的东西应用到其他相似的业务中，从而创造了机会。

利用偶然事件过程的第四步是可能出现新的结果。我们只是说"可能"，尽管整个过程都非常有创意，但我们也不敢保证一定会出现新的、有价值的结果——这仅仅是某种可能性。利用偶然事件在于抓住创业者与他人交往中所产生的独一无二的可能性，这种可能性与其独一无二的特质、先前经验、关系网络、个性特征等有关，同时还与某一个特殊的偶然事件的交互作用有关。因为不同的人会以不同的方式应对不同的偶然事件，所以，这些交互作用往往是无法预测的。想一想：你可能会遇到一些意外状况，而你也会自然而然地做出意外的回应。这是一个双向创新的互动过程，也是偶然事件会在创业进程中制造出许多创新的原因。

创业故事 16-6

摩托惊喜

20 世纪 60 年代，当本田汽车公司刚进入美国摩托车市场时，本田公司认为，它应该从事大型摩托车的生产和销售。偶然有一天，本田公司的销售小组骑着轻便摩托车在洛杉矶穿梭时，被西尔斯百货的销售代表看见了，那个销售代表打电话给本田公司，称在美国销售轻便摩托车将会大有潜力。本田汽车公司利用了这个偶然得来的信息，为公司赢得了一个举足轻重的市场机遇。

那些改变世界的意料之外的反应

在本章中，我们强调了偶然事件中真正的价值来自创业者做出的创新回应。事实上，适用于创业的原则同样适用于为整个社会创造价值。其中，一个强有力的例证就是印度圣雄甘地的故事。甘地在 20 多岁时前往南非，想找一份律师工作。然而，令他始料未及的是，在那里他经历了南非对印度人的歧视。在因为种族歧视引发的一系列意外事件中，他曾被扔出了火车、公共马车，被拖出暴打并禁止进入旅店。这些种族歧视的经历深深地影响了甘地，并让他变成了一个社会活动家。很显然，在去南非之前，这不在他的计划之内。1906 年，德兰士瓦政府开始强迫印度人进行注册，甘地做出了一个全新的回应：没有呼吁暴力地抵抗，相反，他开始推行非暴力不合作运动，并因此闻名于世。他鼓励印度同胞烧掉他们的注册卡或拒绝注册，这些行为体现了甘地式回应的深层新意，那就是"蔑视"法律并且承受其带来的后果。南非政府对印度人和平抗议的强烈镇压激起了众怒，最终当局被迫妥协。这对甘地以及他的支持者来说是一个重要的标志性的胜利，是意料之外的反应能够改变世界的一个证明。

创业故事 16-7

从经济危机中创造价值

从 2009 年金融危机期间所有有关经济崩溃的新闻报道中，一个普通的读者可能会得出这样的结论：在某些时候，社会上可能会仅存有最原始交易的活动。信贷市场受阻使得企业和银行都无法高效地运行，我们有时只能在个体之间寻求信用，这就好似带我们回到了亚当·斯密之前的几千年。

旧主意，新机会

金融危机？对贾尔斯·安德鲁斯来说可不是这样。他不是住在洞穴里的野人，更不是勒德分子。但是，作为Zopa（谈判术语"可达成协议空间"（zone of possible agreement）的英文缩写）的总裁以及联合创始人，他从我们中世纪的交易祖先那里"偷"来了一个旧主意，并以此创立了一家现代企业。这家企业因信贷危机而兴盛，并逐渐发展壮大。这个旧主意就是个人间借贷（它还有一个新潮的叫法P2P）。Zopa成立于2005年，它提供了一个简单的网络市场，将个人贷款者与个人资金需求者联系起来。它的运作与eBay十分类似，在这里，借款人可以发布他们的资金需求，在之前的交易中进行信用评级，如果运气好的话，可以接收到Zopa社区中的一个或许多人提供的资金。

众人的力量

Zopa具有标志性的原因是它与银行截然不同。它是这样运作的：假设Jamesrw（Zopa用户名）打算借10 100欧元，一部分用来还清一笔现有的贷款，另一部分用来投资他的广告咨询公司。他从许多人那里收到借款，例如，Finkerxyz1（Zopa用户名）以12%的年利率借出了20欧元。Finkerxyz1向许多个体借款人发放小额贷款，将贷款的风险分散到他们每个人身上。安德鲁斯知道大多违约发生在大额贷款上，因此Zopa将交易金额限制在15 000欧元以内。到目前为止，全部贷款交易的违约率仅为0.1%，这比银行的贷款交易违约率还要低。

解决方案变业务

有些人可能会说，金融危机期间不是创业的好时机。然而，像索尼和宝洁这样的老牌公司就是在金融危机期间起步的。从创业专家身上我们可以观察到一种优秀的能力，那就是面对难题时转化思路，想象出不利的意外事件应如何为新的机会提供基础。就像安德鲁斯在银行衰败时反而在银行业获得成功一样，从能源危机到营养不良危机，都为做出积极影响和赚钱同时提供了机会。你会在哪种危机中大展身手呢？

创业过程中的偶然事件是资源

延伸阅读

在一系列文章中，Harmeling 和 Sarasvathy（2013）认为，创业精神的一个显著特征是创业者对待偶然事件的方式。随机事件、事故和偶然事件可能在新企业中发挥重要作用的观念有着悠久的历史。但研究认为，关键问题不是在创业过程中是否会发生偶然事件（因为总会有意外发生），而是创业者如何应对这些事件。偶然事件对创业来说应该是资源性的。通过将偶然事件作为创业过程的输入吸纳进来，可以利用偶然事件（可能是"好"的，也可能是"坏"的）。

对偶然事件做出或多或少的创业式回应的观念源于这样一种观察，即个人对自身所产生影响的信念各不相同。有些人认为，比起别人，他们对自己的命运有更多的控制（Harmeling and Sarasvathy, 2013）。

创业故事 16-8
一波三折

戴过摩托车头盔的人都知道，它会阻碍你的视线，尤其是身后的视线。这样可不太妙，因为当你骑着摩托车穿梭在有汽车、卡车以及公交车的高速公路上时，良好的视线是必不可少的。因此，马克·巴罗斯在华盛顿州西雅图做了任何一个普通大学生都能做的事情：他用自己的学生贷款，和同学创办了一家公司，做技术类的工作。他们将一个摄影机固定在摩托车后面，并将其连接到一个小型 LCD 显示屏上，这个显示屏可由骑行者安装在摩托车油箱上。这可以称得上是一个完美的后视镜。

错误的方向

但十分不幸，这并未成为一项完美的事业。虽然摩托车零售商对这个产品表现出极大的兴趣，但它的销量增长缓慢。有趣的是，巴罗斯观察到他的客户虽然眼睛盯着后视镜显示屏，却是在做一些他未预料到的事情。他们不是为了安全才使用这个摄影机，而是为了乐趣：他们用摄影机记录朋友们做自行车前轮离地的平衡特技或比赛做出完美的过弯压车动作。

转变方向

这样，巴罗斯和他的合作伙伴便有了利用这个偶然事件的机会。他们不再出于安全考虑，而是站在娱乐视频的角度来看待这个产品，这就意味着他们必须做出许多改变。这台摄影机必须使骑行者在摩托车上能进行"非手持"操作，也可穿戴在身体或其他设备上，而且令使用者很容易在网上分享编辑后的视频。在一家本土设计公司的帮助下，这个团队重新设计了自己的产品。

建立速度

随着VholdR相机的出现，需求加速增长，以至于公司不得不停止接受预订，这样团队才能赶上生产进度。2008年全球消费电子展（CES）举办，他们获得了第一个CES创新奖、来自世界各地的订单以及一系列客户使用摄影机的新方法：使用者会把它绑在护具上，以记录攀岩的过程；把它系在足球队服上，以运动员的视角记录一场足球比赛；把它戴在护目镜上，以记录滑雪过程中如史诗般磅礴的景象。

创业视角

在摄影机的背后，巴罗斯为我们展现了来自一位智慧的创业者的普适且独特的视角。他让我们认识到新的产品、公司甚至是市场都不是靠想象就能形成的，而是与客户合作的结果。独特的是，他向我们展示了利用偶然事件做一些与最初想法大相径庭的事情所带来的潜力：利用2003年在宿舍中产生的一个产品创意Contour，逐步发展出一家优秀的创意消费产品公司。偶然事件就是像这样派上用场的。

下一场征途

故事并没有结束。巴罗斯及其团队继续进行创新，推出了第一台

1080px 相机、第一台高清相机以及第一款结合了高清相机与 GPS 的产品，这一切都来自他们对客户需求的洞察：客户想要简单地向朋友们展示他们所做的事情。巴罗斯及其团队的见解会被证明是正确的吗？有可能，但真正的问题是他们是否会继续以创业的方式行动——通过与客户进行交互，并利用偶然事件来创造新产品；或者成功是否会鼓舞他们将其视野投向市场。我们只会知道我们何时有机会使用后视镜摄影机。

让偶然事件听你指挥

这听起来可能是自相矛盾的，但你可以为偶然事件做准备。确实，你可以采取一些措施来提高你用积极方式应对遇到的偶然事件的概率。这些行动或思维方式对有经验的创业者来说，似乎已经或多或少成为他们下意识或自动的行为。

编织人际关系网

信息通常从与人的交往中获得。因此，社交活动与信息的获取和定位有重要的联系。在某种程度上，有经验的创业者拥有更丰富的人际关系网络，这会使他们接触到更多的信息，从而增加遇到偶然事件的可能性。这说明，创业者应该积极参加社交活动，使得偶然事件更可能发生。索尼公司奉行"走动式"管理的董事长对此就亲力亲为。正是他在不同业务团队中的"漫游"，使得两种完全不相干的工程技术相互联系了起来，最终创造出了随身听的扬声器系统。所以，作为创业者，你可以通过有意地参与社交活动而提高遇到偶然事件的可能性。

对经验的开放性

接触偶然事件可能还与一定的性格特征有关，这种性格特征在人们接受并且充分利用偶然事件中有一定作用。有关创业心理学的研究表明，与经理人员相比，创业者在对经验的开放性上得分更高。对经验的开放性是指求知欲以及对体验新事物的倾向。这样的个体或许更容易接受并且欢迎偶然事件与新的信息，因此更可能将这些事件看成行动的机遇。从某种意义上说，这些个体对偶然事件表现出兴趣。因此，另一个增加接触偶然事件的方法是有意地培养对新事物的兴趣。

机会构建

一些创业研究表明，在创业者眼中，世界更多地呈现出机会而不是潜在的威胁。这种倾向与我们在经理人员中的发现是相反的，在他们眼中，特定情形中的威胁远多于机会。这种不同的反应方式可能与创业者建构情境的不同方式有关，进而也与他们所关注的信息有关。我们不知道是什么促使人们对事物产生不同的看法，一个可能的解释是人们的世界观及人生观各不相同。如果你认为世界非常难以改变，那你更可能将偶然事件视为威胁并且让自己适应它们。相反，如果你将世界看成是可以自由改变的，那你可能将偶然事件看成是一种塑造未来的暗示。

结语：对自己能够有所作为充满自信

很多创业者的"幸存"经历表明，通过偶然事件甚至是不幸的意外遭遇，创业者不仅在短期内让自己幸存了下来，而且产生新的创业机会，为之后长期事业的腾飞奠定了基础。因此，曾经很好地利用过偶然事件的创业者当然对自己的能力更有自信，在面对未来不可预料的事情上忧虑更少。这里的一个启示是，提高你遇到偶然事件的概率的另一种方法是培养自己的自我效能感，认可自己有所作为的能力并保持信心（无论自己的行为结果可能会产生多么微不足道的影响）。

现在怎么办

对你正在发展的机会来说，你先要识别出已经利用的偶然事件。如果没有的话，反思一下你是不是在与市场或合作伙伴的互动中不够积极。

- 即兴任务：假设在你所掌握的工具或手段中，现在增加了一项新的技能。提出一个你正在酝酿的问题并抛硬币来"确定"结果，在你所能承担得起的承诺的基础上，再增加6个月的承诺期。现在提出三个想法，如何通过这些偶然事件改变你的机会。
- 将你的可承受损失减少至500美元，然后做出调整。
- 解决你面临的最大"问题"，然后通过由此掌握的手段为你的机会创造一个全新的方向。
- 考虑是否可以直接朝这些新的方向发展。
- 在开发机会时，反思一下你是否考虑到运气的因素。

金 玉 良 言

你一定会遇到偶然事件，你逃也逃不掉。对偶然事件的创新利用是创业者必备的技能之一。你需要找到从偶然事件中探索学习并将它们作为新的工具使用以及考虑方向发生根本变化的方法。

深 入 思 考

- 你如何判断你听到的是"噪声"还是你没有预想到的事物的实际信号？
- 如果所有的偶然事件一团糟，那么，什么时候坚持到底和什么时候及时撤离，你如何选择？
- 可承受损失如何有助于你对偶然事件的充分利用？
- 什么会导致一个特定的偶然事件看起来消极而非积极？这是固有的还是意外发生的？

第 17 章　汇总：效果逻辑过程

效果逻辑的各个原则都可以单独运用。将这些原则进行汇总，就形成了一套逻辑，能够让人们为这个世界创造出无限可能的人造物（artefacts）。

> **本章概要**
> - 效果逻辑过程
> - 效果逻辑过程中的迭代
> - 行动中的效果逻辑：冰人降临
> - 结语：承诺的重要性

本章致力于解释资源或工具、可承受损失、合作关系以及偶然事件之间连接的过程。有多少个创业者，就有多少种创业途径，但与利益相关者共同创建新企业时，效果逻辑的创业者共享一条通行的路线。

当我们解析这个过程的时候，你将会进一步认识到其中的步骤，也就是这些原则。本章还会探讨一些新的因素，它们都是由一系列效果逻辑的承诺所引发的看似矛盾的结果。一方面，这个过程能为公司带来更多可利用的资源；另一方面，通过固化公司目标或使目标变得越来越具体，这个过程也会限制公司的发展。

到这一章，你应该已经看出效果逻辑与因果逻辑之间的内在冲突了。随着基于效果逻辑的关系网络辐射到越来越多的外部世界，它的奏效水平也会下降，慢慢就形成了一个边界明晰的新市场。

从某种程度上说，创业环境中的变化会给创业者带来新的工具，从而得以重新激活效果逻辑循环。而那些未能带来承诺的互动，就没必要继续发展下去，至少暂时看来是这样。但是，足够成功的迭代可以带来足够充分和彻底的承诺。目标已经显现，创业想法现在变成了一个新企业。

创业的结果与创业者在创业伊始所想象的有可能一致，也有可能有所出入，而且在这个转换过程中可能会经历或多或少的迭代，因此，这个过程与其说像是一张地图，倒不如说更像是一个引擎。

效果逻辑过程

我们根据创业者在这个过程中的普遍行事方式来展开本章的内容。创业者所掌握的资源或工具是起点。当创业者开始与他人互动时，行动才真正开始。有时，互动的起点是一个想法，是创业者用以开始互动的临时性的目标。有时，互动是当创业者确定了与互动者共事的可能性时，以"我们能做什么"的形式展开的。然而，如果没有承诺的话，任何互动都会终止。在这种情况下，创业者与其特定的互动对象所设想的机会则被搁置了。互动或许也会引发承诺。就像我们之前说过的一样，承诺有着两方面的影响。一方面，随着利益相关者加入创业过程，创业者的资源或工具会增加，这就意味着资源或工具提供的可能性手段也会增加。另一方面，伴随着承诺而形成的新目标增加了塑造新企业的约束条件，引导新企业朝着特定方向发展。在这个循环中的任何时间点，无法预料的事件、信息以及人都有可能改变当前创业活动所处的环境。这些情境要素发挥的作用与承诺的作用完全类似。首先，它们提供了新的资源，即创业者可以用来拓展新事业可能性的新手段；其次，它们也带来了新的约束，也许会使企业朝着更明确的方向发展。

效果逻辑过程中的迭代

这个过程可能会循环一次或多次。如果没有利益相关者愿意做出承诺，可能连一次单一的循环都无法完成。但若给予运作的空间，这个过程可能会产生各种不同的可能性以及预料不到的结果。在图17-1中，我们将新的公司、市场以及产品作为标志来示意结果的可能形式。到目前为止，应该可以很容易看出，一旦积累了足够多的约束条件，所有的人、资源、客户和合作伙伴都需要履行决定其方向的承诺，这时，新企业得以形成并投入运营，但这个过程还可能带来新知识、新愿景、新喜好和新厌恶。当创业者通过一系列迭代将新企业或产品销售出去，并继续创造他们的下一款产品甚至开始下一次创业时，上述这些新知识、愿景和爱憎也将融入未来的新迭代当中。

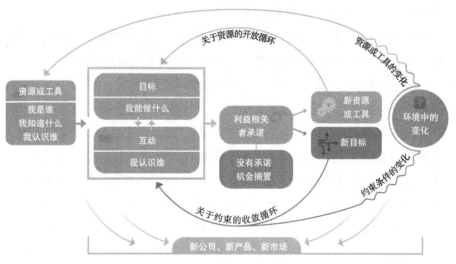

图17-1　效果逻辑过程

行动中的效果逻辑：冰人降临

英韦·贝里奎斯特（Yngve Bergqvist）在瑞典基律纳的一家矿业公司工作了5年后，他意识到自己并不想一辈子为大公司打工。他的同事毫无工作热情，这让他很受刺激。同事之间都以员工编号相互称呼，他觉得这样没有人情味且令人讨厌。英韦酷爱户外运动，他常去漂流，以此发泄工作中的苦闷。一天，一名游客想跟英韦搭一程船，就这样，他偶然走上了创业之路。从那之后，他每个周末早上都会去游客咨询处，并且总能找到客户。英韦最后从那家矿业公司辞职，逐渐扩大自己的漂流业务，最后他拥有了 40 名在夏季工作的员工和 30 条船。

但是瑞典的夏天很短，而冬天想在托尔讷河上漂流是不可能的，尤其对新手来说，因为河水会冻住。英韦想找份冬天能做的工作，他听说冬季会有日本游客到阿拉斯加看北极光，就想做进一步的了解。1988 年，他去了日本的札幌和北海道参加冰雪节，在那里，他遇到了来自日本旭川的雕刻家。酒过三巡菜过五味，两人便计划着在瑞典开一家冬季冰雕坊。这个冰雕坊后来受到了媒体的广泛关注，各国的艺术家、游客都慕名前来，就连本地人也都蜂拥前往尤卡斯加维村。

回忆起这件事，英韦表示前一天夜晚天气还是很冷的。他的家人看着美丽的冰雕渐渐成型，都很激动。村里的当地人也都去拍照留念。

据英韦回忆，"第二天早上 6 点我起床时，听到奇怪的声响，我简直不敢相信……竟然下雨了，气温有 7℃。"冰雕工作坊计划 11 点开业，雕刻家也不知所措。英韦没有打算力挽狂澜，而是大手一挥，"随它去吧，我们在废墟之上再建辉煌。"这一"辉煌"就是冰旅馆，是英韦的代表作。冰旅馆是每年冬天取用托尔讷河上的冰建造而成的，他夏天仍然在那里经营漂流之旅的业务。冰旅馆用上了他在冰雕工作坊学到的所有技术。在瑞典旅游委员会的朋友把英韦介绍给了日本北方旅行社的老板坂田。两人自然而然地结成了合作关系，坂田新增了由日本到尤卡斯加维村的旅行，而英韦则向坂田的客户提供了在瑞典拉普兰独一无二的旅行，人们可以体验冰上钓鱼、在冰教堂结婚，就连冰旅馆建筑本身，他们都觉得是艺术奇迹。

当英韦的冰雕展遇上雨天时，他也不乏对付这个不速之客的办法。英韦可以选择回到原来的矿业公司，或者继续做夏天的漂流生意；他的员工也看出了这个严重受天气影响的计划有多不靠谱，他们大可以改行，减少个人损失,但他们都没有这么做。相反,他们捡起雕冰工具,递给前来参观的游客和媒体人,让他们自己选择学习冰雕艺术或是自己做冰屋。夜幕降临,忙于建造冰屋的这群人开始邀请其他人在他们的作品中度过一晚。出乎意料的是,冰屋里既不冷也不黑,相反,透过半透明的冰照射进来的光,使整个冰屋闪闪发亮,有种独特的美。

　　正是雕刻家和游客之间的合作关系才真正成就了冰旅馆。在这一过程中既没有花费任何资金,也没有大额风险投资的资金投入,只有络绎不绝的人年年来建造新的冰屋。为说明冰旅馆故事中的效果逻辑过程,我们画出效果合作关系及行为的发展顺序(见图17-2)。

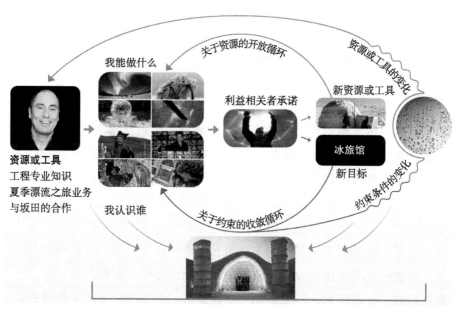

图 17-2　冰旅馆的效果逻辑过程

　　英韦没有止步于冰旅馆的成功,这次建造企业的"第一回合"给了他很多新思路。早在最初的冰雕展时,英韦就想把自己的品牌和另外一个瑞典品牌结合起来,这就是高档的伏特加品牌"绝对伏特加"。他给绝对伏特加的生产商写信表达过想结成合作关系的意愿。起初,绝对伏特加并没有兴趣和远在瑞典北方的环保建筑冰屋合作,但英韦一直坚持不懈,终于得到了好运的垂青。

冰旅馆将一尊巨大的绝对伏特加酒瓶冰雕作为主打展品。在一篇新闻稿中，一张酒瓶的照片引起了绝对伏特加公司的注意。绝对伏特加公司一开始很生气（因为该雕塑并没有获得他们的批准），后来慢慢发现了这一合作关系中的巨大潜力，他们对合作的渴望程度后来甚至远远超过了冰旅馆。

最终，环保主义者和世界第四大酒品牌合作构思了新创意——在世界各地的主要城市开设冰酒吧，并同冰旅馆一样，取用来自托尔讷河的冰做建材。

冰酒吧的室内温度维持在零下5℃，邀请来自世界各国的著名艺术家和设计师来设计酒吧，并且每半年更新一次。就像冰旅馆一样，里面所有的东西，包括吧台、高脚凳、酒杯、舞池，都是冰做的。第一家冰酒吧还坐落在冰旅馆内，如今，在许多城市，从哥本哈根到东京，从拉斯维加斯到迪拜，你都可以一览冰酒吧的奇迹。

太空冰

在冰旅馆和绝对伏特加的合作下，冰已成为瑞典最大的出口产品。两家企业的成功已足以让英韦·贝里奎斯特停下来专心做眼前的生意了，然而最令人意想不到的合伙人才刚刚出现。冰旅馆已经决定和维珍银河公司共同开展太空旅行业务。基律纳是欧洲航天局太空站的基地，维珍银河公司计划运作的太空旅行就是从这个基地出发的。太空旅行可以让游客看到冬季的极光和夏季的午夜阳光。维珍银河公司一直在寻找可信的太空旅行代理来接受预订，而冰旅馆也计划为旅客提供新增旅行，于是就促成了一段新的合作关系和一项新业务。谁知道接下来又会发生什么呢？

结语：承诺的重要性

冰旅馆的例子让我们了解到利益相关者的承诺是如何塑造企业的。最早的利益相关者（英韦、游客咨询处、雕刻家、记者媒体和旅行社）之间的相互承诺促成了人脉网络，最终将一个萌发的想法转化为新市场。

英韦和他的早期合伙人都不知道最终产品会是什么样子以及是否有价值。如前面所述，市场就是合作伙伴之间不断互动的结果，这是在他们开始行动的过程中逐渐出现的。通过行动，利益相关者协商未来企业的创立和具体模式。

这种协商会继续下去，好像一切皆有可能。事情总会不断地出现转机，并令涉及的每一个人都感到惊喜连连。这就是行动中的效果逻辑。

现在怎么办

- 对于你正在探索的机会，使用效果逻辑过程来描绘一下你目前的过程。
- 你经历了多少次循环路线？
- 你经历过什么样的死胡同？
- 过程中产生了哪些新的资源或工具？
- 你现在的哪些努力与效果逻辑过程仍不匹配？
- 在你努力的过程中，哪种效果逻辑原则运用得最少？

金玉良言

效果逻辑的原则在本章中汇总呈现，你需要从整体上理解本章中两张图所描绘的过程。

深入思考

- 以后见之明的视角，分析在因果逻辑下如何修改冰旅馆的创业故事。
- 这个（因果逻辑）故事听起来会更熟悉吗？通常回头看会发现，每件事看上去都那么清晰、直接和显而易见。其实，像英雄一样的创业者、有远见的预测等，其背后都隐藏着效果逻辑。
- 运用效果逻辑，真的能够创建大型的新企业吗？还是只会产生循序渐进的小创意呢？

第四部分

正在创业的我，能走多远

在海上巨轮竞赛中，随着船体长度、航行距离、船员人数的增加，比赛中受伤、遭受巨大损失甚至失去生命的概率呈指数级增长。这也正是海上巨轮竞赛既复杂又令人着迷的原因。

上面这段文字摘自对《试验场》（Knecht，2002）一书的评论。这本书真实地记录了1998年悉尼至霍巴特的帆船赛。当时，115条船从悉尼出发，而到达目的地时只剩下43条。一场突如其来的飓风，以及随之而来的24米高的巨浪重击了船队，6名船员身亡，55名船员被营救并得以生还。

创业就像驾驶船。现在这条船已顺利通过了多礁的海域，但又面临新的挑战。企业不断壮大，你还愿意继续留下吗？企业愿意让你继续留下吗？无须惊讶，大企业服务于成熟市场，预测在公司运营中占主导地位，然而那些你在创建新企业、新市场和新产品时所用的方法在公司壮大以后貌似行不通了。这也是许多创业者在扩大企业规模后选择退出企业并寻找新机会的原因。选择退出的创业者，或是自己退出公司，或是将公司出售。不管哪种方式，像微软公司的比尔·盖茨那样，当公司发展成熟时仍领导公司的创业者比较少见。盖茨在创业之初运用非预测性策略，而在微软壮大之后迅速转换思维方式，开始有效运用预测。不过，大部分创业者都离开了公司，或者被炒鱿鱼。这是创业者可能会选择的三条路中的两条。第三条是重新创业，在第1章中我们已经详细讲解过了。我们想强调的是，成功创业者的可利用资源已显著增加，所以，虽然有创业者认为继续经营公司（在他们看来，公司就是自己的孩子）会让自己陷入困境，但事实上，此时创业者面临着比刚开始创业时更多的选择。不管你为企业和个人成功指出的方向是什么，我们都希望你能在本书中找到适合自己的内容。

第 18 章　所有权、股份与控制权：管理股东

> 本质上看，你是在评估尚未发生的事情的价值以及 CEO 和创业团队使其发生的可能性。金融人士会觉得这件事不靠谱，但是在这方面做得好的投资人的确赚到了大钱。
>
> ——马克·安德森在 Twitter 上分享投资窍门

:本 章 概 要:

- 所有权能带来什么
- 何时以及如何利用股份
- 没有所有权的控制和没有控制的所有权
- 所有权的目的
- 建立公平的合作伙伴关系
- 将企业估值转换成控制权
- 投资协议：一切皆可谈判
- 从投资者的视角看天使投资人
- 结语：优秀的合作伙伴关系缔造优秀的企业

当你考虑创业并且有不同的股东参与进来时，特别是当这些股东将要成为你企业的正式投资人时，你有必要先了解所有权和控制权的区别。大

部分人认为二者没什么区别，并很自然地把重心放在如何保留股权（所有权）上，以便掌握控制权。本章要求你深入思考，你究竟想从企业中获得什么。你是想要所有权还是控制权？二者有何区别？应该如何获得？所有权和控制权如何帮你建立起对所有利益相关者都有利的合作伙伴关系？

从表面上看，所有权和控制权之间的关系似乎是明显的。举例来说，如果你拥有公司半数以上的股份，你就有公司的控制权，至少从理论上讲，你可以操控从日常经营到对新公司整体的设计和指挥。而风险投资人对此了解得更深，他们明白公司决策权是他们与创业者之间必须明确的原则问题，也是一定要包含在合同中的内容。例如，为了防范公司破产风险，他们会谈判假如公司破产时资产如何分配等这样一些具体的权益问题，还会讨论细化到何时何地能够筹集到后续运营需要的资金，甚至会深入到在什么情况下可以解雇执行总裁和高层管理人员等。另外，他们还会成立董事会来对各种事宜进行投票表决。他们可以做所有这一切，而且只需要拥有公司少量的股份就可以了。

因此，拥有所有权并不意味着能够控制公司。

即使是掌握苹果公司大量控制权的史蒂夫·乔布斯，在 2011 年去世时，也只拥有不到 1% 的公司股份。

本章会帮你发现在所有权和控制权方面你能拥有的不同的替代选择。这些选择能够给你更多机会来建立摩擦少且更高效的合作伙伴关系。

所有权能带来什么

如果所有权无法自动带给你控制权和决策权，那么它能给你什么？答案就是：剩余索取权。

剩余索取权是指合同上规定的所有的权利和义务都实现后对剩余价值的索取。简而言之，剩余索取权可令企业所有者在支付所有合约报酬和账单后拥有余下的所有东西。例如，如果对公司进行清算，要先偿还债务持有人、优先股股东以及合同中规定明确享有权利的人，而后才顾及普通股股东。

何时以及如何利用股份

Castor & Pollux 的例子告诉了我们为什么不能只想着尽可能多地独占公司股份。相反,你要仔细思考如何利用股份——什么时候将其分给别人、分多少、如何制定合同条款等。股权、决策权、时间和现金流对于创业专家来说正如颜料、画刀、刷子对艺术家一样重要。我们通过一些例子看一看如何能够好好地利用股权(普通股和优先股),而不仅仅是靠售卖企业股票。

(1)你可以通过签订合适的合同条款跟别人分享企业的收益,而不必放弃企业决策权。也就是说,投资人和其他利益相关者有资格享有企业一部分收益(或大或小),但无权决定公司的任何管理事宜。

(2)你可以暂时出售公司股份,并享有在达到特定发展目标后再将股份赎买回来的权利。这种条件通常与短期债务和贷款紧密相连。

(3)你可以以股份为条件吸引优秀的合伙人参与创业,用股份调整每个人的利益,而将日常管理的控制权以合同条款的形式保留在自己手中。在任一给定的时间点,你确切想要什么或需要什么来构建企业,这些决定都取决于你。有时你可能会发现,面对不确定的偶然事件做决策的能力要比公司的日常管理能力更有价值。基于公司发展的方向,拥有企业更大份额收益的权利,可能要比日常管理操作的控制权更重要。但在某些情况下,你可能会更想让出部分股份来吸引优秀人才加入董事会,并和这些利益相关者共享一起做大的蛋糕。

最后,最终的决定权在你手中。在你创建企业并确保优秀的咨询师给出专业性建议的过程中,你就会做出明确的判断了。但是在你决定前,一定要明白企业所有权和控制权的细微区别,这一点至关重要。

> **Castor & Pollux 为了筹资还可以做什么**
>
> 想象一下,如果你是 Castor & Pollux 的创始人,想为一个已经成熟的计划寻求投资。思考以下问题,看看你能想出多少方案:

- 你还能在什么地方找到其他潜在的资金来源？
- 你需要给他们提供什么？
- 你将如何接触他们？
- 他们想从你身上得到什么？

狗会吃狗粮吗

检验你的创意，同时获得投资

有时和消费者、供应商一起发展业务比筹资来得更容易。那为什么不直接把手头的产品卖掉而非要筹资呢？其实你会发现自己完全可以直接把产品销售出去，这样既会给自己的商业计划增加可信度，也会提高企业自身的能力。从潜在客户那里得到肯定的答案并非易事，从投资人那里得到也不简单。不同的是，给出肯定答案的客户不需要股份，却可以带来需求。

普通股和优先股

这两种形式的股份都可以使股东拥有公司的所有权，其不同之处在于优先股通常使股东获得更高利率的股息，并且优先股股东破产清算的清偿顺序位于普通股股东之前。

创业故事 18-1

与投资人风险共担

Castor & Pollux 是一家生产有机狗粮的公司，生意很成功。建立该公司的创业者在宠物食品行业很有经验，决定引进大笔天使投资来抓住他们看好的一个巨大的机遇。这一决定要求他们出让公司 1/3 的股份、董事会席位以及部分决策权。

对小狗的喜爱

在刚开始的几年里,他们有效利用早期资金,收入翻番。5年间,他们搬了公司,更新了设备,增添了人员,更换了包装,扩大了市场。

在一个特定时点,早期投资人想将自己的股份变现,同时,公司也在吸引可以带来新经验并愿意以更高的价格买下早期投资人股份的后期私人投资者。创业者持有公司股份的比例在不断下降。

强悍的大狗

如今,该创业团队所持有的股份已经远低于公司股份的一半,但他们还保持着对日常运营的实质控制。诸如新一轮融资、新董事会成员、新经理人、运营策略的转变、大笔资金的用途等问题是由更大范围内的利益相关者(包括新进投资人、早期投资人、贷方、消费者、供应商及员工)共同决定的。当然,他们会凭借自己敏锐的洞察力严格监督这一切决策。

精神食粮

除了分享股份以外,激励别人和你一起开创公司、打开市场、推销产品的方法还有很多,你可以给合作伙伴部分企业收益或者将公司产品打折出售给他们,而不一定要分享股份。你可以按比例给他们更高的工资而不是分享公司的股份。对于新员工来说,升职或者提供条件更好的办公室都可以代替股份。如果你想牢牢抓住股份,那就考虑采用以上方法来留住利益相关者吧。

无论你有多么偏执,大多数的外部利益相关者甚至风险投资人都不想控制你的企业,尽管他们想获得股份。他们想在低迷时期获得保护,在情况好转时能够最优地参与——切下与他们的投资胃口相匹配的蛋糕。

没有所有权的控制和没有控制的所有权

控制就是决定各种资源用途的能力。何时利用控制权?控制到什程度？要达到什么目的？通过什么样的过程？其实从来都没有绝对的控制，不同的决策需要不同的参与者。在某些决策上你拥有的是发言权，在某些决策上你拥有的是决定权。控制不是那么简单的事。

所有权与控制权有关，但它并不是控制权。这对上市公司来说尤为明显：如果你拥有一家合资公司或是几家上市公司，那么你对它们几乎没有控制权。关于代理理论，有一整套的学术研究，研究表明，公司所有者一般都不掌握公司运营的控制权，而是将控制权转交给代理人，比如执行总裁。因此，一个人完全可以掌握一家大公司的控制权，而只掌握少许的所有权，或者压根没有所有权都是可能的。那么究竟什么叫"控制"公司？如果你有公司全部的股份，那很显然你对公司有很大的控制权，但就算这样，你也没有对整个公司 100% 的控制权；你只拥有引导企业在应对其他利益相关者的行动时如何做出反应的控制权。

"恭喜你成为合伙人，你将为公司承担 20 万英镑的损失。"

代理理论

〡延〡伸〡阅〡读〡

土地所有者和劳动者之间的动机差别一直都很引人注目，至少从大地主和农民的封建时代起就受到关注。劳动者想尽可能少干活、多拿钱，而土地所有者则希望以尽可能少的工资换来尽可能大的产量。

管理学者把所有者称为"委托人"，把劳动者称为"代理人"，代理人代表委托人工作。地主尽力通过只收取农民生产的粮食的一部分以解决动机差别的代理问题。这样，农民就有多产的动力——他们产得越多，

> 受益就越大。而现今的公司股份分配也是这个道理。向代理人提供高效生产的动机是企业所有者即创始人或投资者的目标。股权有很强的激励性，因为代理人直接从他们所创造的价值中获益。还有很多克服代理问题的其他方法，这种收益可以是物质报酬，如涨工资和奖金，也可以是无形的回报，如升职、分配更有意义的工作任务或者工作成果得到认同等。

想想消费者、贷方、投资人、共同创业者，以及他们凭借对企业的承诺所换来的所有权和控制权。

消费者可能并不持有你公司的股份，但是他们以自身的影响力发挥了很大的"控制权"，尤其是在公司发展的早期阶段。

贷方可能也没有公司的所有权，但是在资金的使用方面有很强的控制权，这样也会多少控制公司的其他方面。然而就算没有全部的所有权，一旦出现财务问题，贷方也可以全权控制整个公司。投资人的权利范围取决于他们的所有权，而其所有权是通过向你提供资金买到的，并转化为控制权。实际上，不同风险投资人的所有权、具体权利和对公司处境的控制本质上并不完全相同。这就是问题的关键：在分配所有权和控制权上，你可以有多种选择。

所有权的目的

所有权有两个用处：奖励风险承担者和激励高业绩。这两个用处之间有一个关键的差别，即前者针对过去，而后者针对将来。所有权应该分给那些为你的企业提供资源同时又承担风险的人。当然奖励手段也并非仅限于分享所有权，他们的付出通常可以用薪水、订单等来补偿。在创业初期，分享所有权更常用于奖励风险承担者。

早期投资人通常不会买断创业者所有的股份。尽管他们想要获取创业成功所带来的尽可能多的回报，但他们清楚地知道保持创业者的积极性和承诺更为重要。随着企业不断成长，关于如何分配股权的"经验法则"也会丰富起来。你可以在网络上搜索到最新的各种评论。本书奉上一条基本的分配法则，全当抛砖引玉。该法则很常见，也有一定的道理：股份的 1/3 分给创始人团队，1/3 分给风险投资人，还有 1/3 分给公司员工。该法则虽然常见，但并非定律，你也可以将公司 2/3 的资本花在吸引资源上。

> **早期投资人**
>
> **早期投资人在进行投资前如何了解创业者：**
> - 推荐人：投资人通过值得信赖的、对创业者有一定了解的人的推荐来了解创业者的能力和动机。
> - 沟通：和创业者多见几面。可以问些私人问题，如你想变得富有吗？你想获得控制权吗？你是什么类型的领导者？你怎样处理危机，又如何得知危机？
>
> **早期投资人如何看待投资新公司：**
> - 时间：你也许急着筹钱，但投资人并不急着给钱。为什么要着急呢？融资一般需要 6～12 个月，在这段时间里，投资人会判断你是否会不遗余力地兑现承诺。
> - 委员会：听取其他投资人、风险投资公司的合伙人以及其他创业者对你的评价。

建立公平的合作伙伴关系

如果每个人都做出同样多的贡献，都分得同样多的股份，就不会出现争议。但如果有的合伙人能比别人为公司带来更多的收入、人才、信誉和资源，你又该如何分配股份呢？

对于众多创业者所追求的分配细节问题，并没有一个标准答案。我们能告诉你的是，在分配所有权时要让风险承担者觉得自己的付出得到了应有的回报，并让他们有动力继续将时间、才干和资源投入公司。公平的概念向来是很难拿捏的，谈判过程中也许会有伤感情的事发生，甚至会有律师参与进来，但最重要的是要让利益相关者对谈判结果感到满意。

> **清算优先权**
>
> 股东一般会为公司清算时谁是第一个获得赔偿的人而据理力争。1倍清算优先权意味着当公司清算时，股东有权首先获得相当于他们原始购买价格的赔偿。例如，如果股东的原始投资是100万美元，而公司清算价格为1 000万美元，那么根据所有权比例的规定，他们可以在所有资金分配前优先拿到赔偿。2倍清算优先权意味着股东会拿到前200万美元，剩下的800万美元则由公司其他拥有参与权的所有者分配。

创业故事 18-2

一块酸橙派

肯尼·伯茨酷爱酸橙派。他在9岁那年被祖父带入这个行业，在20世纪80年代中期，他对酸橙派的食谱做出了些许改良，几乎每个尝过他做的派的人都认为酸橙派必定大卖。伯茨在酒吧工作时，开始在公寓兼职做酸橙派，其业务涉及市场营销、销售、生产，以及为喜欢他的酸橙派的个人及餐馆回头客配送。

我做酸橙派，配送酸橙派，同时也管理酒吧。我每晚只有两个小时用来睡觉，设置了三个闹铃，开着灯，这样当我醒来时才不会回去继续睡觉。那个时候，我知道正常人都不愿意做这些，但这是我的竞争优势。我过去常常把一两箱酸橙派送到西边200公里以外的地方，比如伯明翰市和亚拉巴马。没有任何其他人愿意做这些事情。

冰还是烤箱

这样的工作方式让伯茨不得不做出决定。他是否应该放弃酒吧工作而把酸橙派事业做到极致？一边是拥有稳定的收入，另一边则是他酷爱的。一通电话解答了他的疑问。伯茨通过朋友结识了全国连锁饭店加利福尼亚比萨厨房的经理们。这些人很喜欢他的酸橙派并想在他们的饭店售卖。

我当时就知道我乐意冒险尝试。我顺着马路跑向我爸爸的住所，他说："儿子，你一定要小心大客户，他们能成就你，也能毁灭你。"我爸爸是正确的。最终，比萨厨房给予我们积极的承诺，我们也大规模地进行配送，他们成就了我们。

尝试筹资

在那通电话之前，伯茨的企业完全是自筹资金的。但是为了供应加利福尼亚比萨厨房，伯茨开始考虑筹集资本，购买更加专业的设备设施。紧接着，他又面临一个比销售和制作酸橙派更加艰难的决定：

我没有强大的经济支持，这使我无法在开始新事业前确信我有市场（和收入）。现在，我需要弄清楚自己为了与投资人合作而愿意失去什么。如果犯了错误，我必须确保自己不会被赶出来。

伯茨和一个天使投资人建立了合作伙伴关系，这个人分享（以及投资于）他的愿景、投资年限、成长规划和他的酸橙派口味。这样的关系建立在共同的愿景和目标的基础上，并且愉快地持续了20多年。

做大蛋糕

肯尼的酸橙派大卖。除了加利福尼亚比萨厨房之外，在上市之前，伯茨还成功建立了与长角牛排馆的合作伙伴关系，并随着在全美的扩张而共同成长。他的酸橙派在大西洋两岸都有售卖，每天有 6 000 的产出量。即便发展如此迅猛，也不用过于担心。除了取得巨大的成功外，这家后来更名为 Kenny's Great Pies 的公司于 2014 年迎来了公司成立 25 周年纪念日，公司仍然使用初期被大家认可的配方制作酸橙派，并用鲜榨酸橙汁赢得了好评。

从何下手

找到潜在利益相关者（即你将要与其协商所有权和控制权的投资人或是关键员工），先坐下来，就一定时期内（例如最多 3 年内）创业成功所必需的能力和其他所需的条件达成一致的意见。你们可以先列出几条，比如技能、销售、筹资、建立人脉、管理业务等。

用数值 0～10 给以上几条赋予权重，然后进行协商，如果不同意，就继续讨论，直到同意为止。沟通中不要感情用事，这只是一个让你们了解创业、了解创业成功必备的因素、了解自己能力的过程。

先将创业成功所需的条件列出来，然后估量你们为企业带来这些资源和条件的能力，并为每个人打分，数值为 0～10。结束后，将这些数值乘以加权系数，最后得出的分数就是每个人对创业成功的相对贡献值，这样计算更能被大家接受。希望你在使用这个方法时没有纷争或伤感情的事情发生。如果你们无法确定每个人都能为创业做出哪些贡献，那你就得重新考虑你们能否建立成功的合作伙伴关系。

分蛋糕

分配所有权很容易使人们的关系变得紧张。因为蛋糕是固定的，自然而然大家就会有"你多了、我少了"的想法，并且一旦将来创业成功，根据你们事先设定的按照股权的百分比分配财富的原则，就会有一大笔钱分到其他股东的头上。就算你创业的原始动力只有发财（这也有待考证），你也不能独占公司股权，因为你渴望的是金钱，而明智地分享股权比独享股权更能创造财富。在新创立的企业中，蛋糕不是固定的。你可以和有能力的人、合伙人以及资源提供者共享所有权，目的是扩大蛋糕的尺寸。

将企业估值转换成控制权

相比与合伙人在一起，与投资人在一起进行估值和所有权的分配更明确。有关企业估值的谈论有许多细微的差别，在这里我们只提及最主要的问题。如果你需要更多的细节内容，我们建议你阅读专门针对新创企业的财务书。

首先，我们得弄清楚投资前估值和投资后估值的区别。投资前估值就是企业在投资人投资之前值多少钱，投资后估值即投资前估值加上融资额。最终股份比例是按照投资后估值计算的。例如，如果投资人将100万美元投入投资前估值为200万美元的企业中，那么投资人就在这个价值300万美元的公司中拥有100万美元，也可以说其拥有公司1/3（但这并不表示他们可以掌握公司一切事宜的1/3）的控制权。投资人可能希望要求反稀释保护，以保证一直持有这个比例不变。

—延—伸—阅—读—

反稀释保护

企业在进行新一轮融资时，原有投资人要保证自己的股份不被稀释。最直接的反稀释保护措施是优先认股权（也称"按比例分配"）。该权利是保护老股东优先投资的一种特权，可以保证老股东保持自己的股份比例不变（举例来说，如果投资人拥有公司20%的股份，那么在新一轮投资中，他们可以依据优先认股权购买任意股以使自己保持20%的股份不变，但不能多于20%）。有时该特权并没有投资上限，也就是说股东在后续所有投资中都拥有优先认股权。还有一种特殊的情况叫"棘轮"，就是在"下跌一轮"（公司的价值随着时间的推移而下降）时，即使后续融资估值较低，也会通过保持现有投资股份比例不变来保护原有投资人。反稀释保护能够让初期投资人在公司增发新股时维护好自己的控制权。

"

谈判企业投资前估值和投资条款是很费时的。这也情有可原，毕竟投资前估值越高，企业现有股东的投资稀释性就越低，而这对新一轮投资人的吸引力也就越小。如此来看，投资前估值就像买房：较高的房价对卖方有利，而对买方不利，这样买卖双方就要在交易关闭后进行全面合作。而他们的合作能力和欲望实际就是做大"蛋糕"的一部分，最终要让卖方明白估值要合适，并非"越高越好"。

过高的估值对后续融资有很大的影响。实证研究表明，那些获得正式风险投资的企业，其 A 轮投资前的平均估值约为 600 万美元。如果创业者能够筹集到约 1 200 万美元的天使投资，那么要从正式的风险投资人手中筹集 A 轮融资就明显困难多了。原因有两点：①在种子（第一）轮承担额外费用的天使投资人期待企业 A 轮估值能显著提升，以保持他们的股份比例，这也导致了第二点原因；②风险投资人发现与标准相比，企业在 A 轮被过高地估值，这会使事情变得复杂，可能赶走投资者。

你可以在搜索引擎上查到一系列关于企业"合适的"投资前估值的建议，主要都是一些经验法则，例如，一份专利应该值多少钱，拥有成熟产品的公司的价值有多少等，还有各种可以被看作估值指导的重要事件。这里就不一一总结了。

有两点对创业初期的企业估值起决定性作用。企业需要 X 数额的资金，而投资人只愿在拥有公司 Y 数额股份的前提下投资。

例如，某创业者需要筹资 50 万美元完成产品的样品，赢得第一位客户。而天使投资人则希望能拥有企业 1/3 的股份，同时在董事会占据一席之地，并在雇用经理人上拥有发言权。如果他们能达成这笔交易，那么与其说企业估值是谈判而来的，不如说主要是靠推算而来的：50 万美元是 150 万美元的 1/3，因此投资后估值就是 150 万美元，而投资前估值就是 100 万美元。

或许创业者看了这个结果会表示："我不想以这个估值卖出我的股份，100 万美元太低了。"因此，他很可能在这个估值上卖出较少的股份，可能因此只想筹资 25 万美元。然而，天使投资人还是会坚持索要公司 1/3 的股权。于是创业者就会寻找其他天使投资人以出售较少的股份，毕竟投资并不是由企业估值决定的。恰好相反，企业估值倒是常常由创业者和天使投资人各自的意愿决定的。

关于企业估值的文章有很多，你可以在读过后思考筹集风险投资的投资协议。

保护性条款

保护性条款就是关于通过谁投什么类型的票来决定公司具体事宜的详细规则。这些决定事关新董事会成员、董事会规模的变化、新一轮融资、高管的薪酬、股票期权计划、大型资金支出等事项。这些规定非常细致，而拥有所有权并不意味着就有对某一具体事项的投票权。

顾问委员会和董事会有何不同

顾问委员会可以为增加收入和开拓业务提供非常有用的策略与反馈，但是其成员并不参与公司的具体事务。他们就像你的高中老同学，你并不会经常见他们，但有事时你会请教他们，他们就好像从 6 000 米高的地方俯瞰你公司的风景。

董事会恰恰相反，其成员更像是你的父母，他们是你遇到困难时会去寻找的对象，你并不需要他们过多的意见，而是需要他们每天指导你如何在汹涌的波涛中乘风破浪，例如打一场官司，或者变卖公司。这些人会让你站在 60 米的地方看见属于你公司的风景（Hoffman，2003）。

黄色纱丽

在宝莱坞电影的剧情设置中，主角穿上黄色纱丽通常预示着要有大事发生。如果创业课堂中出现了"黄色纱丽"，那就代表着我们该学习如何利用股权来建立新企业了。学生可能会混淆股权和以下三项权利：①控制，即制定和实施重要决定的权利；②分蛋糕，即获得收益的权利；③薪酬，即你对公司的付出（包括创意、技术诀窍、资金、努力、名誉等）。股权当然可以作为，也应该作为赋予以上三项权利的手段，但你要知道，股权和以上三个概念都不尽相同。股权可以说是纸牌游戏中的那张王牌，它可以替换牌组中的任何一张牌。关键是要知道什么时候用这张牌、怎么用。如果只想着它是万能牌，那么即便它是黑桃A，也有输掉全局的可能。进一步来说，股权对于新企业来说，并不像纸牌游戏中的王牌那样，可以一再地被利用，必要时甚至可以将其租出去、抵押出去，只要我们还有经过谈判可以再将其赎回来的可能。因此掌握股权的用法对于创业的命运至关重要。就如黄色纱丽，只要它出现，剧情就有变化，而创业的命运也就着实有点悬了。

"我同意50-50分配所有权，但是其中的连字符号得属于我。"

投资人图什么

风险投资既费力又担风险，因此投资人会多方观察，只选择那些他们真正看好的企业。尽管如此，他们还是失误多于明智，在风险投资上也是亏损多于盈利。天使投资人所投资的企业有2/3都是亏损的，而盈利的企业不仅要赚回投资人损失的钱，还要考虑到其所有权会随着时间而稀释。

或许你想着公司5年后会碰上一个难得的出售机会从而获得1亿美元。初期的投资人投资50万美元，进而拥有公司1/3的所有权，这样5年后其就能收获3 300万美元。这似乎很不公平？你付出了努力，而他们却白赚3 250万美元。

现实情况却是，你给投资人的回报往往不足50万美元。即使你的企业很成功，为了将公司发展到能够卖出1亿美元的规模，你还需要另外多轮融资，那么最初的投资人的所有权比例可能会从1/3降到1/10。这就意味着他们只能从1亿美元的出售价格中拿到1 000万美元。这看起来是不错的收益，相当于他们当年投资额的20倍，但这离3 300万美元还差得远。再除去创业者达不到目标的风险、竞争对手的涌入、清算障碍等可能造成的损失，这样你就知道为什么投资人在开支票的时候那么小心谨慎了。

创业故事 18-3

投资于人

费利佩·范盖拉是个与众不同的学生。那些出生于哥伦比亚巴兰基亚的学生能够衣食无忧地在著名的宾夕法尼亚大学沃顿商学院学习管理，而范盖拉与他们不同，他需要在学习之余通过创业来维持生计。范盖拉从很小的时候就开始给别人辅导数学、科学和语言文字，并在波哥大

（Bogota）上完大学后创办了一家公司，专为小型企业提供战略和财务规划服务。沃顿商学院高昂的学费和他从小一边创业一边上学的经历引发了他的思考：人们可以为了一个公司的未来价值而投资，为什么不可以为自己将来广阔的前景投资呢？

股票标的物是我们

虽然政府和银行可以为学生提供贷款，但是该贷款有一定的借款限额和固定利息，并且通常需要父母的资产或收入作为担保，这些条件都让从哥伦比亚巴兰基亚到美国哥伦比亚市和北卡罗来纳州的贷款申请者望而却步。然而，学生对于资金的需求却与日俱增：在过去的20年里，在美国接受教育的成本已经超过了日常生活的成本，而如今私立大学学生平均每年的学费、住宿费和伙食费总和已达到16 600美元。后来，范盖拉遇到了达顿商学院的米盖尔·帕拉西奥斯，他们决定创立Lumni公司来解决这个问题。Lumni为学生支付他们当前需要交的学费，但是会从学生的未来收入中收取一定比例作为回报。这和购买股票非常像，只不过标的物是你和我，而大学生的未来是我们的事业。

明日的市场

市场是交换的基础。它最早的形式起源于一个有很多萝卜的农民想用萝卜换来一只鸡，后来逐渐演变为人们付钱让别人为自己剪头发或割草坪。如今，市场让我们不仅可以交换货架上的东西，比如购买橙汁；还可以买卖你能想到的任何事物的未来价值，比如购买排污权。市场提供人道主义援助——参见联合国难民署有关克什米尔救济备忘录，该备忘录提供了在2005年地震后重建巴控克什米尔地区的投资回报。此外，市场也使得大卫·鲍伊提前获得他的歌曲版税收入，而且这和Lumni公司一样，对学生也是开放的。

价值链的闭环

到目前为止（2015年），Lumni已经为7 000多名学生提供服务。范盖拉正在和投资银行商谈在未来建立一个投资和收入流的证券组合，这样他就可以为更多、更好的学生投资。展望未来，等到那些曾经被范盖拉投资的学生功成名就，转而成为他的投资者的时候，对于 Lumni 和其他还未被投资的学生来说，那将是多么光明而美好啊。

投资协议：一切皆可谈判

如果投资人和创业者能够达成意向，就要在投资协议上列出详细内容。并不是所有的投资协议都和我们在这里讨论的一模一样。天使投资人的投资协议一般不像正式风险投资的投资协议那样复杂。随着企业不断壮大并经过多轮融资后，发行不同系列的优先股和普通股就会附有不同的权利。所有的投资协议都要遵循黄金法则：谁有钱听谁的。一旦企业发展到了要么再筹资、要么倒闭的程度，谈判权就明显落入未来投资人的手中了，到那时，全部的投资协议就要再谈判。一般来说，好的投资协议还要附上投资人和创业者的具体目标，这样才能保证投资人的利益不会因为创业者的鲁莽行为而受到侵害（因为钱并不是创业者自己的，这样就会出现代理人风险），同时也使创业者不会受到投资人的过度干涉（这与好多菜都被蹩脚的厨师糟蹋了是同一个道理）。

无论在网上、大学、咨询机构、律师事务所还是在其他地方，各种现行的投资协议随处可见，种类成百上千。这些投资协议都能明确指出所有权是如何与控制权分离的，甚至还能看出所有权在不同情形下发挥的不同作用。例如，所有权可以根据事态进展的好坏而改变，因资产清算的影响而变化，甚至所有权自身也在随着时间的流逝而变化。具体的情况会随着企业不断壮大而越来越复杂。你可以在网上搜索这些话题，找出适用于你的法律建议。

面子和钱包

钱包总是跟着面子走，那么，为什么目标要盯着钱包而非面子呢？幸好面子跟钱包同进退。因此，一旦开始利用你的创业工

> 具，尤其是那些你认识的人，你就必须要为他们进行投资找到足够多的理由。与你的投资人搞好关系，可以让你在彼此的交流中更好地了解他们的需求。初期阶段的投资大多都是靠熟人圈子，无论如何，你都要把面子和钱包都做足。

总结：投资协议中的所有权和控制权

当你面对一个投资协议时，要权衡好所有权和控制权。

所有权

- 棘轮：如果出现了降价融资（此轮融资企业估值低于以往的估值），早期投资人就会受到反稀释保护，在反稀释中增添一个"棘轮"以在新一轮融资中调节他们的原始投资价格。
- 优先认股权：主要投资人经常拥有的特权，以在后续融资中维持其所有权比例不变。
- 清算优先权：主要投资人在公司清算时优先获得赔偿。

控制权

- 董事：能够为董事会带来新人和新投资的能力。
- 信息权：月度或季度的内部报表，以及年度经过审计的报表。
- 投票权：普通股优先投票，法律特殊要求的除外。

从投资者的视角看天使投资人

天使投资人常常为新创立的企业提供种子资金，与风险投资公司相比，他们投资金额小，并且进入时间早。

通常来说，他们会要求获得企业 20%～50% 的所有权。天使投资人投资少则 1 000 美元，多则不止 500 万美元。

天使投资人通常认为企业估值并没有创业者设想的那么多。另外，时机尚早，各种情况尚未确定，想要给企业估值还是很难的，而找到准确估值的方法更是难上加难。投资人会借助创业者的财务预测，利用各种方法进行估值，包括交易价值、市场价值、投资收益等，而最常用的估值方法就是计算退出时的价值。例如，如果公司希望在5年后价值达到5 000万美元，为达到这一估值，现在单轮融资要100万美元，而投资人希望在公司出售时得到10倍的现金回报，那么，投资人的股份价值则需要在5年后达到1 000万美元。据此，投资人就要求拥有公司20%的股份，这就意味着公司的投资前估值为400万美元，投资后估值为500万美元（这就假定不需要进一步稀释资本）。

人们通常认为，由于天使投资人投资的时间早、金额小，因此会错失"本垒打"的机会。但是根据我们的研究，真实情况并非如此。天使投资人的弱势在于收益少（因为投资金额小），而其优势在于不像风险投资那样受的限制大，风险投资都是在企业发展起来之后投入更大的金额。因为天使投资人的投资金额小，所以，他们反倒可以多做投资，从而增加"本垒打"的机会。

结语：优秀的合作伙伴关系缔造优秀的企业

无论你的目标是发家致富还是为社会创造不朽的价值（也可能两者兼顾），合作伙伴关系都是至关重要的。和投资人、员工、董事、客户甚至律师建立合作伙伴关系时要对对方的内心有细致的了解，即在交往中关注他们看重的是什么。这要求在控制权和所有权的问题上有熟练的谈判技巧。谈判时可以为你加分的关键点包括：决定并明确表示适宜的风险度、控制权以及对所有权和清算权的合理规定。

要清楚地认识到双方的合作精神比协议的现实文本更加重要。随着企业、环境、合作伙伴关系的改变，协议中的某些条款很有可能需要重新进行解释，只有共同的合作精神才是真正可以依靠的。进一步来讲，如果双方在控制权和所有权上产生了法律纠纷，结果很可能是两败俱伤，所以尽早建立共同基础才是最好的。

现在怎么办

想想你自己的公司或者你了解的任何一家公司：

- 如果想创业成功，你需要掌握什么控制权？
- 如果没有所有权，你能对这些需要掌控的东西有影响力或控制力吗？或许你会惊讶于自己在这方面的进展。
- 你如何通过股份协调利益，激励每个人付出他们的全部？
- 谁需要股份，谁不需要？
- 对于那些不需要股份的利益相关者，你会怎么做？
- 如果让你投资，你真正关心的条件是什么？你一定要亲自负责吗？你是否愿意出售该企业？
- 你需要董事会吗？为什么？你想从董事会得到什么价值？建立值得你真正重视的董事会要耗费什么？你如何吸引和回报他们（不要仅局限于钱）？

金玉良言

控制权并不等同于所有权，你可以一无所有却操控大局。控制权与公司发展方向的多个方面都息息相关。

所有权可以使持有不同创业目标的人共同合作。

深入思考

- 谁真正拥有公司（顾客、投资者、管理者还是社会）？为什么所有权很重要？
- 控制权来自哪里（多少是挣得的，多少是被授予的）？
- 创业者的角色是什么？去控制还是去拥有？
- 真正的成本是什么？

附录 18A

你需要知道的关于董事会的问题

首先，我为什么需要董事会	如果你有一个宏大的商业概念，而且还想让自己的公司成熟起来，那你就应该考虑成立董事会。你不必拥有万能的工作技能，况且在多数情况下，你也无法在创业初期负担全面的专业技术和工作技能。拥有各种技术和经验的顾问的董事会是大有裨益的。董事会能够帮助你寻找投资和新客户，还会给你提供具体的意见和明智的前车之鉴，让你专心实施策略，还会给外界如银行和投资方等提供信誉保证。更重要的是，董事会可以让你少走弯路。人人有责，你也应对董事会负责。一位创业者曾说："没有董事会，我的公司可能早就毁在我手里了。"
董事会里都应该有谁	如果没有外部投资的话，你可以找公司内的人士组成董事会，但董事会内部最好有与你专业背景互补的成员。这样一旦遇到问题，你就可以电话咨询董事会成员，而不必非得找专业人士，如果你咨询律师，就要支付他们每小时 250 美元的报酬。因此，尽量找些从事过你所需专业、有过相关工作经验的人来做你的董事会成员
我何时需要董事会——在什么阶段	创业初期就应该开始考虑成立董事会。如果这时没能建立起来，那么至少在你想筹集外部资金的时候就应该成立董事会了。总的来说，董事会可以帮你解决资金和战略问题，但创业的不同阶段需要不同的专业技术： 阶段 → 专业技能 / 需求 种子期 → 资金、法律、业务拓展 初创期 → 专业技能、市场、资金、法律、管理 成长期 → 与初创期相同，外加战略 成熟期 → 战略、市场、资金、管理
我需要的是顾问委员会还是董事会	在最开始，顾问委员会还可以行得通，而一旦你开始有了销售额以后，就要成立董事会了。董事会的成员应当职责明确，奖其能者，除其不能者。在选择董事会成员时，做好预先声明很重要。董事会由公司的管理团队组成，对其负有法律责任的事项具有信托责任。而顾问委员会不同，他们是公司高层的参谋，或者说是导师。对小公司而言，董事会一般来说由股东组成，因此他们本身就有为公司奉献的动力。多数公司也许会象征性地给顾问委员会成员一些股份，而顾问也并非主要以赚钱为动机，他们更多的是以能够帮助创业者为荣

(续)

我如何才能找到符合资格的人加入董事会	从你认识的或者已经关注甚至深入参与你事业的人入手。不要把拒绝看成是针对你个人的。有能力的人都有自己的选择和承诺，也都很忙。一旦找到有价值的人，就要和他分享你的创业热情，并弄清楚他们能为你的团队带来什么好处。吸引那些愿意助你一臂之力的人。那些能自我选择且能承诺时间并有强烈兴趣的利益相关者当然是最好的。最关键的是要找到你想与之合作的人并让他们愿意与你合作，这不是要他们接受交易，"卖掉"自己，而是通过适度地说服他们，从而让他们进行自我选择
我如何知晓我是否找对了人	身为一名成功的创业者、天使投资人、许多新公司的董事会成员，卡尔·弗里施克姆在谈到选择董事会时提出了自己的三个标准。"首先，我必须能够欣赏执行总裁的人品。我希望她品行端正，并且善于倾听和谈判。如果她有理，那么按她说的办；若是她理屈，就得妥协。我承认能够坚守自己的信条确实很了不起，但必要时也得做出反馈和改变。其次，我还必须喜欢公司的产品，理解它的理念，并相信该产品有较高的市场接受度和市场增长机遇。最后，我需要证明自己作为顾问，能够给公司增添价值。"

你需要董事会做些什么

董事会成员的职责是什么	在成立董事会之前你就应该明确成员的职位描述。通常来讲，董事会的主要职责是： • 参与公司政策的形成，以及财务和战略规划； • 在重大决策上扮演一个活跃的角色，帮助 CEO； • 评估高管业绩； • 决定高管薪酬； • 保证财务控制得当，监督是否有违法乱纪行为； • 为公司继任计划提出意见
董事会应该有多大权力	不同公司的董事会，其权力大小不同。有些公司的董事会很被动，全权放任执行总裁处理，他们只负责批准管理层的决定。与此相反，有些董事会全盘操控，掌握一切重大决定权，管理层只有执行的份儿。权力平衡的董事会应为执行总裁提供见解、意见和支持。这不仅可以考察执行总裁的绩效，还可以监督整个公司的运作，同时凭借董事会的专业意见为公司的决策增加价值。优秀的董事会成员在得到好消息或者坏消息或发现机会时，会毫不犹豫地主动给你或为你工作的人打电话，以保证公司的生存大计和良好运作

（续）

如何有效利用和董事会在一起的时间	只有管理严格并拥有各种充足的经验时，董事会才能最大限度地发挥作用。董事会需要那些既不怕质疑你的判断，也不会对你拥有最终决定权感到不适的人。一旦董事会开始运作，你就要尽量多和他们交流。每年举行4～10次会议。一旦遇到问题或者需要专业意见的时候要随时给他们打电话沟通。每次会议召开前，要给各位董事提前交代重点问题，至少提前一周为他们准备好书面议程和文件资料。坏消息要迅速通知董事会，好消息要斟酌告知。若要保证董事会不分散精力，成为你的得力助手，就要把焦点放在关键问题上。否则，你就会发现开董事会会议只不过是在浪费时间
我该如何补偿顾问委员会和董事会成员？他们想要什么	签订协议是一回事，全心投入则是另一回事。你必须能够吸引他们。对于顾问委员会来说，问题就在于他们的价值不是用钱就能体现的，让他们保持工作兴趣的方法之一就是尽量优待他们。免费赠送他们公司的产品，在市内最好的餐厅招待他们，如果条件允许的话，可以安排他们在风景优美的郊区开会，并支付配偶陪同的费用。让他们保持工作兴趣最好的方法就是定期与他们沟通。这对他们有什么好处？好处就是通过帮助有前途的创业者，从而获得自我满足感。对于他们中的一些人来说，这会是实现自己梦想的第二次机会。 一旦你有了正式的董事会，就要保证他们能成为利益共同体的一部分。用股份、权证、期权、现金来吸引他们。创业者一般认为董事会成员尽职尽责是因为他们喜欢工作，但每个人最终都希望从自己付出的时间中获得应有的回报。一旦你的顾问委员会正式转为董事会，并且你希望董事会能真正发挥作用，就要预留出3%～10%的股份作为他们的酬劳。不要以为所有的酬劳都有固定标准，不同的人关注不同的事物，他们工作的目的也不同。这就是花大量时间聘请董事并预先明确期望会如此重要的原因。你要建立的是长期关系，因此别吝惜时间了解彼此，了解每一位董事会成员关心的是什么以及为什么，与他们分享你的热情与动力
我还应该注意哪些常见的矛盾	如果董事会的组织结构并不正式，而你又该组建真正的董事会时，就要提出薪酬问题了。首要的矛盾就是估算董事的工作时间和期望。作为公司创始人，你一年365天都在工作，而顾问只花了他们自己5%的时间，于是在"分蛋糕"时，你就会觉得他们索要过多。这个问题的解决方案是事先定好条件。作为公司创始人，如果你无法和公司一起成长，那第二个麻烦就来了。公司在创业初期和壮大成熟后的运作方式很不一样，要求的业务能力也不尽相同。如果这时你无法改变自己，并且董事会认为你不再适合执行总裁的职位，矛盾就产生了。解决这个问题的唯一办法就是学会妥善地管理公司。只要你能做出正确的决定，你的董事会和顾问委员会的成员就不会想着把公司从你手里夺走。相比每天辛辛苦苦地处理公司的日常事务，他们还是更愿意只花5%的时间。记住，他们还有别的事要忙

关于律师你需要了解什么

我需要聘请律师吗	理论上来说，不用。即便没有律师的帮助，你也可以建立公司。登录政府官网查找信息，只需花费 20 分钟和最低申请费用，便可注册一个只有一名所有人而没有股东的简单公司（美国法律中的"S 公司"）。但如果你没有这方面的专业知识，最好咨询专业人士。有益的专业意见可以让你免于昂贵的代价，如果你想之后寻找投资人或者出售公司，那专业意见就更必不可少了。网上在线服务往往也可以取代真实的律师。它们从委托人手中搜集材料，自动为个体企业设计和编写公司章程、章程细则、公司记录、股票凭证和表格文件。但由于是自动化操作，有时难以完全达到企业个性化的要求。例如，要想在"公司章程"的范围内编写具体细则就不适宜用在线服务
我如何寻找律师	问问那些你了解并欣赏的人，你的教授、朋友，或者当地工作的人，这些人可以为你推荐一两个优秀的律师。先找几名律师，跟他们交谈之后，再决定跟谁或者哪家律师事务所合作
第一次与律师打交道时我应该说什么	通常来讲，第一次会面律师是不收律师费的，这给了你机会判断这名律师是否适合为你工作。记住，这同时也是律师了解你的过程，他也有是否与你合作的决定权。第一次会面包括向律师提供公司资料，以便其迅速了解业务。公司的产品是什么？客户有哪些？公司发展前景如何等。 给每个律师都准备同一套问题。这样你就能够有所比较，然后再做决定。你可以问律师对于以下问题的看法： • 对于眼前的业务和将来的前景，你会选择哪种类型的企业形式？ • 任何其他问题，诸如专利权、版权以及其他知识产权（据公司性质而定，你或许需要其他方面的许可）
如果我承担不起律师费用怎么办？我需要为他提供股份吗	要尽可能地把律师当作你出资聘请的专业服务人员。优秀且善解人意的律师通常会理解创业初期公司的难处，他们会把与你合作当作一种投资。他们期待将来你的公司发展起来之后能有所回报——可以是回头生意或者推荐其他客户

第 19 章　商业计划和商业模式

计划本身（plan）是无用的。

计划行为（planning）才是一切。

——美国前总统德怀特·艾森豪威尔

本章概要

- 商业计划在创建企业的效果逻辑过程中扮演什么角色
- 商业计划的内容
- 管理风险
- 管理瓶颈
- 商业计划与模式
- 管理预测
- 承诺升级
- 结语：不管是否计划，最主要的是采取行动

商业计划是创业学中最容易"讲授"的。它本身是一个工作项目，并且为学生提供了一个绝佳的学习平台，促使学生阐明与创业相关的所有职能领域的内容。商业计划应涵盖各个职能领域，包括财务计划和预

算、市场需求的评估与确定、市场营销的4P（价格、产品、促销、渠道）、核心人才需求、风险评估、竞争细节和竞争对手分析等。

商业计划在创建企业的效果逻辑过程中扮演什么角色

商业计划中的想法似乎与创建企业的效果逻辑路径不一致，然而，对于遵循因果逻辑的投资者以及一般的商业计划竞赛而言，商业计划是必不可少的。将因果逻辑和效果逻辑运用于商业计划的不同之处在于，效果逻辑视角下的商业计划不是一个计划，仅仅是一个用来沟通的工具，会随着新企业的发展过程不断改写，并且会因利益相关者的不同而呈现不同内容。创业者要诚实地、竭尽所能地建立预测模型。需要明确说明的是，他们的目的不在于交付一份计划，而是希望每个有可能参与其中的人通过与自己共同行动去创造价值。

正因如此，本章的重点不在于教授你如何撰写商业计划。你可以利用网络搜索该话题，找到需要的大纲和模板。有关该话题的论述著作已有很多，其中一篇经典文献是比尔·萨尔曼写的《如何撰写一份优秀的商业计划》（1997）。本章则通过对新企业进行深入思考，按照内容重于形式的原则展开分析。

商业计划的内容

"内容重于形式"之所以如此重要，是因为商业计划主要是一个营销工具，我们对此没有任何故意贬低的意思。你需要商业计划以向不同资源提供者推介你的企业，因此，商业计划必须能够提供观点、见解及必要的指导，以帮助别人评估并对机会进行归类。对于任何营销传播，你必须熟知你的听众和传播要达到的目标。商业计划的对象可能包括借款人、私人投资者、潜在的员工、董事会成员、顾客、上游供应商、下游分销伙伴等。商业计划的具体形式依赖于你的目标——商业计划如何满足不同听众的不同需求。因此，我们将关注内容，而你则需要完善其形式。

商业计划里的对象

需要关注商业计划的关键原因之一在于,它不仅被创业者用作内部管理工具,也被外部利益相关者使用,尤其是银行(或其他金融服务公司)、投资人、会计、律师、商业合作伙伴(例如供应商),有时甚至是你的雇员(在那些具有账目公开管理制度的企业里)。因此,商业计划的功能远远超过它在教科书里被描述的那样——仅可作为一种内部管理工具。

社会学家创造了一个新的术语——"边界对象"(boundary objects),用以描述像商业计划这样的对象。它是连接不同专业领域的重要桥梁,例如创业领域与银行业。商业计划被看作边界对象,在创业者与其利益相关者的交流合作中占据重要地位。研究者指出,许多有形或无形的对象都可以是边界对象,例如地图、演示文稿展示、商业模型和故事。这种对象在集体工作中起到中介作用,被创业者和其利益相关者使用以创建新企业。它有更多潜在的作用,而不仅仅只是个计划(Nicolini 等,2012)。

每一类听众都有不同的信息需求,他们根据不同目的从商业计划中提取所需要的信息,尤其是那些真正起作用的信息。请与听众主动交谈,理解其需求和愿望。在本章中,我们提供的建议仅能帮助你入门,对于所有这些听众的需求与偏好,我们不可能保证面面俱到。听众有属于自己的速记规则和筛选程序,以便快速处理你所提供的信息,他们的速度可能比你想象的更快。他们的需求通常涉及许多方面,包括最低收入水平、行业/技术/领域偏好、能够承担的不同风险因素、团队成员的背景或人际关系、主要顾客和营销渠道等。在很多情况下,你可以洞察听众如何"筛选"以及首先排除某些选择的细节。这时,请你仔细询问并倾听不同潜在资源提供者的需求,有的可能与你的企业比较匹配,有的则不然。例如,大多数商业银行不会接受新企业的项目,大多数风险投资人不会接受天使投资项目，大多数天使投资人不会投资估值高于500万美元（通常会更少一些）的项目。因此，询问并且仔细倾听至关重要！

管理风险

我们的基本前提是，商业计划并非仅仅销售你的企业优势。真正的商业计划在于分享你对商业机会的掌控，包括优势、劣势、内部资源、外部资源甚至是盲点。商业计划中最不受关注的话题之一就是风险管理。在推销项目的潜在优势时，没有人愿意坦诚地讨论消极因素，怕"吓跑"潜在的合作伙伴。然而，如果我们深入理解施加影响和被影响的过程，更关注于方法而非目标，同时考虑到可承受损失，找到可承诺的合作伙伴及可利用的偶然事件，那么，我们也必须认识到事情一定会出错。我们期待发生的事情往往并不会发生，我们不期待发生的事情却会发生。墨菲定律也阐明了这一点。

因此，商业计划应该能够增强我们处理困难、变化和失败等问题的能力。优秀的投资者及创业者都认为，只推销其优势和亮点而忽视风险的商业计划是天真幼稚的、无用的。是的，你的销售收入图应该是"从左到右不断上升的"，正如盖伊·川崎（知名行业专家、作家）关于创业者创造的曲棍球棒收入规划讲的玩笑话。然而，如果你止步于此，那么在处理突如其来、无法避免的一击时，你会猝不及防。另外，如果你只展示积极和良好的信息，就只能让听众自己去想象风险，并且错失影响他们判断的良机，失去了从他们对这些风险的反馈中学习的机会。

在我们看过的无数的商业计划中，"极端糟糕的情形"甚至完全可以忍受，只不过是低销售额增长率，或者是短期客户流失但长期客户依然还在，抑或整个计划只不过是最好情形与最坏情形的折中而已。别笑，这太普遍了，你很可能做相似的事情，除非你深思熟虑并努力做得更好。仔细思考计划中可能包含的墨菲定律。也许你一直期盼得到一个肯定答复，却最终遭到一系列的否定，你要面对这个结果。例如：

肯定

- 是的,技术突破的里程碑一定会按时到来。
- 是的,客户想进行试验并且扩张市场。
- 是的,我们苦苦寻找的那个懂行且知名的销售高手刚好被我们雇用了。
- 是的,那位相关专业知识丰富的投资人刚好加入了我们。

否定

- 如果事情的发展并非如你所愿,那你会怎么做?
- 你有好的"退一步"的权宜之计吗?
- 你能从不同的失败中找出最主要的原因吗?
- 你能采取措施解决当务之急吗?
- 你是否完全把赌注下在一个可能毁掉你的解决方案上?
- 你能否将任何一个具体的不利因素带来的损失最小化?
- 为了最小化损失,你通过什么方式将损失程度保持在可承受的范围之内?

你的墨菲定律计划不需要非常精细。有时,问题的答案仅仅在于,为了生存你需要付出双倍的努力。有时,答案是你可能根本没有选择的余地——赢得那个"肯定"是一个生死攸关的关键任务。失去了它,你就会满盘皆输。是的,至少你看到了这样的情况。这还意味着,如果你赢了,那你就会向胜利大大迈进一步,你可以用这个胜利去吸引更多的资源。通过思考以上主题,你可以管理投资人的预期,展现自己的专业技能。

你不必与每个人分享自己的墨菲定律计划,因为听众不同,商业计划的版本应该也不同。你或许仅仅只需要在最后的决策环节中,与关键的领导者、董事会及潜在员工商讨这些内容,但是不要与未来的借款人、媒体、潜在的商业合作伙伴讨论这些,这完全取决于你自己。然而,多思考风险管理会让你在无论选择任何形式的商业计划时,都能受益匪浅。

管理瓶颈

商业计划里也很少提及潜在的瓶颈。你能在运营管理中了解到很多关于瓶颈的信息。运营人员可能询问的问题包括：企业真正的困难会是什么？会出现在何时？它们会随着时间如何变化？事情会在哪里陷入僵局？目前问题出在哪里？

对创业者来说，缺乏现金经常被认为是瓶颈，然而这往往是一个误导。你需要多问几个"为什么"：为什么我得不到现金？追溯问题的原因，挖掘得更深一些，你才能找到真正的瓶颈。一旦获悉了原因，你可能会意识到或许你的企业不再吸引投资人，或许你根本不需要现金，你所需要的是一台机器、一个人或一种分销关系，直接去找寻这些资源通常比先筹集现金再去购买更加容易。

一 延 一 伸 一 阅 一 读 一

新工具：商业模式画布

奥斯特瓦德的商业模式画布由大型国际化团队成员共同创造，是另一个近来在创业教育领域流行的商业计划书的例子，原因很简单，人们认为它很有用。

是什么使得商业模式画布成为如此有用的工具？原因在于其具有以下特征。首先，它使创业者关注其企业的关键元素（即谁是顾客、所需的关键资源是什么等），是许多新企业中创业者所需要的、用来完成基本活动的好工具。其次，画布也为人们提供了如何看待企业输入端到输出端的视角，帮助人们整体地判断所有事物适合与否。换句话说，这是探索解决不协调性的有效方法。最后，它也似乎拥有正确的框架结构来指导创业者，同时还不会过多限制创业者的想法。

商业模式画布的核心，也就是使其流行的关键点，毫无疑问，在于它是一个可视化的工具。它表面上呈现给我们一个画布，实际上在让我们亲身实践。在这种情况下，它帮助我们更好地利用强有力的视觉化技巧思考问题。总之，商业模式画布有效的原因在于它是画布。商业模式的思想很久之前就形成了，但是奥斯特瓦德和他的同事们将其形象化、结构化和规范化，使商业模式从一种模糊的事物转变为清晰可见、由局部到整体、既能实施也可再造、能供团队争论、最终能被敲定下来的事物（Osterwalder 和 Pigneur，2010）。

那些凭经验行动的人

—延—伸—阅—读—

人们会说，在创建一家公司前，你需要一份商业计划，那为什么很多 *Inc.* 500 强公司的 CEO 都忽略了这个重要的步骤呢？对 *Inc.* 500 强的创始人的调查显示，样本中只有 40% 的公司曾经写过商业计划。在写过商业计划的公司中，65% 的公司表示它们做了一些与原计划完全不同的事情。令人惊奇的是，只有 12% 的企业在创业之初进行过正式的市场调查（Bartlett，2002）。

这个数据与阿马尔·拜德（2002）针对创业公司所做的更大范围的样本调查的结果一致。调查结果发现，41% 的创始人没有商业计划，26% 的创始人只有一个草草的计划，只有 28% 的人有正式的商业计划。

就这点而言，像比尔·盖茨、山姆·沃尔顿、简·温纳等著名的创业者也不是特例。他们没有一个人是以一份详尽的商业计划起家的。

商业计划与模式

在商业计划中，人们经常忽视创业中的困难、问题和风险。商业模式虽很少被忽视，却总被误解，而且非常不具体。尽管优秀的商业计划对潜在的资源提供者非常有帮助，但是一份精心设计的商业模式首先必须有助于指引创业团队的行动。

因为关于商业计划没有一个确切的定义，所以在这里，我们提出自己的定义。一个商业计划须包含以下四个方面。

- 收入模式。什么才能真正产生现金？交易看起来应该是什么样子的？
- 运营模式。如果要完成这些交易，你会采取什么措施？
- 人员模式。什么样的技能与人员是重要的？你会如何利用他们？
- 独特性。你正在做的事情有什么独特性？为什么它们能吸引到资源？

关于商业计划的准则

准则 1：一份商业计划不是以上四部分（收入模式、运营模式、人员模式、独特性）的其中之一，而是包含了所有部分。不完善的商业计划通常能细化收入模式，强调差异性，但也会忽视运营方式和获得人才的渠道。

准则 2：地图不等同于地形。一份商业计划只是一张地图，不应该假设它可以细化创业中的每一个细节。商业计划应该关注核心活动，以及影响创业成功的主要动力。如果不能做到简洁，那么做商业计划就是徒劳的。

创业故事 19-1

计划之外的魔方

人们很难相信，这个曾经轰动一时、让我们的童年为其绞尽脑汁、在 1980~1983 年几乎销售了 1 亿个的玩具，如今已经成了古董。那么，这个从计划经济国家走出的第一个百万富翁创业者创造出的产品,其背后有什么故事呢?

魔方的诞生

魔方的创始人厄尔诺·鲁比克,曾经是位雕塑家、建筑师和室内设计教师。研究空间关系的难题是他的主业,而在三维空间中感知物体则是他的专长。在课堂上,为更好地解释自己的观点,他通常会做一些物理模型,魔方的产生也源于此。鲁比克魔方的创造最初并不是为了引起轰动,或者是制作玩具。它最初只是为了解决一个结构设计难题,即如何在三维空间中任意方向上操控平面。

发明者变为市场营销者

技术进步总在发生。创业者的工作则是为技术进步创造市场。鲁比克一开始没有如此明确的意图,但是他通过将魔方分享给学生和朋友开始了为魔方创造市场的过程。他们受到魔方的吸引,也就暗示着机会的到来。所以,当鲁比克遇到了澳大利亚电脑公司的销售员蒂伯·拉奇时,拉奇很期待接下来会发生什么。

挑战产生

拉奇将鲁比克魔方带到了德国纽伦堡玩具市场,在那里他遇到了英国玩具专家汤姆·克雷默。克雷默同样非常喜爱魔方,并且和拉奇一起,与纽约的理想玩具公司签订了100万个魔方的订单。魔方在鲁比克的祖国匈牙利投入生产,以此来满足人们对该玩具与日俱增的需求。然而,在20世纪80年代早期的铁幕背后生产高质量的消费品,几乎是一项不可能完成的挑战。令人讽刺的是,魔方的大获成功同时伴随着大量残次品的回收,最终导致理想玩具公司破产倒闭。

众多收益

创业中有一个有趣的现象,那就是创业所创造的价值可以被多方所共享。鲁比克一人就赚了大约300万美元,而拉奇也收获颇丰。匈牙利人无法完成的订单,在中国工厂接手后开展得也很顺利。举办鲁比克魔方大赛的组织者也做得很好，零售商产品大卖。所以，虽说鲁比克是当仁不让的创业者，但故事中的其他参与者也为这个过程做出了贡献，很多人从中获利——他们都是创业者。

解决你自己的谜题

幸运的是，创业与玩转鲁比克魔方不同。对于鲁比克魔方来说，除去一种正确的方法之外，剩下的43万兆种解法都是错误的。而对于创业来说，恰好相反。以你所知道的，以及利用你建立的人际关系就可能开辟43万兆种通往成功的可能的道路。鲁比克没有商业计划，对他的魔方可能发生的事情进行计划的可能性大约是43万兆分之一。就算他有计划，那也只有当他的成功成为历史后，才会有人相信。

鲁比克魔方案例问题：

- 没有写商业计划书，鲁比克做了什么？
- 什么层次的商业计划可能会帮助鲁比克？

创业故事19-2

可支配收入

gDiapers生产可以100%生物降解，并且能在马桶中冲掉的一次性婴儿尿不湿。公司的商业模式如下。

- 收入模式。gDiapers将产品直接卖给杂货店，或是销售给连锁零售商，或者通过网站gdiapers.com直接卖给消费者。零售商大批量订购并有退货的权利；消费者订购基础包并且可以购买填充包。
- 运营模式。公司关注产品、包装的设计及营销，从固定的供应商处采购组件，并由供应商将盒装成品运输到公司总部。
- 人员模式。关键能力需求包括设计、在两个不同领域进行创新性的市场营销（渠道营销和线上营销），以及供应链管理。这些技能都属于组织内部技能，此外，公司通过供应链上的合作伙伴关系获得更多工艺设计方面的能力。

- 独特性。关键的独特性在于公司生产的一次性尿不湿100%生态环保，风格独一无二。同时，它与一大批非常热情的在线客户保持着良好的关系，这有助于开拓销售渠道，并且在线销售产品。

这显然只是gDiapers生意的一个概览，是其在当前努力下为了获得成功必须掌握的关键部分的冰山一角。然而，它展示了对公司面对的风险以及机遇的极其清晰的想法。商业计划就是一个关于设计的练习，既包括有意识的设计选择，也包括与不同的人合作而迸发出的想法。商业计划所包含的要素（收入、运营、人员及独特性）就像是方程式中的变量，当你进行设计的时候，你可以赋予它们不同的变量值。商业计划需要构想多种备选方案，并且从潜在的合作伙伴中为这些方案汲取可供选择的想法。例如，思考gDiapers的备选商业计划：

收入模式

- 向连锁店销售品牌产品；
- 批发销售，不针对个人客户；
- 只采用在线销售。

运营模式

- 进行全产业链整合，从设计到生产到营销再到销售；
- 仅采用网络营销以及订单式服务；
- 将配送委托给零售商，不直接操作；
- 从不同国家的同类供应商处进货。

人员模式

- 内部在线营销；
- 针对零售商的外部经销商网络；
- 开裆裤产品的设计（产品外部）；
- 关于生产线的技术专家（产品内部）。

独特性

- 客户在线定制尿不湿；

- 通过店铺品牌宣传以促进经销渠道采纳；
- 有区别地专注于"生态环保"；
- 重视风格与功能性；
- 定位于布尿不湿，而非一次性尿不湿。

这个清单可以无限制地列下去，而且富有创意。这里列出的仅仅是一些合理选择的例证，这些选择可以充实并细化 gDiapers 的商业计划，但是不一定会实现。至于商业计划中应该包含哪些或不应该包含哪些，则是商业计划的关键部分。我们希望本书前面的内容可以帮助你有条理地做出选择，并让你与你潜在的客户、合作伙伴及员工的偏好和期望紧密联系。

通过比喻与类比来吸引资源

新企业吸引资源的过程本身充满着矛盾，其中之一就是证明企业富有新意的渴望与提供证据证明可行的需求。新颖+证据=非常棘手（的确非常矛盾）。

一份设计精良的商业计划可以帮助你应对这个挑战。它能够帮助你对其他公司和产业运用比喻与类比，作为支持你创意的价值和可行性的证据。什么产业和公司能够提供比喻与类比呢？那就是与你的商业模式存在关键的相似特征的公司或产业。

什么产业或公司会与 gDiapers 相关

（1）品牌服装（更具体地说是儿童服饰）。
（2）杂货店零售的非食品产品（如其他婴儿产品或录像出租）。
（3）服装设计/营销（如耐克）。
（4）拥有复杂的线上与线下混合销售渠道的公司（如巴诺书店或贝塔斯曼音乐集团）。
（5）利用供应商进行技术创新的公司（如戴尔公司）。
（6）完全定位于生态环保的公司（如 The Seventh Generation）。
（7）显而易见，其他生产尿不湿的公司（如好奇和帮宝适）。

其中，一些例证能较其他例证提供更有力的类比。当然，你还能想出更多的例子来。设想出一些能为你的公司提供类比的清单，我们将其称为同伴群体（peer group）。这样，你就可以向这些公司学习，为你的创意提供一些证据支撑。

你的同伴群体提供了什么样的证据以至于……

（1）消费者会接受和你的产品一样的产品？
（2）你的企业能按计划迅速扩张？
（3）你独特的商业模式处于"最前沿的发展水平"？
（4）你的商业模式有容错空间？

如果你要讲述同伴群体的创业故事，在他们创业过程中的错误以及成功中，哪些是值得学习的关键因素呢？如果你能非常好地将自己的商业模式中的关键点与同伴群体的商业计划的关键点进行结合，你会惊讶于你的收获。这时，你需要相应地调整自己的公司战略，并且将所学知识融入自己的商业计划书中。

牵引力是王道：gDiapers 如何赢得商业计划比赛

当然，没有什么证据比自己的成功更能够证明你的企业创意的价值。这个证据通常被称为牵引力。牵引力是将汽车引擎和路面连接起来的力，是驱动汽车前行的动力（在这个例子中，你和你的团队就是马力）。你赢得的每个肯定就是一次牵引力。没有牵引力，投入商业计划中的努力仅仅只能让轮子旋转起来。没有人愿意为一个看不见未来的企业投入资源（时间、资金、关系网和才能）。

商业计划比赛可以成为很好的学习经历。这些比赛的赢家拥有持续有效的牵引力，让自己的努力与臆想中的商业计划有所区别。他们证明自己确实有成功的潜力，而不是空谈。

预测

（1）我们会生产可以用马桶冲走的一次性尿不湿。
（2）我们会在全食超市卖这些尿不湿。

听起来很有趣吗？

牵引力

（1）请看看我如何将这个尿不湿冲下厕所！

（2）当地的杂货店给了我们上个月卖掉 1 000 个尿不湿所得的现金。你赢了。

有时，直到你成功地吸引到一定的资源时你才能获得牵引力。你可能需要一个工程师来敲定最后的产品原型，可能需要现金生产 1 000 个尿不湿用于最初的市场测试。牵引力问题类似"鸡生蛋，还是蛋生鸡"的问题。还记得可承受损失吗？你需要在你能承受的损失内优先考虑并追求成功，这就构成了牵引力。这是一门艺术，需要不断地练习。但是，请牢记这个概念，它可以帮助你关注于进步，并且令在进步中所积累的小胜利变得有意义。

火箭游说

一直以来，创业者都遇到这样的挑战：将对企业的描述精练到可以让在电梯上遇见的某个人能够听懂的程度。这叫作"电梯游说"。

世界飞速发展，如今"电梯游说"有了第 2 个版本，叫作"火箭游说"，即在火箭发射的 30 秒内阐明想法。设想把你的生意内容压缩在一张幻灯片上，30 号字体，总共 4 个或 5 个要点。当你审视那凝练的概述时，请问你自己：

- 你的游说对象是谁？
- 你会说什么？
- 对方听到了什么？
- 你想让对方成功提取的一点关键信息是什么？
- 你想让他们在向别人转述时说什么？

请牢记，每次失败的游说都为下一次更好地展示提供了想法。相同的内容绝不要说两次，因为游说不仅是为了获得承诺，也是为了学习。

管理预测

大多数商业计划中另一个必要的元素是需求预测。假设你实际上对消费者的需求多多少少有所了解，并且对其他相关公司及其目标有过一些研究，同时，你对不同的销售市场的规模也有所了解。这些都引出了问题的答案：在今后的几年中，利用你的机会，你能达到什么样的目标？

对于应该采用"自上而下"还是"自下而上"的方式来构建你的预测逻辑，人们对此有着不同的观点。自上而下的预测就是简单估算市场大小，依据市场份额及用户接受的程度分析可行性，并且做运算。在我们看来，这样的预测模式很可能会得出过高的需求预测，通常会导致这样的论断：我们只需获得1%的市场份额就会非常成功。事实上，这些论述跨越了企业如何才能获得1%的市场份额的重要逻辑，并且会降低创业者的信誉。

自下而上的预测方式从更微观的角度看待问题。今年你能够实际接触到哪些消费者，请列出他们的名字？在销售过程中你又能同时获得多少个消费者？如果你增加了4个销售人员，结果又会怎样？为达到每年预想的目标，你能列出行动清单以落实这些目标吗？你目前的实际收入是多少？在接下来的一年里，制约你的销售额翻倍的瓶颈是什么？为达到合理的销售预期，这些瓶颈可以消除吗？这种自下而上的预测层级一贯较低，但是更加可信，虽然有很多创业者认为它无法公正地反映商机中的真正前景。

然后，悲惨的事实又出现了：这两种预测往往可能都得出无法实现的需求预测。很多投资人以及所有的银行家都很少关注创业者所做出的这些预测。如果你做出了预测，初期投资人可能只会用它对企业整体的潜力大致进行分类——微型企业、中型企业和大型企业。

比自上而下和自下而上预测更重要的是与你的商业模式紧密相关的、更直接的分析。它既不是自上而下的宏观经济分析，也不是自下而上的微观经济分析，而是围绕你的商业模式，建立在对典型交易所贡献的边

际利润进行理解的基础上,并与经济学相关。为了构建你的模式,请回答下面的问题:

- 需要什么类型的市场营销或销售投资才能获得一位消费者?
- 提高销售额需要建立多少库存?
- 影响生产成本的具体因素是什么?
- 毛利润是否很低?
- 产品销售出去后,还有什么潜在的服务需求?
- 在头一两年间,你从早期客户身上获取的现金流是什么类型的?
- 需要多少客户才能达到收支平衡?
- 完成多少交易才能达到收支平衡?
- 商业模式的变动会从实质上改变这些交易层面的经济状况吗?

如果能把这些问题分析清楚,你在创业中遇到的需求也会非常明了,因为这样的分析涉及较少的预测(不是零预测,只是较少),所以在制定决策时使用它会降低风险(当然,要牢记"垃圾进、垃圾出"这个道理,你要脚踏实地去了解你的产品成本、销售成本及服务成本,从而能正确地定价)。

承诺升级

详细的商业计划包括应对风险和意外的不错的想法与策略,强调吸引并赢得消费者、合作伙伴、员工与投资人的青睐,这些都能从实质上改变你作为一名创业者的处事风格,能够增强对你目前已完成工作的情感承诺。同时,对你的商业计划,你头脑中的目标,你可能从消费者、合作伙伴、员工、投资人那里赢得的肯定来说,这些都是一种承诺。投资人会过早地将你从本书中讨论过的创业原则中拉出来。

只要一不留神,你对于运用工具、利用偶然事件想出新方法、采用可承受损失原则以及关注做出承诺的合作伙伴关系的意愿就都会减弱。时机就是一切。随着企业的发展,你需要更多地关注目标驱动的活动,关注每个人承诺要兑现的事情。

这点与"承诺升级"的观点不同。"承诺升级"关注情感层面的问题,意味着物质资源投入会限制人们改变方向的能力。请注意这一点!

通过与消费者、合作伙伴、员工及投资人的合作,创业者通常会变得越来越不倾向于探索那些主动呈现的商机。

风险投资人就是一个典型的例子。

风险投资人介入一个企业是因为他们想让创业者所承诺的愿景、策略及机会得以实现。创业者利用新的可得现金流,能够更加聚焦于开发机会。如果机会被证明有价值,多余的资金则使创业者能够更快地开发机会并且获得超越竞争对手的优势。另外,如果机会不能落地,与风险投资相联系的特定机会的承诺升级会限制调整的灵活性,从而使得创业者很难改变方向。

我们不知道如何正确地解决这个危机。有时专注目标更有价值,而有时灵活处理则更胜一筹。我们清楚地知道,如果没有明确地处理承诺升级所带来的偏差,你就可能不会做出十分明智的选择,而且可能在失败的项目上过度投资,或是没能迈入新的投资领域——任何一条路径都限制了你取得成功的能力。

—延—伸—阅—读—

获得风险投资的创业者得到的回报

虽然只有小部分的新企业筹集到了风险资本,但是这些企业有的时候真的能够成长为高市值的公司。经济学家霍尔和伍德沃德分析了1987～2008年美国几乎所有获得风险投资的公司,总共有22 004家。其中,2 015家(9%)公司实现IPO,5 625家(26%)公司被兼并,7 572家(34%)公司以零市值退出。当研究结束时,有6 792家(31%)公司仍作为独立的企业存在。

这项研究非常有趣,因为它记录了一家公司在从获得风险投资到退出的全过程中,创业者能得到什么奖励。在获得风险投资的公司中,创业者有低于市场平均水平的薪酬和公司的大量股份。在 75% 的案例中，企业退出时的所有者权益为零，然而 1% 的企业收到了超过 1 亿美元的投资。因此，风险投资是一场低成功概率、高回报的赌博。这个结论从谷歌的事例中可以概括得出，在霍尔和伍德沃德（2010）所分析的公司样本中，谷歌是创业回报最高的一家公司，已超过 10 亿美元。

创业故事 19-3

风能与计划

新生代旅行者是对嬉皮士、房车司机甚至是流浪者的委婉称呼。一般来说，它不是一个与下一代商业领袖相关的群体。但是，同样地，应对气候变化的解决方案不大可能出自传统的商业领袖之手。这或许能部分解释为什么以前的旅行者戴尔·文斯成为当今全球最有影响力的"绿色"创业者之一。

测量风力

致力于追求低碳生活方式，文斯的创业之旅始于自己动手建造一个小型风车以满足个人的能源需求，从而摆脱对商业化能源的依赖。最复杂的问题之一在于如何精确地测量环境，从而找到一个能够有持续不断的风能推动涡轮转动的地点。文斯并没有从市场中找到更多的解决方案，于是在 1991 年，他开始自己动手制造风能监控塔，并于 1992 年创建西部风能公司。文斯继续自己的征程，西部风能公司吸引了很多像苏格兰电力公司这样的大客户。该公司就是现在的 Nexgen 风能公司的前身，是英国风能监控设备的市场领军企业。

一阵狂风

当文斯拥有更多的有关风能测量以及能源生产的知识时，他便申请在英国建立风力发电厂，并且在 1992 年得到许可。仅仅 3 年之后，他成立了 Ecotricity（最初名为可再生能源公司），为家庭及商业客户提供完全"绿色"的电力资源替代品。2007 年年底，文斯的公司运营了 12 个风力发电厂，利用英格兰 10% 的风能，年产 46 千兆瓦时的可再生电力，每年减少大约 46 000 吨的二氧化碳排放。他的成就获得了社会的充分认可。出于对环境保护做出的贡献，文斯被授予大英帝国勋章、女王企业奖以及阿什登可持续能源奖，并且荣登"全球 100 名生态英雄"榜单。但这仅仅是故事的开始。

偶然事件

如今很少有新生代旅行者在欧洲漫游，绿色能源也不再是前卫的观点。随着外部环境的变化，文斯自己也在变化，包括他的关系网、知识甚至他的资产。正如许多连续创业者一样，他正在进行事业转型，以创造下一个商机。他目前致力于一款基于 Lotus Exige 车型的电力运动概念车。这一行动是合情合理的，不仅因为文斯和可再生能源之间的关系，而且因为 Lotus 汽车目前已经是 Ecotricity 的用户，他们正在英国诺福克建立一个风力驱动的汽车工厂。

在创业过程中我所学到的一点是，你必须要始终保持灵活，持续不断地评估那些你认为正确的东西，因为内外部环境时时刻刻都在发生变化。

——戴尔·文斯

重生

前方的道路会是怎样？显然，没有明确的商业计划为其指路。文斯作为一个素食主义者、一个有机农业的狂热倡导者，还致力于低碳、自给自足的生活方式，文斯当前正在家中进行微发电的实验。他不受计划限制，这让他对各种选择都保持开放的心态：从创造管理家庭能源消费的软件，到与特斯拉的埃隆·马斯克一起售卖家庭电池能量墙技术。也许，他还创造了别的东西——为了不做计划而做的计划。

延伸阅读

一场伟大的辩论：商业计划

商业计划在创业教育里是最常见的专题内容，但是，关于它对新企业绩效起到的积极作用，学术研究领域一直没有得出一致的结论。多年来，研究者得到的结果并不统一，一些研究发现商业计划对企业绩效有消极的影响，另一些研究则发现存在积极影响或者二者没有任何联系。支持者认为，计划的好处在于它有助于创业者更有效地利用资源和做出更明智的决定。批评者则反驳道，创业者的时间比计划的作用更有效（例如时间可以用来与新客户建立关系），而且计划还会引起认知偏差和限制创业者的灵活度。

布林克曼及其同事的研究综合分析了之前发表的46项研究中共涉及的11 000多家小公司，试图理出商业计划讨论混战的头绪。他们的研究结果表明，平均来看，商业计划与绩效之间无积极的关系。然而，商业计划对于新公司的积极作用显著低于行业内既有的公司。究其原因，也许是新公司比老公司面临更不确定的环境，以及新公司难以明确自己提供的产品和服务所面向的顾客，这些因素可能限制了商业计划能够带来的积极回报。

总之，这些结果建议我们以权变的观点看待商业计划，我们应该提出正确的问题："商业计划给我的企业带来的积极作用是什么？"并且相应地调整自身的计划方案（Brinckmann等，2010）。

创业故事 19-4

健康转型的典范

基兰·玛兹穆德-肖是印度现代商业的民族英雄。她 25 岁时用微薄的资金在车库里开始了自主创业，仅以 10 000 卢比便创建了一家生物科技公司。那个时候，想要在印度成为一位女性首席执行官就如同与国际知名的辉瑞制药公司匹敌一般遥不可及。如今，她的百康公司已是一家在班加罗尔上市的跨国制药公司。公司雇用了 5 500 多名员工，为患者提供从心脏病到肿瘤等数十种重症的治疗方案，并且正在努力研究，争取在口服胰岛素的研究上取得突破。玛兹穆德-肖几乎已经获得了世界上授予创业者的每一个奖项，她被认为是印度最富有的（自力更生的）女性。

商业转型

然而，上述内容并不是我们要讲述的重点，重点是玛兹穆德-肖取得这些成就背后的故事。人们很愿意为商业奇才编写一个浪漫的结局。比如，她也许前往私人小岛享受退休的惬意；也许爱上了艺术或电影，并用她的钱创办了一家慈善机构；她也许又做了其他出人意料的事情，比如创办另一家成功的公司。事实上，她的确开始了新的征程，她结合所学的商业知识和健康知识，想出了如何解决印度当今所面临的最紧迫的社会问题：40% 的印度人口（大约 5 亿人）没有可享受的卫生保健服务，而这部分人群每天收入不足 80 便士，处在贫困线以下。

商业明晰

对于玛兹穆德-肖这样的富人来说，用捐款的方式来解决这个问题是非常容易的。她所持的百康股份的股价高达每股 13 600 卢比，所以她有足够多的钱捐款。但是，她自称是"慈悲的资本家"，并声称在过去 30 年里认识到获得利润才是实现影响力、可持续性和进步的坚实基础。因此，她试图通过商业的力量解决社会问题。"创新和商业不仅是推动技术进步的强大工具，更是推动社会进步的有力工具，"她说，"唯一不同点是，当它们被运用到促进社会进步时，实施起来的成本更低，因为更多的人会受益，影响力也会更加持久。"

商业影响

玛兹穆德－肖为了实现慈悲的资本价值，创建了两个平台。第一个是被叫作健康帮助（Arogya Raksha Yojana）的基金会，其愿景是开设为当地人服务的小型乡村诊所。第二个叫作玛兹穆德－肖癌症中心，它坐落在班加罗尔，拥有现代化的设备。两个平台都通过构建特殊的社会商业模式以提供高质量的医疗服务。

小额保险

印度既没有建立公费医疗制度，也没有政府支持的医疗保险。缺乏这些机制，对于贫穷的家庭来说，家庭成员每一次重大损伤或疾病的治疗都意味着巨额的经济负担，甚至可能不得不放弃治疗。但是，在玛兹穆德－肖的健康帮助平台，每人一年交150卢比就能购买健康保险并获得全年的医疗与保健保证。

社会定价

在班加罗尔开设玛兹穆德－肖高科技癌症中心的固定成本是巨大的，小额保险的收入无法完全承担固定成本。所以，玛兹穆德-肖首创了"补贴的便利"定价计划。她早上8点到下午5点为富人看病收取全额价款，下午6点到晚上10点为中产阶层看病收取半价，而在深夜免费为穷人看病。

商业健康

玛兹穆德－肖向我们展示了实现健康转型的路径，那就是帮助患者恢复健康，同时获得合理的利润。她认为，商业不分好或坏，只是达到目的的一种手段，甚至能同时达到多种目的。不仅如此，玛兹穆德－肖还告诉我们创业者如何才能不断地凭借拥有的事物创造价值，并鼓励我们提高自身健康水平，提升工作的意义。

结语：不管是否计划，最主要的是采取行动

我们希望在需要商业计划时，你知道该如何开发它；在不需要时，你也能把企业运营自如。毕竟，拥有或没有商业计划但以失败告终的企业都很多，拥有或没有商业计划但是获得成功的企业同样很多。

不管是否拥有商业计划，没有什么可以代替行动——让自己的企业获得某些成就。不论是与客户达成一项交易，或是交付产品，哪怕仅仅是注册公司的名字，如果不采取行动，新企业就毫无进展。采取行动可以产生让生意运转起来的牵引力。

除了作为筹措机构投资者资金的营销工具以外，商业计划其他有效的作用之一在于它能帮助你采取行动。并不是每个人都需要用商业计划开始行动，但是，如果它能起到这个作用，那么就要充分利用它。请牢记，商业计划从本质上来说仅仅是推动企业发展的一个工具。如果它没能起到这个作用，请忽略它，并继续前行。

现在怎么办

- 你如何简单地解释你现有的机会？
- 将你现有的计划转化成"你将要卖什么、你将卖给谁、为什么他们找你购买"。
- 具体列出你目前采用的商业模式中的一项交易；请阐述一个典型交易的时机、成本、价格和客户决策。你的商业计划是否有效地传递了你对这一层面关键问题的掌握程度，还是说它仅关注宏大的想法和大胆预测？
- 明确那些需要了解你的商业计划的听众。你将对不同的听众强调哪些不同的内容？你想让每一位听众相信什么，以便他们更好地理解你的计划？

金 玉 良 言

好的商业计划因使用目的不同而形式各异，毕竟一个模子无法适用全部。最重要的是它必须有说服力，而不仅仅是合理的，或是仅关注于对未来的预测。如果使用得当，你会在建立不同版本的商业计划的过程中，对你的企业了解得更深、更多。

深 入 思 考

- 什么是你真正可以计划的？
- 商业计划还可能提供其他东西吗？比如，能增强创业者的信心吗？
- 承诺升级的想法如何与商业计划相融合？

第 20 章 企业发展壮大：创造创业文化

> 雇员越来越多，公司已成规模，我也该离开了。
>
> ——卡姆·克拉克，连续创业者

本章概要

- 预测的力量
- 组织结构的力量
- 结语：新的视角

在商界中，一直存在一个悖论：创业者的梦想是建立一家成功的、经久不衰的、能够不断发展壮大的企业；而那些已经成功、经久不衰、发展壮大的企业的高管们，却争先恐后地到商学院学习，为的就是让自己和企业更具充满活力的创业精神。现在创业成功的大企业有很多，这足以证明创业梦想是有可能实现的，但为什么管理者在探索创业之路上永无止境呢？

有必要从一开始就认识到，数不胜数的大企业都渴望具有创业精神。大企业及其员工通常具备三种特质，但这与创业专家所建议的背道而驰。

（1）预测。企业能够发展壮大，一般来说是因为它已成功地为其产品或服务找到市场。有效的市场能为企业带来各种有利的强化要素，例如，可靠的收益、品牌知名度以及大量的客户。同时，它还能书写历史。企业年复一年成功地销售同一种产品，会促使、鼓励并强化人们根据过去的销售情况预测未来。从原料供应商到分销商，整条价值链都已经根据历年成功的销售经验形成了一种模式，这一模式对于改良及拓展业务而言是有效的。但具有讽刺意味的是，依赖预测会阻碍管理层继续寻求新机会，而不可预知的机会却正是帮助企业在初期得以发展的关键要素。

（2）组织结构。企业规模扩大，就意味着有必要对其加强管理。企业在初创时如果只销售几种产品或服务，那么创业者自己或者一个小而精的团队就可以控制全局。但随着企业销量增大、销售地域拓展、客户增多、供应商增加、追求标准化的交付流程，企业的运营压力也会变大。企业逐渐分化成几个专门的单元，形成一个由若干决策制定者领导的科层结构或者矩阵结构。组织结构把决策制定和执行割裂开来，而这些工作对于经验丰富的创业者来说，原本是可以很迅速地执行、兼顾并且能反复迭代的。

（3）流程。流程既有好处，也有坏处。随着新创企业的不断壮大，规范的流程是其发展的必然结果，也是大企业的优势。不是每个人都能与其他所有人和睦相处，因此，总会有制定规则、政策及步骤的需求，以保证企业得以正常运转。然而，许多流程在设计时都没有把"创新"包含其中，而创新恰恰是获取机会的源泉。

> 我们需要一个富有创业精神的社会，能够接纳创新和创业，并使其得到稳定、持续的发展。
>
> ——彼得·德鲁克

当一个潜在的创业者看到大企业的这三种特质时，他可能不会选择去大企业工作，而是会更加坚定其创业的决心。上述特点只是帮助企业变大、变强，而且，通过企业一手开发出来的市场来积累资本也并非不可取。但是，创业者并不推崇上述三种特质，因为它们不能带来奇思妙想，也不能促进企业成员的创新。对于预测、组织结构、流程这三种特质，创业者往往会弃之不用，因为它们更适合成熟的环境与市场，而创业者通常是要探索具有风险性的项目、开发新市场以及创造新产品，而这些都处于不确定的情境之中。

我们的调查研究发现，创业专家在不确定的情境中创建企业时会使用效果逻辑原则。正如我们在整本书中着重强调的这些原则一样，我们将效果逻辑与更适合成熟企业的预测方法进行对比。虽然我们使用"非此即彼"的方式来描述效果逻辑与因果逻辑，以达到某种清晰的对比效果，但实际上，在许多情况下，企业既包含不确定性要素又包含成熟要素。另外，随着企业发展壮大、市场变得成熟，在企业决策过程中，因果逻辑或预测的使用变得更加重要。

我们的目的在于通过分析创业专家的最佳思维方式，重新定义大企业的预测、组织结构及流程这三种特质，把企业的一部分资源从束缚中解放出来，使其去创造新市场、新产品、新服务，创造大企业更长久的未来。

预测的力量

如果我们向几位创业专家提出一个商业难题，我们发现他们很少使用预测的方式来解决问题。在创业过程中，他们获得的启发之一就是不要依赖过去做决定。他们更愿意相信自己能改变所处的环境（无论这种想法是对还是错），然后集中精力采取行动，从而收获美好的未来。

当然，创业者不是我们身边唯一的专家。医生、象棋手、出租车司机，包括企业高管中都有专家，同样的逻辑在他们身上也适用。随着时间（至少10年）的推移以及不断的实践，职业经理人认识到维持大企业良好运转的方法之一就是预测。

受制度约束，企业高管不得不进行预测。从市场预测到预算编制，从个人目标制定到客户满意度评价，历史数据都是制订计划、设立目标的基础。其实，这样做有一定的道理，而且这种做法也奏效了。例如，企业高管根据企业历年销售增长情况预测今年的销量，从而做好人员配置及生产计划，这是行之有效的。既然预测这一策略十分有用，公司制度也就对其进一步强化，而这也是企业高管所能学到的。

事实上，企业高管往往过于擅长预测，以至于他们在任何情况下都要运用这一策略。预测就像一把铁锤，不管问题是不是一颗钉子，他们都会用它来解决。在一个实验中，我们为企业高管呈现了决策制定的情境。实验场景设置在成熟行业，涉及一家名叫 Frigus 的虚拟的冰箱制造商在几年内的战略决策。对于其中的一半受试者，我们假设公司及这个行业一直保持成熟状态，从竞争者到产品再到客户，鲜有改变。而对于另一半受试者，我们假设环境变得不确定：竞争对手合并、新竞争者、新技术、新消费者市场、新销售渠道纷纷涌现。我们测量了这两种不同情境下受试者制定决策时对预测的依赖程度。你可能已经猜到，在成熟、稳定的环境中，随着实验深入，企业高管越来越多地运用预测这一策略，并逐渐认识到预测是一个有效的工具。然而，你可能想不到的是，一旦高管面临不确定环境，他们依然会基于预测采取行动，依赖程度甚至比那些在成熟环境中的企业高管还要高。尽管过去的情况与现在大相径庭，没有任何联系，但是这些高管中的精英们在不确定下一步该往哪里走的情况下，仍然默认其最了解的预测工具是正确的。

企业高管在任何情况下都会运用预测来解决问题吗？答案是否定的。问题的关键在于意识。如果他们能够意识到预测只是可用工具中的一种，或者意识到在制定决策时预测会存在偏差，那么他们就会有所选择。

此外，在冰箱制造商模拟实验中，我们发现，当企业高管面对不确定情境时，有两种因素会影响他们是否会摒弃预测这一策略而采取冒险行动。第一个因素是他们如何看待所处的环境。当他们认为企业所处的行业和竞争环境对企业构成威胁时，他们会更多地运用预测方法。然而，当这些因素被看成是机会时，他们就能快速转变，开始运用那些类似于创业专家会用到的方法。第二个因素与企业高管过去的经历有关。那些曾经历过不确定情境（新的地理区域、新产品、新市场）的高管，一旦发现预测不能解决问题，他们就能快速转变到非预测性策略方案上来。因此，要想让大企业员工愿意采取并运用具有创业精神的方法，那就要帮助企业高管将威胁重新定义为机会，并让他们到那些会面对不确定环境的岗位轮岗，这是十分可行的策略。

企业高管和创业者看待机会时有截然不同的观点,如表20-1所示。

表20-1 企业高管和创业者看待机会时截然不同的观点

	大企业中的高管	新创企业环境中的创业者
对机会的认识	确定且有限。企业已有明确的政策规定,选择受限。一般来说,只有与核心业务相关或能促进核心业务发展的机会才会被考虑	多样且可协商。从产品供应到目标市场,一切事情都可以协商。投资者会考虑投资那些与商业领域、规模、客户或产品性质无关的机会
潜在投资者	数量少且受到限制。新的机会往往需要得到批准,这既不利于新项目启动,也会限制企业在机会出现时对项目做出相应调整的能力	数量多,灵活性高。投资者多种多样,为创业者提供了一个潜在的投资者市场
投资标准	至少达到企业最低盈利标准。对一家市值200亿美元的企业来讲,最低限度的盈利标准可能是10亿美元。这样一来,企业会错过许多小机会,而被迫下大赌注	获得收益即可。在一个商业计划中,投资者可以只投资他们心仪的一小部分。投资规模可根据机会大小而改变,因此感兴趣的投资者也会变多
前景	能给予帮助和支持,按季度进行评估。大型上市公司对股票市场负有责任,每季度都要提交财务报告。项目一旦获得投资,也就会获得支持,除非项目失败得一塌糊涂	即时行动,几年评估一次。靠风险投资起家的企业,在实现资本自由流动之前,要募集4~6轮投资。新一轮投资的前提是上一轮投资收到令人满意的投资回报,这也是检验现有工作、调整未来方向的机会
投资人带来的附加值	提供基础建设,构建协同效应。大企业能为风险项目提供分销渠道、品牌效应、制造工艺及行政管理支持。不过,要想实现以上这些价值,企业必须先创造机会	提供关系网络,建立投资组合。某个投资者的人际关系网络可能会为投资组合内的企业带来客户、合作伙伴或未来的投资者

延伸阅读

创业的效果逻辑

几位学者已经将效果逻辑融入自己的公司经营中。托马斯·布莱克曼围绕效果逻辑展开了一套咨询实践,并把他的见解写入书中,解释了大公司如何更具有成效(Blekman,2011),以及如何更明确地组织卓有成效的行为(Blekman和Konijnenburg,2012)。迈克尔·法钦波尔开展了一套围绕效果逻辑的培训实践,并从中提炼出许多关于有效行动和有效决策的观点（Faschingbauer，2013）。法钦波尔和雷内·莫尔还合作举办了关于效果逻辑的多次私人研讨会，以帮助人们创建和实施项目。这些工作激发出大量的对不同形式的效果逻辑的新见解，鼓励人们以不同的方式思考（Mauer，2015）。

一延一伸一阅一读一

恭喜你，成功了！对不起，你被开除了

诺姆·沃瑟曼在哈佛大学商学院教书。他开设了一门课程，教创业者如何解决创业之旅中遭遇的矛盾。此外，他还总结了一些研究和课程教学内容并编写成书，这本关于创业者窘境的书获得了很高的赞誉。沃瑟曼指出，创业者经常面临着"变有钱"还是"变强大"的选择。为了提升公司价值，创业者经常需要外部融资。但是，引入外部投资者就意味着放弃对公司的控制权。另一个选择就是，不引进外部资金，独自发展，在这种情况下，创业者可以保留对公司的控制权。然而，同时做到既"有钱"又"强大"是很困难的。但在这样的普遍规律中总有例外，例如，创业者理查德·布兰森和菲尔·奈特。在对美国212家创业公司首次公开募股的调查中，研究者发现能使公司上市的创业者不足25%。实际上，50%的创业者在公司成立3年之后都不再担任首席执行官。在创业者自愿离开公司之前，他们中的大多数人都会以他们不喜欢的方式被迫离开当初创立的公司。沃瑟曼指出，许多外部投资者（比如风险投资家）会坚持请专业的首席执行官来经营其投资的公司。建立管理层次结构以及诸如财务

第20章 企业发展壮大：创造创业文化

控制之类的正式程序，是使公司变得"专业化"的一部分（Wasserman，2015）。

延 伸 阅 读

内部市场的要素

企业要想变得更加"市场化"，需要三大核心要素。

- 自主：保证员工能够自由地探索那些他们认为非常有趣的创新想法。
- 奖励：不论是谁，推出新产品应获得相应的奖励。
- 心理安全感：为员工提供保证，如果一个员工的创新想法经探索后以失败告终，他不会被开除或受到惩罚。

在一项研究中，我们观察了近6 000家企业的250万名员工，我们发现以上这三项要素（自主、奖励及心理安全感）与创新息息相关。其中，最重要的是心理安全感，它对创新的影响力是其他因素的两倍。

可以看出，企业在创造推动创新的文化的过程中，最重要的是给予员工一定的支持，允许他们经历失败。员工在实践其创新性、实验性的想法时应该感到安心，不必害怕会受到惩罚。

再观察一下科层制企业和拥有内部市场的企业，我们会发现两者的不同之处还能影响到决策制定和创意开发。传统的科层制企业就像是垄断者——你有一个好想法，但你的老板不喜欢，那这个想法只能"胎死腹中"。

真正的挑战在于，企业如何才能让"利用失败进行组织学习"变成一种制度。毕竟，不是每一个项目都能为公司带来利润，但是每个项目中都有可供学习的经验（Read 等，2013）。

组织结构的力量

所想与所做之间联系紧密。习惯于预测的企业高管，会很自然地设计一套结构体系，使得同一项活动可以反复、高效地完成。但这是有代价的。请设想以下情景。

你的办公桌上有一摞文件，最上面的是一份新产品提案。你昨晚就已经把它放在那里，而你心里也明白这份提案对于帮助公司抓住新机会的重要性。在你看到它之前，一堆问题已浮现在脑海。你怎样才能说服部门总监批准这份提案？提案中的预计销售额是否足够大，以引起她的注意？又或者，预计销售额太大了，你根本无法达成？如果提案能够获得批准，团队执行速度能否比竞争对手快？如果失败了，你会被炒鱿鱼吗？如果过于成功，抢了公司现有盈利产品的风头，你会被排挤走吗？另外，这一提案还会占用现有产品的一部分市场预算。直觉告诉你，还是先做完市场预算吧，新产品提案可以改天再说。有太多资金障碍，有太多个人风险，有太多不确定因素。你一直犹豫，思考着那份新产品提案……

组织结构重组

大企业的组织结构会让上述现象越来越多，它会在改善现有产品的同时，降低企业员工创造新产品的动力和信心。这是为什么呢？

创新企业的环境对创造新的机会更友好一些。我们看到许多公司领导人都选择了离开，而不是留在大企业发现新机会，例如罗斯·佩罗离开 IBM 公司创立电子数据系统公司，史蒂夫·沃兹尼亚克离开惠普创立苹果公司，都皆缘于此。但是创业情境告诉我们，组织结构也可被用于激励人们创造机会,而非只对他们形式约束。

威胁僵化

研究发现,如果人们感到自身受到某种情况的威胁,他们会限制自己的选择,并倾向于采用曾经一直使用的方法——在威胁面前人们的思维僵化了。但是,如果人们能把面前的情况看作机会,他们就能发现更多可行的解决方案,并想出更多创造性的方法(Staw等,1981)。

一延伸阅读一

具有创业精神的组织结构:内部市场

新企业的环境就像是一个市场,而大部分大企业就像是等级森严的统治集团。大企业能否调整"部门创造机会"的结构,使其运作方式更加市场化?事实上,一些大企业已经遵循内部市场模型来运转。例如,3M公司为员工设计了一套市场式的时间分配体系,员工每周有一天可以用来研究他们的奇思妙想,其中一个员工就帮助公司推出了便利贴。便利贴的发明者阿特·弗里是3M公司的一名员工,他利用个人时间来实践他的这一创新想法。现在,便利贴已成为3M公司最成功的产品之一。另外一家拥有内部市场的企业是科氏工业集团,它是美国一家私有的大型石油及化肥贸易公司,该公司施行"基于市场的管理方法",员工具有决策权和绩效工资。在硅谷非常成功的谷歌公司,员工可以利用20%的工作时间来做任何他们想做的项目。

我们的核心观点就是,大企业应该在共同的技术和市场的基础上,建立不同的机会组合,以鼓励任何人在任何层级上产生创新性想法。创意可能源于各处,我们的目标是构建一个能在适当的条件下鼓励人们创新的组织结构,让员工冒最小的风险,开发最大的潜能。下面一些原则源自新企业结构职责中的要素，能帮助企业内部市场正常运转。

（1）向所有潜在的创新者开放企业内部市场。为那些渴望探索新机会的员工提供时间、自由或自主权。设计一个组织结构体系，保证每个有创新想法的人都能提交提案、申请资金。

（2）向所有潜在的投资者开放企业内部市场。任何一名对企业盈亏负有责任的人员都可以申请管理一项基金。投资盈亏纳入管理者业务部门的业绩。基金规模至少每年调整一次。是否投资某个新项目不完全由首席执行官决定，企业外部人员甚至可以参与决策。例如，来自风险投资行业的个体也可以参与投资企业内部的项目。

（3）鼓励采用迭代的方式利用机会。在项目进行后期几轮募资时，项目初期投资者不允许独占投资的权利。其他投资者（无论来自企业内部还是外部）都必须参与进来。这意味着需要注意以下几点事项：第一，企业外部投资者，如风险投资人、合作伙伴以及客户，可以帮助验证机会的好坏；第二，内部投资者也必须积极参与并迅速做出反应，与外部投资者竞争最好的机会；第三，这可以避免项目初期的投资者陷入"承诺升级"——将大量资金投向明显不好的机会。

（4）不再为投资规模设定最小值。根据行业不同、机会好坏，投资规模可大可小。这样做能鼓励人们放心投资，而不必担心是否达到投资规模的最小值，鼓励人们不要过早地过度投资那些不确定性很强的项目，而是在认定机会确实很好以后再不断加大投资。

（5）一切都可以协商（只要符合企业的理念和价值观）。就如同进行风险投资一样，企业的大部分事务都由投资者和项目发起者经过协商并达成一致意见，包括所有权、薪资、投资额、商业计划的性质、阶段性目标等。新项目的股份也可以在内部及外部市场上按市场价进行买卖。可以由项目组来负责保护企业的知识产权。

（6）支持与企业核心业务具有竞争性的项目。允许新项目分享核心业务的资源。来自企业内部的竞争要比来自外部的竞争好得多。

（7）拥抱失败。向员工保证，即使他们的创新想法以失败告终，他们也不会被开除或受到惩罚（大企业员工面对失败时的心理安全感见

表 20-2）。将失败视为学习工具，而不是淘汰员工的理由，企业需要建立一种这样的文化及支撑这种文化的组织结构。

表 20-2　问与答：大企业员工面对失败时的心理安全感

员工应该如何与老板谈自己的损失	员工应考虑到老板的期望和可承受损失这两方面。为新项目或新产品设定极高的期望值，也许能促使老板批准你所需的资源，但同时也导致当项目或产品出现纰漏时很难得到有效的处理。因此，要对老板实事求是。其次，评估个人及公司可承受的损失或负面的影响，尤其对于那些不确定性较强的项目。只要得到有效控制，失败就不会达到不可挽回的地步，即个人或公司难以承受项目带来的损失。另外，如果项目失败，这样做也能帮助人们在分析整个项目失败的原因时减少情绪化，客观地看待失败，吸取其中的教训
对工作中的失败进行讨论，应该是在失败之前还是在失败之后	应该在失败之前就充分考虑到项目可能存在的缺陷（以便在项目实施时有效地避免它），并结合项目的投资额对有可能的失败进行讨论。只要项目实施的结果还在预设的可承受损失范围内，项目就还是成功的，这是大企业把失败重新定义为成功的关键因素。此外，人们应当对每一个项目进行反思，给思考下列问题提供机会：团队喜欢这个项目的哪些方面？不喜欢哪些方面？从该项目中能吸取哪些教训？企业在实施其他项目或再次实施这个项目时，应如何避免重蹈覆辙
老板应如何给予团队心理安全感，以激励创新	老板应言出必行，从自己的失败中吸取教训，并与团队分享。与团队一起对所有项目进行反思。表扬那些能够从失败中吸取教训的员工，并与其他员工分享他的故事。这些显然不是企业工作手册里的规定，而是深藏于团队或企业文化里的内容

通过运用以上原则，惠普已与硅谷的风险投资公司 Foundation Capital 建立起了紧密的联系，学会了如何把握风险投资人带来的机遇，并共同探讨未来的投资趋势。

这样，下面这些信息应该就不会令人感到意外了。微软也频频与风险投资人接触，试图从他们那里获得机会，即便这些机会看起来很渺小，甚至不值得软件巨头把它们推向市场。这一趋势正向更加传统的行业拓展。内部市场已帮助可口可乐及花旗集团等公司推出新产品，并为美国运通公司的人才管理注入了更多的活力。

在企业里提出请求

在法庭上，律师遵循以下原则："不要问你不知道答案的问题。"巧的是，许多商人居然也遵循同样的原则。这一原则会限制企业的革新和创业者的创造性思维，同时，还会让许多企业管理者因为受到局限而感到无所适从。

如果解决问题的办法是不断提出请求，那为什么很多的企业管理者并没有这样做呢？因为他们害怕未知，如果不按照事先设定好的计划来办，会发生什么呢？所以，大多数的企业管理者在制订计划和执行计划的基础之上，并没有多余的空间去进行"即兴创作"。

提出请求确实可以让人对绩效有更好的控制，而不是仅根据预想的假设来行动。这里有几个步骤，你可以遵循，以便在企业合作的模式中成为一个成功的请求者。

- 从小处开始。从向你的同事提一些小请求开始。例如，对另一位管理者，请求他与你通力合作完成项目。又或者，对一个与你合作的外部伙伴，请求他以一种新的方式与你合作。
- 管理预期。如果你计划完成一个更大的任务或者想要采用更开放的对话模式，请提前告知你的同事。因为企业默认的对话方式是随意的，当对话以一个更加开放和共创的方式进行时，可能会有人退缩。让同事提前知道你需要不同风格的对话——既开放，又能够激发双方的潜能，这样能够让对方更慎重地考虑你的请求，而不只是惊讶。
- 聆听。你提出请求以后，仔细地听对方的回答。

不仅要听他说了什么，还要听他没说什么。如果他们的回答是"不"，或者拒绝加入，那么是不是因为他们认为在合作中自己没有做决定的权力？

- 寻找思维开阔的人。如果和一个不愿与你合作的人在一起，场面就会非常尴尬。所以，尝试寻找那些在组织中愿意合作或者具有创造性管理思维的人，向他们提出请求。
- 反馈。通过分享关于请求的故事，在你的团队中建立起善于提出请求的企业文化。既可以分享成功的例子，也可以分享失败的例子。当看到绩效改善时，讨论你提出请求的故事（既来自你的成功经历，也来自你的失败经历）会增强团队的信心。同样，它们也能激励他人走出困境，并开始提出请求（Whiffen，2015）。

—延—伸—阅—读—

天赋异禀的创业者

许多经济学家认为，天赋异禀的创业者是经济活力的核心。这样的主张影响着支持创业的公共政策的制定。通常情况下，政策制定者会将创造就业机会和经济增长联系起来。但是相对而言，通过研究所得制定出的公共政策较为少见，比如说，基于大量研究的综合结果制定的政策。

迈尔-豪格和他的同事进行了一项研究，试图提供这种证据。他们分析创业"天才"的特质与中小型企业绩效结果之间的系统性联系。这项研究整合了以往183个学者的研究课题，涵盖了5万多家公司的数据。他们展示了创业"天才"的五项指标：经验技能、教育水平、计划能力、创始团队以及人际关系强度。这里有几条重要发现。第一，研究者发现，创业者的人际关系与带来公司业绩的多种措施之间有着密切的联系。这证明了相较于创业者个人，企业在各方面表现优良的绩效更多地来自多方的共同努力。这个研究发现启示我们，一项公共政策的目标应该是促进企业与其利益相关者之间更丰富的人际关系。第二，研究显示，不同的天赋与不同的公司绩效有关，比如就业增长、收益率、企业生存等。这项研究表明，政策制定者需要制定详细的公共政策来提升特定的绩效，而不是仅仅为创业者提供一些笼统宽泛的支持（Mayer-Haug 等，2013）。

创业故事 20-1

呼吸新鲜空气

无论是纽约的探险家还是尼泊尔的探险家，多年来一直都很感激 Gore-Tex 这种材料。这种材料既能阻绝外部物质的进入，又能保证人体汗液的排出。这样一种看似互相矛盾的功能，使得一系列功能强大而又舒适的衣物成为可能，而这一切都要感谢戈尔公司。该公司刚刚度过其50岁的生日，我们来仔细分析一下这家公司是如何在半个多世纪里一直保持创业精神的。

没有创新氛围

1945年，比尔·戈尔加入杜邦公司。他所在的团队负责为一种新型聚合物"聚四氟乙烯"（也就是特氟龙）开发用途。因其结实、耐热的特性，比尔尝试用它来做电线涂料。鉴于计算机产业正在兴起，比尔认为这一用途有很广泛的前景。他对特氟龙的技术优势深信不疑，并试图说服杜邦公司生产特氟龙绝缘电缆，但没有成功。1958年，心灰意冷的比尔与妻子维芙在自家的地下室创立了自己的公司。戈尔公司的电缆产品的确开拓了一片市场，不到10年时间，公司雇员就超过了200人，戈尔电缆还在一项登月任务中得到应用。

编织生活

电缆产业的激烈竞争促使比尔和他的儿子鲍勃一直专注于创新。这对父子继续在特氟龙上下功夫，他们探索如何通过加热拉伸使它可以像织物一样编织，并最终将 Gore-Tex 推向市场。但在这之前，比尔就已经开始设计公司的组织结构，目的就在于让公司大胆地拥抱创意，不要再走杜邦公司的老路。

忠实的伙伴

戈尔公司的员工都是公司的"伙伴"。在矩阵组织结构下，戈尔公司的所有员工都拥有同等权力。当且仅当有其他员工愿意追随的时候，团队领导才能脱颖而出。另外，员工还可以自由选择参与哪个项目。这样做的目的和结果就是让好想法、新想法可以在团队的努力下得到自由发展。只要不让整个公司陷入险境，公司允许团队做任何事，因此团队能得到公司的全力支持。

更小的规模

戈尔还确定了理想团队的规模，并据此构建公司。他发现，当单个生产团队超过150人时，会出现两种情况。第一，团队会失去合作意识，决策制定的责任从"我们"（整个团队）转移到"他们"（某些不知名的官僚）身上。第二，每个人的平均产值开始下降。于是，一旦生产团队人数超过150，戈尔就会把它一分为二。

没有悬念的成功

这个办法奏效了。如今，戈尔公司已在众多领域推出创新性产品，例如你可能熟知的衣服、鞋，还有其他一些领域，如吉他弦、牙线、太空服、缝合线，都有戈尔公司的产品。戈尔公司是"美国私企200强"之一，并始终被《财富》杂志评为"美国最适合工作的100家公司"之一。今天，该公司年销售额超过20亿美元，拥有2 000项专利技术，在全球范围内雇用了8 000多名员工。戈尔公司将继续挑战"大企业不再具有创业精神"这一传统的普遍观念。

戈尔公司的实践问题

- 戈尔公司的运营模式是否存在某些潜在的缺陷？
- 戈尔公司的运营模式对如何管理衍生企业（spin-offs）有何启示？
- 在何种情况下，戈尔模式能使公司盈利？
- 结合自身情况说明戈尔模式的哪些方面最吸引你的组织？

创业故事 20-2

流程的引导

尽管人们对流程有诸多怨言，但流程的本来意图是好的：帮助大企业组织协调工作，提升员工的工作能力。现在出现的问题不能归咎于流程本身，而应该归咎于执行——怎样才算完成一项工作。下面以保险软件供应商 Guidewire 为例来阐释几种不同流程的执行情况。2001年，约翰·西博尔德与合伙人共同创建了 Guidewire 软件公司，那时他们对保险业的了解还比不上一位见多识广的保险客户。作为这家新创企业的首席技术官，西博尔德明白，要想让主流保险公司抛弃已过时的电脑主机，转而采用 Guidewire 公司基于 Java 的解决方案，他和他的团队必须尽快学习专业知识。

流程的目标：灵活性

西博尔德和他的团队仔细分析了问题所在，并做出了决定。他们发现，最重要的是要有较高的灵活性——产品灵活、商业模式灵活、组织形式灵活。他们希望每天都能从客户、合作伙伴及竞争者那里得到一些真知灼见，并且能够立刻受益。

流程的执行：冲刺

Guidewire 公司由许多小而灵活的项目团队组成，但这并非它的独到之处，它最关键的不同之处在于，每个项目团队的任务只能持续一个月。月初，每个"冲刺团队"都从最重要的任务列表中选择一项需要被处理的任务。团队要选出这个月的项目负责人，然后共同将任务"消灭"。月末，等任务结束后，团队要对本月的任务进行反思，并且在任务的优先顺序得到调整以后再挑选一个新任务，然后再循环整遍流程。

公司迈向成功的关键是"待办任务列表"。员工产生的新想法、客户提出的新要求，都会被添加到这个待办任务列表中。在为期一个月的"冲刺"时间里，公司不会对任务的优先顺序做出任何调整，调整时间是在每月月初。另外，公司只会将那些位于列表前列的任务交给下个月的冲刺团队。

月末，每个团队都要有具体的、完整的、经过测试的、有文档记录的、可直接交付客户的成果。事实上，公司规定由客户来直接审查团队所交付的成果，并由客户决定成果能否审查通过。这种做法既能促使项目团队交付实用且完整的成果，又能让客户充分表达意见。

每天早上，每个冲刺团队都会用白板安排一场10分钟的会议，讨论昨天的工作及今天要完成的任务。无论是个人还是整个团队，其表现和近期安排都完全公开、透明。每到月末，团队都会对整个任务进行检查，讨论哪些方面做得好、哪些方面需要提高以及在下个月的冲刺任务中想做出什么样的改变。

流程的结果：创新

Guidewire 公司在行业屡获殊荣，并得到了许多客户的大力推荐，这足以说明公司的流程是成功的。西博尔德还讲述了一个意料之外的收获。

第一次运用这个流程时，我担心员工会因为那个超长的"待办任务列表"及在一个月时间里要完成小之又小的任务而感到沮丧。但事实恰恰相反，他们都在喊："天哪，事情都在我们的控制之下，看看我们的成果吧。"这个流程的确能振奋士气，而且这种状态一直保持到现在。

Guidewire公司现在有1 000多名员工，在全球范围内有200多家保险公司已成为它的客户。对于一家新创企业来说，公司这样已经算成功了，但相比它的客户，也就是那些保险业巨头来说，仍然是小巫见大巫。尽管如此，这一流程已被公司传承下来，并进一步发扬光大。顺便提一句，如果你怀疑这一流程在大企业是否适用，也许你会对下面这句话感兴趣：事实上，Guidewire公司的那些规模较大、做事较为保守的保险行业的客户，不仅正在使用Guidewire公司的软件，还引入了Guidewire公司的工作流程。

流程的原则

一般来说，有什么样的流程，就会有什么样的结果。Guidewire公司的例子说明，提出一种发展新产品并进入新市场的见解是可能的。更巧妙的是，他们提供了在大企业中挑选、提拔并培训人员的创意，以及关于什么能够帮助创业者与企业协同发展壮大的见解。他们对大企业内部的战略规划流程带来了影响，尤其是在收购新创企业以及管理企业风险基金方面。他们还提到了研发中的合作关系以及技术许可。尽管从概率上看，立志具有创业精神的大企业困难重重，但有很多克服结构约束的方法，并且可以设计促进创新而非抑制创新的流程。当你想到自己的组织时，你不需要完全模仿Guidewire公司的做法。Guidewire公司流程中的一些要素可以被采纳，例如按月调整优先任务、由客户检验任务成果，但不一定必须把公司分成几个小的冲刺团队。另外，大企业不需要上上下下都采用同样的流程，那些负责寻找新机会的团队、群体、单位及部门可以自行设计流程，那些使用Guidewire软件的公司的团队也是这样操作的。不管结果如何，思索如何为鼓励创新行为而改变企业规则，这本身就是一种解放思想的行为。

Guidewire公司的实践问题

- 结束一个陷入困境的项目对你而言容易吗？

- 客户是否在你的企业中占有一席之地？
- 像 Guidewire 这样的公司会吸引什么样的人？
- 你的公司是否会定期反思并优化团队？
- 在你的公司里，创新想法的产生频率是否已达到你的期望？
- 在你的公司里，员工能否感到他们在为公司的成功做出可见的、可衡量的贡献？
- 在你的公司里，创新流程是否足够明晰、清楚？

不同的组织结构，不同的结果

我们再来看看本节开始所提到的场景，想想那个仍放在你桌面上的新产品提案。假设你所在的企业已拥有内部市场，你也拥有一笔可以投资于该机会的资金，而且这笔钱不属于你的日常预算。你的同事也有或多或少的资金，他们也可以用这笔资金投资，以创造属于自己的机会。事实上，你也许还需要与他们竞争你桌子上那份提案的所有权。这部分资金很宝贵，是你千辛万苦从财务部申请来的，并会影响到你所在团队的盈亏。如果能成功地将你的想法变为现实，无论在经济收入还是职业发展上，你都将获益良多。对你的公司而言，它不仅仅是一大笔研发预算，而且是创新之源。这将会怎样改变你的决定：你是会拿起那份新产品提案，还是去处理那一点可怜的市场费用？

一延一伸一阅一读一

高绩效企业创造大部分的社会价值

在《创业幻想》(The Illusions of Entrepreneurship)一书中，斯科特·谢恩（2008）调查了关于小企业的一些研究，他发现社会公众及经济政策制定者对创业存在许多误解。其中有一个十分有趣的误解，即认为新创企业一般都能带来就业机会，因此对社会有益。而真实情况是，大部分就业机会都是由少数几家高成长性的新创企业创造的。这也证实了本书所讲的内容：有能力创办高绩效企业、推出新产品、开拓新市场、建立大型新企业的创业专家所遵循的学习原则，不但对你个人有帮助，而且对社会也有益处，因为大部分的社会价值是由高绩效企业创造的。

结语：新的视角

了解创业专家的做法，并将其运用到大企业的运营中，能为企业高管面临的创新和增长难题提供一个新的视角。显然，大企业在管理新产品项目、考虑进入新市场时可以借鉴创业专家的做法。但你也许没意识到，这些做法还能为企业挑选、提拔、培训内部员工提供一些思路。另外，对于如何才能让创业者继续留在已经发展壮大的企业中，创业专家的做法也有一定的启发意义。对大企业的战略规划流程，这些做法也有一定的借鉴意义，尤其在收购新创企业以及管理企业风险投资等方面。另外，了解创业者的做法，还影响到研发中的合作关系以及技术许可。虽然前面的道路很艰难，但大企业依然能够攻克阻碍组织结构的"三座大山"，并最终成为具有创业精神的大企业。

现在怎么办

- 在你的企业里，当雇员人数为多少时，人均业绩达到最优状态（就像戈尔公司的例子）？
- 根据本章的内容，你会如何改变大企业中的雇员招聘和晋升方式？
- 如果你要为商机创造一个"内部市场"，谁是"买方"，谁是"卖方"？你会使用怎样的交易方式？

- 找出两组看起来建立在效果逻辑相关原则（这些原则可能被悄悄引入）上的研发伙伴关系或技术许可关系。你能否辨别它们是如何形成的，你会如何更有效地启动、运作或重新设计其他关系？
- 试想当你的财务总监向你要一个发展新产品的项目的收益预测时，你会告诉他什么？

金玉良言

大企业要想发展，就要像创业时那样努力，就要践行本书提到的效果逻辑原则。但是为了继续成长，大企业需要详细、具体的解决方案，为追求新机会，大企业要打破对调研、预测和大赌注的过度依赖。

深入思考

- 怎样帮助创业者在企业发展壮大后能继续留下？（比尔·盖茨只是个例外，大部分创业者在企业发展壮大后会选择离开或被迫离开。）
- 是否存在适用于任何企业的最佳组织规模？

第五部分

效果逻辑的应用

在本部分，我们希望你领会效果逻辑不仅与创业有关，它还是描述人类决策过程和行动的一种方式。就像被应用于创建新企业一样，它还可被用于解决世界上的其他问题。我们将讨论企业如何传达其独特的身份（第21章）、人们如何创建科技型企业（第22章），以及创业方法与科学方法有什么相似之处（第23章）等话题，我们希望你能深入思考这些章节的内容。由于本书没有详细阐述创业之旅的种种不确定性，因此我们希望你能够发现如何应用效果逻辑的某些元素来帮助你前行。

不管你能做什么，或者梦想能做什么，开始行动吧。胆识将赋予你天赋、能力和神奇的力量。

——约翰·沃尔夫冈·冯·歌德

第 21 章　品牌作为企业身份：营销你自己

虽然，新企业开始的时候没有品牌。

但是，新企业开始的时候拥有更核心的或者更有用的，同时也是免费的东西。

那就是企业身份。

┊本 章 概 要┊

- 你就是企业身份，企业身份就是你
- 企业身份由许多小的行动确立
- 始终如一
- 超越标志
- 堂吉诃德：运用企业身份
- 实例：杜卡迪的全球形象
- 企业身份行动计划
- 结语：企业身份就是你每天创造的事情

作为新企业的未来创始人、所有者、经理或者说第一位员工，你可能会对世界上那些著名的品牌充满崇敬之情。像苹果、可口可乐、丰田、耐克这样的品牌，一定会给它们的员工带来惊人的市场优势。而你此时一无所有，除了一个想法和些许灵感（或许那些许灵感也是来自可口可乐的咖啡因）。

本章主要讨论新企业如何营销。我们不是从你没有拥有的（一个被广泛认可的品牌、一笔高额营销预算、一个公关团队）角度出发，而是从你已经拥有的角度出发，那就是企业身份。企业身份不仅使你无须花费一分钱就可以开始创业，而且随着企业的发展，它能够帮助你为未来的品牌建立奠定基础，为你最初的营销模式定下基调，并且帮助公司确定未来应该涉足哪些产品或服务领域。

我们需要在开头就说明，企业身份没有绝对的好坏之分。请思考下面两个例子。总部位于加利福尼亚州圣何塞的 Cypress 半导体公司，主要为定制计算机制作可编程的芯片，涉及众多领域，从汽车到医疗器械，几乎无所不包。创始人兼首席执行官 T. J. 罗杰斯，1993 年被《财富》杂志授予"美国最强硬的老板之一"的称号，他经常要求下属在午餐桌上向他汇报工作，还在车牌架上面写"Cypress：我们攻无不克"。

与之形成对比的是佛蒙特州的泰迪熊公司。这个有着童话气息的公司以员工在开会时悠闲地品茶而闻名。这两个公司有什么共同点？它们都是非常成功的企业，同时都有各自非常鲜明的企业身份。对这两个公司来说，企业身份——创始人身份的延伸，有助于吸引员工与合作伙伴，同时为公司制定一个准则：哪些活动对企业有意义，哪些没有。然而，它们的企业身份相去甚远。显然，关于什么是好的企业身份，没有唯一的标准，问题在于如何创造并且使用企业身份。

> **解读：创业者个人身份和企业身份的关系**
>
> 有关企业身份的观点众多。我们认为，企业身份代表公司的"性格特征"，它与公司目标保持一致，并有助于公司目标的实现。企业身份不是品牌，不是标志，它是公司的经营哲学、价值观、准则以及个性。品牌和标志属于企业身份，但它们仅仅是企业身份的一部分。在企业最初成立时，那些标志和品牌元素根本不存

在，所以，创业者个人身份和企业身份最初在很大程度上是同一件事。这说明创业者的手段很重要，他在自己创造的企业里留下的特征也同样重要。

关于公司名字的三点思考

也许创业者个人身份与企业身份最显著的关联是用个人的名字命名公司（如麦肯锡公司）。除此之外，公司名字还能传递出更多企业身份的信息。Twitter 在支持少量、快速地交流方面做得很好，而 Costco 则为顾客设置"寻找低价"的期望。

公司名字应该和产品名字一样吗

关于这一点，没有定论。支持取相同名字的逻辑是，利益相关者连学习一个名字的时间都没有，为什么还要费力教他们两个呢？一些公司像甲骨文（既是公司的名字，同时又是该公司核心数据库软件产品的名字）就体现了这种方法的简易性。而那些致力于创造一系列产品组合的公司则将这两个名字分开，并且可能更多地关注产品名字而不是公司名字，如宝洁公司。

谁会使用你的公司名字，它适合不同的应用环境吗

要考虑到所有可能会使用你的公司名字的群体。如果他们说不同的语言，公司名字在他们的语言中是什么含义（回忆雪佛兰诺瓦车型在墨西哥销售惨淡，部分原因是 Nova 在西班牙语中指"不动"）？请查询字典并确认。如果媒体在你的市场营销中占据很重要的地位，他们会在报道中将你的公司和其他的竞争者相提并论吗？如果答案是会，那么请尽量选择一个首字母在字母表前列的名字。你会对很多人提及你的公司名字吗？如果答案是会，那么公司名字最好符合拼读规则。你的公司名字会出现在产品包装上吗？如果答案是会，那么尽量做到简短并且要考虑到字母的图形元素（像"S、O、G"这样的多曲线字母，还是像"L、E、A"

这样的多夹角字母）。你会有很多电话直销的业务吗？在美国，一个由7个字母组成的名字会让人联想到电话号码。

如何确保公司名字的独特性

这是一个既简单又困难的问题。简单是因为你可以用搜索引擎查找你想要取的名字，并在注册网站上查看这个名字是否已被使用以及是如何被使用的。困难是因为每个人都会想到这么做，所以注册网站及新公司的名字以几何级数在增加。如果想拥有很独特的名字，那么你就要非常有创意，可以搜索其他的语言，结合现有文字的部分元素，甚至还可以创造新的特殊词汇。

"我不确定我们的新公司标志是否正确传递了我们想要表达的信息。"

你就是企业身份，企业身份就是你

如果你已经读了第10章关于创业工具的描述，那么你会知道，企业身份和创业工具是直接相关的，尤其当你是这个企业唯一的员工时，这一点更加正确。随着企业的发展，这个道理同样正确。原因在于，企业最初的身份不可能是市场营销部门（假使你有市场营销部门）凭空创造的，而是员工们（或者唯一的员工）日常所采取的内外部行动的系统反映。但是，仅仅采取行动无法确保创造出一个理想的或者清晰的企业身份。想要建立这样的身份，企业必须遵守下面的经验法则。

忠实反映个性和价值观

企业身份必须反映你最真实的个性。传递给任何利益相关者（包括消费者、合作伙伴、员工、媒体等）的信息必须是一致的。当然，如果你已经成功地与利益相关者共同创建了企业，那么这种一致性就会自然生成。企业身份是用最简洁的、最日常的词汇，直达公司的核心原则，从而帮助利益相关者理解公司的价值主张。所用词汇必须独特且真诚。例如惠普公司提炼出了一个单词"创造"，它可以追溯到公司的创始人在帕洛阿尔托的车库一起工作的时期。

〔延伸阅读〕

认识你自己

众所周知，非金钱动机是个体愿意冒险尝试创业的重要原因。福沙尔和格鲁伯探究了这种动机的本质，发现很多企业是其创立者自我身份的表达。基于体育器材行业49个创业者的样本，研究者发现了三类基本的创业者身份。

- 传教士。这些创业者提出一种创造更好的世界的使命，并且认为他们的公司就是实现这一使命的工具。
- 社群主义者。这些创业者将自己看作社会支持者，往往根据自己对社会需求的认知为社会带来帮助。
- 达尔文主义者。这些创业者将企业视为商业，将自己视为以赚钱为目的的专业的、有竞争力的玩家。

福沙尔和格鲁伯（2011）指出，他们采访的几位创业者都是上述三种纯粹身份的混合体，这与许多创业者都有一套复杂的创业动机的观点一致。

企业身份由许多小的行动确立

一旦理解了企业的个性特征,那么很容易判断你的日常行动是增强还是削弱了企业身份。一家生命科学公司强调"安全"这一企业身份,所以它采购沃尔沃汽车作为公司用车。这或许不是最经济的决策,但一定是与它的企业身份最一致的。出于再利用的想法,马克和史黛西·安德勒斯(见第13章)利用隔夜面包制作皮塔薯片,并且以赠送产品的方式来进行市场营销(最初,他们想使用皮塔薯片吸引人们购买三明治,但转型专职做皮塔薯片之后,他们就把皮塔薯片作为首要推广的产品了)。

始终如一

每天都会有一些与企业身份不一致的新机会出现。例如,聘用一位新员工,进行一次产品创新,撰写一篇新闻稿,确立新的合作关系,等等。管理者需要将这些行动与企业身份相对照。如果与企业身份不一致,那就要果断拒绝。好的企业身份的作用之一在于帮助管理者判断不符合企业身份的行为。20世纪70年代,皮尔·卡丹的企业身份是奢侈品,但如今,皮尔·卡丹已经从《时尚》杂志封面跌落到了折扣店。皮尔·卡丹丧失了原来的企业身份。从企业身份的角度看待新机会、合作伙伴及消费者,可以为辨别某些行为是否符合企业身份提供更有效的方法。

问题

- 企业身份从何而来?
- 如何将企业身份用于早期市场营销中?
- 建立企业身份的代价很高吗?

超越标志

企业身份不仅仅是公司标志。在过去十几年里,以前的电脑先锋——苹果电脑公司有意识地更名为如今的苹果公司，变成了时尚生活方式的技术提供者（注意，"电脑"一词已经从公司名字中彻底消失了）。在这个过程中，马克·安德森设计公司承接了成百上千的项目来帮助苹果公司转型。其中一些改变是显而易见的，如信头、公司标志及产品包装。还有其他一些改变是潜移默化的，如年度报告、新闻稿、公司办公室的外观等。企业身份是一种信息，它在每一次机遇中得到强化，企业也因此从中获利。

另一个例子是星巴克公司。简洁勾勒出的企业标志印在了每个合作伙伴（员工）的名片背后。通过这样的方式，无论他们走到哪里，都以公司行为的形式体现着企业身份，并在每一次商务会面中与他人分享。在名片原本空白的位置传递企业身份信息，这是一个有效的、成本几乎为零的方法！

堂吉诃德：运用企业身份

个人身份是人们对自我的认识，并体现了他们如何关联或归属于更广泛的社会分类。创业者通常以个人身份来解释自己的行为和决策（我是一个什么样的人），而不是以目标或者偏好（我想要什么和喜欢什么）。有时，个人身份与成为一个创业者相关；有时，个人身份来源于个人生活中的其他领域，例如宗教信仰、政治立场、童年的创伤、审美追求，甚至是对最喜爱的运动队的忠诚。

> 我知道我是谁，我也知道如果让我选择，我可能会成为谁。
> ——塞万提斯

个人身份通常在决策中扮演着重要的角色，尤其是重要的人生决定（例如创立一家新企业），并且在人们面对很多不确定性时非常有帮助。

我们可以在伟大的文学作品中找到强有力的例证，例如《堂吉诃德》。堂吉诃德之所以做事果断，是因为他知道在任何情况下作为一个骑士应该怎么做，即使面临着极其不确定的后果。他做决断的能力来源于他的身份感——深知自己是谁并知道像他一样的人应该怎么做。

换句话说，企业身份包括对某种生活及决策方式的强烈偏好，而不是某种具体的结果。大多数创业者能意识到塑造并维持强有力的企业身份的价值。当创业者不清楚该怎么做时，企业身份可以起指引作用。企业身份可以是虚拟的，也可以是真实的；可以是随意选择的，也可以是基于社会文化建构的。通常，企业身份是在创建企业的过程中逐渐形成的。试想一下，比尔·盖茨和史蒂夫·乔布斯如何在创建企业的同时构建并强化企业身份。

特里·赫克勒：经久不衰的品牌之父

特里·赫克勒是华盛顿州西雅图赫克勒公司的创始人。他白手起家，曾帮助其他公司创造了一系列成功的品牌，如红湖苦啤酒、杰斯伯背包、帕尼罗面包及星巴克等，这些都是他早期品牌建设的成功之作。

赫克勒将他的创业历程按时间顺序详细地记录在了赫克勒公司的网站上，让我们得以了解他的公司是如何构建企业身份和品牌的——通常从创始人开始。

与大众所了解的不同，星巴克最初并不是由霍华德·舒尔茨建立的，事实上他后来才加入公司，成为公司业绩增长的主要动力。星巴克最初是位于西雅图派克市场上的一个小店，专门销售进口的高品质烘焙咖啡豆，于1971年由三个好朋友戈登·鲍克、杰瑞·鲍德温及杰夫·西格建立，他们三人分别是作家、文学教师及历史教师。

这三个创始人都是小说《白鲸》的"粉丝"，他们想把公司命名为Pequod——《白鲸》中亚哈船长的捕鲸船的名字。在他们看来，那是美国最棒的小说。然而，赫克勒指出，没有人会买叫Pequod的咖啡，所以建议把名字改为Starbos——19世纪初美国西北地区一个采矿营地的名字。事实上，赫克勒把产品的愿景描述为"体验经典一刻"——在美国西北地区雷尼尔山区，在一个凉爽而潮湿的雨天，一个矿工把手伸向营地帐篷中一罐绿色的咖啡。这三个朋友突发奇想，想出星巴克这个名字，因为他是Pequod船上的第一位大副。

从此，一个伟大的品牌开始了它的身份征程，它由浪漫的梦想和创始人的价值观结合而成，并且得到了一位年轻的商业艺术家的帮助，这位年轻的商业艺术家最后凭借自己的能力创造了一个商业帝国。赫克勒公司不仅为许多新企业打造了成功的品牌，使得这些企业从无名之辈成长为全球品牌，并且表现出鲜明的企业身份，而且还帮助现有企业在扩张阶段重塑企业身份并实现品牌延伸。

以圣路易斯面包有限公司的帕尼罗面包为例，他们聘请赫克勒公司帮助自己重新定义了品牌，希望能清晰地表达出他们的使命与价值观，并且能让顾客感受到其核心特点。又一次，人们观察到赫克勒的"体验经典一刻"愿景出现在了该公司标志，以及与名字、店铺所有相关的设计中。网站上描述的企业身份核心是：食物应当有的样子。

商标的核心意象是一位长发飘飘的女性爱抚着一条面包的绘画线条插图。她被人们认为是"面包之母"，象征着这个品牌独特的核心价值。有趣的是，在制作发酵面包的过程中，需要用一小块面团来制作一炉面包，而这块起始面团被称为"母面团"。无论何时帕尼罗面包在一个新的地区开店，20世纪80年代所创造的这块原始的起始面团会被欢欢喜喜地请到烘焙房来，以确保帕尼罗面包的品牌质量及特征会不断延续。

杰斯伯背包的故事也体现了"体验经典一刻"的重要性。该公司由默里·普莱茨和他的堂弟斯基普·洛威尔创立于20世纪60年代。洛威尔因为制作铝制的灵活框架双肩包而赢得了由美国铝业公司赞助的设计比赛。由于他们俩都不懂如何缝纫，默里为了说服女朋友简·刘易斯加入，承诺不仅以她的名字命名公司，而且会跟她结婚。K2公司在1972年收购了该公司并且试图改变公司名字，但所有的员工为此提出辞职。他们喜欢服务于杰斯伯而不是K2公司。当消费者在阿尔卑斯山上远足时，他们希望消费者肩上是Jan的名字。最终，K2公司妥协并且保留了杰斯伯品牌。

赫克勒关于"体验经典一刻"的哲学并不是故作神秘，实际上，它非常实用，而且把消费者当作品牌的共同创造者。

什么是品牌

如果我们正在建立品牌，我们需要知道我们在建立什么。以下是关于聪明的品牌建立者如何定义品牌的内容。

1. "品牌超越逻辑。因此，品牌在本质上是激励性的，致力于建立对产品或公司的情感依赖。"——大卫·艾克教授

2. "产品是在工厂里生产的，而品牌是在人们的脑海中创造出来的。简单地说，品牌就是承诺。"——沃尔特·兰道

3. "从定义上讲，品牌就是当消费者听到你的公司名字时所想到的一切。"——大卫·亚历山德罗，《品牌战争》

4. "品牌从本质上来说就是承诺，是你的商业策略的名字及你准备强化的方面。它并不是你所说的一切，而是关乎你是谁或者你渴望成为谁。"——基思·莱因哈德，恒美广告有限公司首席执行官

5. "品牌就是你所保持的承诺……品牌是公司（或者产品或者服务）的核心优势与消费者所看重的价值之间的交集。"——约瑟夫·莱普勒

6. "品牌是一个名字，通常是厂家或者产品的商标，或是名字所界定的产品；品牌是某种特定类型的东西，一种与众不同的东西。"——《微软大百科全书》

7. "品牌是产品的特征（产品本身）、消费者的利益（产品所满足的需求）及价值（产品与消费者的联系）三者的结合。当市场营销为产品增加价值时，品牌就被创造出来了。在该过程中，品牌把自己与其他有着相似特征和利益的产品区分开来。"——蒂莫西·穆尼，《品牌策略》

8. "我把品牌定义为一个满足以下四个条件的实体：①拥有买家及卖家；②有一个独特的名字；③它是被创造出来的，而不是自然发生的；④消费者对其有正面或负面的评价，而这种评价不是因为内在的产品特征。"——亚当·摩根，《小鱼吃大鱼》

9. "品牌是无形的,但同时又是能体现公司代表什么的至关重要的组成部分。消费者通常不会与产品或者服务建立联系,但是可能与品牌建立联系。从某种程度上说,品牌就是一系列的承诺,它代表着信任、一致性以及某种明确定义的期望。"——斯科特·戴维斯,《品牌资产管理》

10. "品牌是在公司内部起到统一作用的概念,它有助于产生一种持续的、广泛的品牌价值体验。很多公司的品牌缺乏联系,没有被充分利用。他们以为品牌是具体的商品,而不是整体的体验。"——约翰·王,《品牌使命》

11. "创立品牌就像是给牛打上记号一样。当你的产品与其他人的产品千篇一律的时候,你不得不创立品牌。"——罗伊·迪斯尼,引自《华尔街日报》文章,2004年4月3日

我们可以无限制地列举下去,但是,你会发现内容变得越来越雷同。"品牌是一种承诺",这听起来是很有道理的,但是,它并不能教会我们如何成为一个品牌的创立者。承诺建立了某种性能期待。当我拿起一个橙子准备吃一口时,这其中的承诺就是它尝起来应该是橙子;当我拿起一个贴有新奇士标志的橙子时,它同样承诺尝起来是橙子。当然,新奇士橙子给我另外一个信号,表明这是个有品牌的橙子,但有品牌的橙子与没有品牌的橙子都呈现了一种承诺。所有的非品牌的实体都给予了某种承诺。

我们认为,品牌是人们试图拥有并特殊化的任何事物。所有权既可以是法律意义上的,也可以存在于人们的心里。它可以是公司、产品、服务、程序、组织、群体、个人、感官体验或者是一个大农场。当你给它命名时,就有人尝试着使它成为品牌。我们喜欢这样的定义,因为它简单明了,并且可以适用于品牌建立的任何情形。有很多不同的品牌分类、类型及它们所扮演的角色。当品牌被定义成某种资产属性或者特定的价值变量时,人们

> 很快发现他们在是不是品牌这一问题上的做法有些夸张。我们处在这样一种情形中，一些销售人员告诉我们，"只有当产品获得消费者关注并且达到一定的销售收入水平的时候，它才能被称作品牌"。（赫克勒，2010）

实例：杜卡迪的全球形象⊖

杜卡迪生产时髦的意大利竞赛摩托车，与其说它是交通工具，不如说它是艺术品。虽然杜卡迪公司不能被称为严格意义上的创业企业，但就其市场营销的预算而言，它与创业公司相差不多，作为一个利基市场的参与者，它与本田、雅马哈、川崎这样的超级巨头共分市场。杜卡迪在如何营销自己上深思熟虑而且保持一贯性。杜卡迪以非常低的成本创建了一个能持续吸引大量利益相关者的企业形象。杜卡迪的核心价值观、对竞赛的激情、意大利设计、性能和速度等，都来自它所做的每一件小事。杜卡迪公司不仅向单个利益相关者传达企业形象，而且通过利益相关者共同传达企业形象，有效创建了一个围绕企业形象的社区团体。

面向员工

杜卡迪使用 20 世纪 20 年代的照片，并且通过不断更新补充新员工的照片，强化其竞赛的历史感。同时，杜卡迪的停车场仅向杜卡迪车主开放，其他车辆必须停在远处。

面向新客户

杜卡迪没有雇用模特，而是让自己的员工和顾客为企业代言。

面向老客户

杜卡迪公司每两年举办一场名为"世界杜卡迪周"的活动。这个聚

⊖ 根据情境，本节将 identity 译为形象。——译者注

会吸引了成千上万的参与者，他们自己掏腰包买门票，不仅积极参与，还热情招待他人（在这里，摇滚乐队 Simple Minds 免费倾情演出，因为乐队本身也是杜卡迪摩托车的忠实"粉丝"）。

面向老式摩托车车主

通过举办老式摩托车拉力赛 Motogiro D'Italia，以及建立一个老式摩托车博物馆来吸引狂热的爱好者加入这个部落。这两项活动的费用都是由参赛者的门票及赞助商提供的。

面向媒体

杜卡迪一向对媒体免费的板块很感兴趣，因此，它邀请记者参与活动。《每日电讯报》的一位记者非常热衷于 Motogiro D'Italia 比赛，因此他将该报道放在了报纸的头版。

面向供应商

供应商对杜卡迪至关重要，因此，公司邀请他们参加摩托车锦标赛和超级摩托车大赛的特殊赛事。通过比赛，强化了合作伙伴与比赛、客户和公司之间的联系。

当你赞叹杜卡迪一系列高度一致且深思熟虑的打造企业形象的举措时，请猜一下在每个环节它可能花了多少钱。企业形象可以提供很大的竞争优势，而它的建立不一定要花费很多钱。

企业身份行动计划

构思一项关于创造并传达企业形象的计划是一个非常直截了当的过程，可能要花相当多的功夫，但并没有什么魔法可言。

第一步：清晰地表达出你的企业身份

目标是将代表企业身份的元素减少到几个关键词。这些词要能反映出公司独特的经营哲学、价值观、规范及个性特征，并且能够激发潜在客户、员工及合作伙伴合作的意愿。凭借创业者一个人的力量是无法完成的，企业身份的创立需要与公司内外所有利益相关者合作才能完成。

（1）问问自己你为什么要创立新企业。

（2）问问你的共同创办人为什么要加入这个企业。

（3）问问你的客户为什么（可能）购买你的产品。

（4）问问你的合作伙伴为什么愿意与你合作。

第二步：评估目前的行动

你每天做的事情是否与你想要创立和传达的企业身份保持一致？一个简单的个人评估方法就是使用"要做的事情"清单、电子邮件收件箱或者电话日志。心里牢记企业身份所要传达的观点，然后通读这些清单，划出与你所定义的企业身份相符的行动，划掉那些不相符的行动。这样做能够帮助你好好地思考如下问题：

（1）目前哪些活动巩固了企业身份的元素？

（2）有什么事情与企业身份相互冲突吗？

（3）你能想出什么新的活动来传达或者强化企业身份吗？

第三步：将企业身份付诸行动

企业身份可以让你的企业鹤立鸡群。对新企业来说，企业身份可能是你仅有的独特性。你需要思考如何利用这个独特性来帮助你实现目标。针对相应的问题，我们提供了一些例子。这个清单肯定不完整，但是我们希望它能够作为你在自己所处的环境下思考的起点：

（1）吸引/保留客户。现有的客户有没有和你一起分享对企业身份的热情的途径？

（2）独特性。你的企业身份如何将你的产品与竞争对手的产品清晰区分开，你的利益相关者是否清楚这一点？

（3）建立合作关系。哪些潜在的合作伙伴会因为认同你的企业身份中的价值观及元素从而可能愿意帮助你实现目标？

（4）提高曝光度。媒体或者评论人士中是否有人与你的企业身份相关，并且愿意热情地传播你的企业身份？

（5）增加新产品或开拓新市场。在哪些新的机会领域中，企业身份能够给你带来竞争优势？

结语：企业身份就是你每天创造的事情

继续前进，你能够从企业身份中获得越来越多的优势。请牢记在心，企业身份就是你每天的言行举止，并且能够在你与每一位接触到的企业利益相关者的交流中为你带来优势。

现在怎么办

- 你的企业身份的价值元素是什么？
- 你能用一个词或最多五个词来凝练这些价值元素吗？
- 这个企业身份可以使你忽视总体机会中的哪些部分（不仅仅是那些明显不合适的机会）？
- 你的企业身份仅与某一种产品相关吗？这看起来会有问题吗？
- 在这个企业身份下，可能有哪些商机？
- 企业身份中的哪些东西激励你每天一大早就去上班？
- 企业身份中的哪些东西激励你的客户、供应商、员工与你合作？
- 你能够为传播及强化企业身份做些什么？
- 你从杜卡迪的故事中获得了什么启示？

金玉良言

所谓企业身份，就是你每天所作所为的反映。塑造企业身份，通过行动强化，并且有效地传播，这对于你想要创造的价值至关重要，也能为你带来竞争优势。

深 入 思 考

活动之间的非相关性是每一家初创企业的敌人。企业每天开展如此多的活动，每天有如此多的新想法、新企业和新产品出现，你的工作是要穿透这些"噪声"，让你的公司与客户、员工和合作伙伴紧密相关，这极具挑战性。

当你使用社交媒体、公共关系和口碑推进你正在做的事情时，请开始构想：

- 什么想法最能成功地吸引你的注意力？
- 那些想法是否一致性地出现？
- 你有多少次认为创业者必须要讲述他的故事？
- 什么媒介是最有效的？

第22章 技　　术

某件事没有按照你的计划发展，并不意味着它是无用的。

——托马斯·爱迪生

:本 章 概 要:

- 作为工具的技术
- 作为结果的技术
- 结语：作为技术的效果逻辑

技术为效果逻辑提出了一些有趣的问题。这是一种工具吗？这是一种结果吗？技术能有效地发展吗？一项偶然开发的技术可以通过效果逻辑进入市场吗？简而言之，答案是肯定的。既然你已经理解了效果逻辑，那么本章就要探索将效果逻辑应用在不同的问题上以及在创业过程中不同的时点上。虽然本章旨在为你提供技术方面的帮助，但我们也希望它能鼓励你思考如何将效果逻辑应用于其他特定类型的企业。例如，服务企业或资本密集型企业，其有可能在面对独特挑战时从效果逻辑思维中受益。虽然这些内容没有在本书中展开，但我们在这里提供了一些想法，也许你能从中审视你是否可以独立应用效果逻辑。目前，我们将集中于两个技术与效果逻辑交叉的领域。第一个考虑的是将效果逻辑应用到已有技术商业化中的情况,第二种则是专注于通过效果逻辑的方式开发技术的情况。

作为工具的技术

2005 年,美国产生了 150 万项有效专利。美国专利商标局的公共事务主管认为,其中约 3 000 项有效专利是可商业化的(Klein,2005)。悲观主义者可能会说专利申请的成功率很低,乐观主义者可能认为专利律师拥有很棒的职业前景,而遵循效果逻辑的人则会观察这些使其获得专利并仍可进行商业化的技术,想出一系列丰富的工具——新的可能性的起点。

在继续探讨问题之前,我们注意到美国专利商标局并不是唯一寻找新的技术工具的地方。企业研发实验室、大学研究机构甚至非专业投资者的工作角落,都会有进一步扩大探索潜在技术工具的可能性。

―延―伸―阅―读―

领先用户

作为应对快速变化的市场及解决新产品竞争问题的方法,营销中"领先用户"的概念在 20 世纪 90 年代流行起来。尽管有着合理管理的产品开发流程和复杂的市场研究,但营销人员深知推出新产品的失败率超过 90%。然而,基于原有的工作,研究人员已经知道在许多领域中,用户不仅比市场研究人员更了解自身的需求,而且在许多情况下还实际促成了大部分的行业创新。例如,82% 的商业化科学仪器是由用户而不是制造商促成开发的。许多新公司的起源与用户为自己开发出的产品的商业化有关,且这些用户通常是出于自身爱好。例如,在 20 世纪 70 年代,山地自行车和台式电脑都被创业者商业化,这些创业者起初都是山地自行车或电脑的爱好者(von Hippel,1986)。

当营销人员尝试将领先用户作为预测用户未来的普遍需求的研究对象时,创业者意识到他们不应奢望能预测哪些用户提供了更加普遍的市场需求的信号。近来的研究描述了效果逻辑与愿意做出承诺的领先用户间的关系(Coviello和Joseph,2012),更新了与这些用户的交互作用以及更普遍的产品创新过程(Berends等,2014)。

延伸阅读

为有冒险精神的用户点赞

早期的利益相关者在有效的创业过程中至关重要,最重要的莫过于领先用户,但经济和管理理论在很大程度上还无法对领先用户在新企业中扮演的角色做出公平的评判。在一本精彩的书和一系列文章中,阿玛尔·拜德描述了领先用户的风险承担精神在新企业发展中的重要作用。拜德指出,对于创业者而言,领先用户是重要的合作伙伴,因为当尝试推出新的产品和服务时,他们往往共担风险。他们可能不知道一款新产品能否成功,更别提能否为他们创造价值了。对于一款新产品的实际价值,用户也面临着不确定性,尤其是当需要一定量的其他用户对产品(和企业)价值表示认可时。对许多新产品来说,用户想要从中获得全部价值,还需要先进行大量的学习和体验。最终,如果创业彻底失败,领先用户可能会面临相当大的风险,未来他们将无法获得任何产品支持。由于所有这些原因,领先用户是真正意义上的新产品和新服务的共同开发者：他们处于一个"风险共担"的位置。就像阿玛尔·拜德（2008）提醒我们的，领先用户在新企业的形成过程中的参与意愿以及所发挥的风险承担作用是创业过程的重要推动力。

效果逻辑提升研发项目绩效

布雷特尔等学者（2012）将效果逻辑中的原则应用于公司研发管理中，并对 400 个研发项目进行了调查。调查显示，研发经理更倾向于在不确定的项目中运用效果逻辑，并且运用效果逻辑可以提升这些项目的绩效。

工程师与创业者

也许我们会取笑上述的悲观主义者和乐观主义者，但工程师与（效果逻辑）创业者看待同一项技术的方式的确有很大不同（一个明显的例子会在本章后续出现的 CD 故事中有所体现）。对工程师来说，一项技术是一个问题的解决方案。他们需要做的工作就是去实现一种技术，使其以比当前更好的方式来解决问题。和工程教师或数学教师在准备解决复杂问题时写在黑板上的一样，剩下的就是 Q.E.D.（拉丁短语 quod erat demonstrandum 的缩写，即"待证明的"）。所有在黑板上看过这些字母的人都知道，真正的难题就要开始了。

相反，创业者将其所做的工作视为搭建起技术与为世界创造价值的应用之间的桥梁。确实，如之前所提到的，在创业者（entrepreneur）一词中，"entre"在法语中意为"在二者之间"，因此，这的确是创业者工作内容的部分描述。技术可能会为桥梁的一端提供基础，但桥梁的另一端究竟会通向哪里，这是无从得知的。

在某种程度上，一位工程师就好比一位预言家——试着预测不确定的未来并为未来优化出有针对性的解决方案的人。工程师或者说预言家可能是正确的，而且当他们确实正确的时候，回报是极其丰厚的。但从统计学角度而言，如果我们以专利数据作为这一策略的代表，那么他们在不确定的环境中正确猜测或预测的机会可能约为 3 000/1 500 000，即大约 0.2%。对一个用技术进行创业的效果逻辑创业者来说，将技术作为一种工具的理念更加灵活。就像我们在第 10 章中所见的，最早使用的技术工具帮助你开启卓有成效的过程。但当这个过程发展到确定目标、产品、企业和市场时，你会将自己的工具与他人的工具相结合，创造出新奇的产物。因此，一项技术是效果逻辑创业者的起点，而不是解决某个问题的方法；是与潜在利益相关者进行对话的媒介；是由过程所决定的能否被应用于产品、厂商或市场制造的东西，并且在过程中可以变形、改编或扩展功能的东西（请参阅第 11 章）。正如普遍的效果逻辑一样，这种方法简单地增加了寻找可行解决方案的可能性。它不仅能够提供更多可行的解决方案，还能让利益相关者参与到这一过程中，以便对技术进行改进或适应性调整，这种技术被选择作为获取利益的一种功能，而这种利益可能反映了更广泛的市场利益。

技术人员面临的最大风险之一就是爱上了他们的技术，以至于看不到将其转化为实际产品和市场的机会。但是当技术人员真正努力将自己转变成创业者时，我们所有人都可能拥抱惊人的全新的未来。

> "技术"一词，正是对那些目前还没发挥作用的东西的最好诠释。
> ——道格拉斯·亚当斯

此外，当效果逻辑过程完成得当时，从现有技术中可能会孕育出新技术。

作为工具及结果的技术如表 22-1 所示。

表 22-1　作为工具及结果的技术

	公司	过程中的效果逻辑	结果
效果逻辑的技术商业化（作为工具的技术）	CD	找到愿意承诺使用发明的利益相关者	不仅创造了音频 CD，还实现了在计算机数据储存中的应用
	诺维信（Novozymes）	建立合作关系网络，将发明转变为一项事业	重新组织一个包含创业者个人在内的工程小组
效果逻辑的技术发展（作为结果的技术）	GenShock	利用波士顿道路上的坑坑洼洼作为一项新技术的基础	一项将道路上的颠簸转变为绿色能源的创新
	沃西瓦（Voxiva）	将难民通信系统的经验应用于医疗保健	一种提供医疗保健的便宜、简单、易得的方式

创业故事 22-1

感谢你的音乐

快速冷知识问答：第一个印在 CD 上的音频标题是什么？答案是：1982 年阿巴乐队（ABBA）的《旅客》。自从这个文化和技术上的历史性时刻以来，超过 2 000 亿张 CD 被售出，这种格式为数字音乐革命提供了基础元素，同时也是一种存储大量数据的良好方式，大大增强了计算机功能。但 CD 起源于哪里？它是怎样帮助我们思考创新的？

一项关于声音的发明

第一个问题的答案可能比你想象的要朴素得多。来自美国华盛顿州的詹姆斯·罗素既是一位工程师，也是一名唱片发烧友。他热爱音乐，而他所接受的技术方面的教育提醒他：每次听黑胶唱片时，针的摩擦会使录音材料磨损，声音的质量也会随着时间的推移而逐渐降低。罗素设计并制造了第一台电子束焊机，因此当 1965 年进入巴特尔实验室时，他已经想到将音频问题与电子解决方案结合起来，创造一种不会接触录音材料的设备，即便已经播放了数千小时，仍能提供最高质量的音乐。

悄无声息的市场

从技术视角来看，罗素是成功的。他于1970年获得了第一个数字光学记录和回放系统的专利。在对其进行改善的过程中，罗素又为自己和巴特尔实验室获得了另外25项专利。但是，在接下来的12年中，这项发明止步于专利局。早在25年前就发明了干式复制程序，并将其授权给施乐公司的巴特尔实验室，却无法说服市场尝试CD为聆听带来的新的可能性。

从发明到创新

纽约风险投资家伊莱·雅各布斯被罗素的发明所吸引，成立了一家公司，名为"数字录音公司"（DRC）。该公司为巴特尔实验室继续研发提供资金，并调整技术以存储和播放视频。但直至飞利浦和索尼公司也参与进来，才有足够的条件将CD转变为一项创新。飞利浦旗下有宝丽金唱片公司，因此可以进行音乐制作和发行。索尼公司增加了其可信度，围绕罗素的CD格式创建了行业标准。尽管飞利浦和索尼公司都通过将CD技术融入计算机存储行业增加了财富，但直到1988年，在专利过期前4年，罗素、巴特尔和DRC公司才得以从发明中获得利润。

未曾预料到的创业者

在这个故事中我们能够得出两个有用的见解。第一个见解是，即使是大公司，也可以创业。飞利浦与索尼公司能够做到罗素、巴特尔和DRC公司做不到的——创造市场。虽然科学家或创造性人士可以进行发明，但真正通过为新创意创造市场来创新的则是创业者。第二个见解是一个更微妙的创业活动：转换过程。将一些发明物（音频CD）应用于完全不同的东西（计算机数据存储）。和世界上许多事物一样（爱迪生使用电话和电报中的组件创建了原始留声机），原来CD也具有多重用途。用技术去做一些意想不到的事从而创造市场，造就了一名创业者。

作为结果的技术

在本书中，我们以产品、企业及市场的形式讨论了效果逻辑过程的结果。虽然这些术语涵盖了很大的范围，但本书这一部分的章节更准确地描述了我们的多样性想法。以下一章为例，经由效果逻辑所产生的市场，可能不是你在商学院课堂上所了解的传统商业市场，而是社会变革的市场和人类希望的市场。在这方面，我们也谨慎地将技术归类为可能由效果逻辑过程产生的特定结果。这就是说，它是一个由效果逻辑过程产生的特殊的技术类型。是技术完成了一些困难的工作——让那些对于将技术发明转化为有用、有价值的创新至关重要的利益相关者参与进来的工作。

原则上，工具和合作关系转化为新技术的过程，与效果逻辑发生的过程一样。创业者利用手中的资源开始行动，他们与他人互动。利益相关者根据可承受损失做出承诺。意外情况被接受。最终，这些承诺汇集起来，形成创造有价值的结果的必要部分。

在实践中，有效创造技术的一些独特之处值得进一步讨论。

第一个是具体的工具和手段。技术有助于解决各种各样的问题。一位有远见的技术专家可能会想象隐形传输、来自粒子物理学的清洁能源或用纳米机器治疗癌症。开发技术的效果逻辑更为谨慎。当然，创业者开始也可能对诸如清洁能源的未来充满希望，但他们的不同之处在于实践。本章我们所关注的案例（创业故事 22-3），它始于坑坑洼洼和凹凸不平的路面以及车辆每次颠簸驶过时耗费的能源，而不是始于粒子物理学。这种洞察力是局部的，更适合实践。所以当你读到 GenShock 的故事时，考虑一下创业者在波士顿、麻省理工学院意识到车辆问题，然后研究解决方案的独特方式，怎样使得 GenShock 技术的创造更具可管理性，更适合现有或有限的资源。

因此，使用效果逻辑创造技术的一个要素在于手段的应用，用合理且简便的事物来启动一个项目的实用方法。另一个是与合作伙伴一起工作。尽管孤独的发明家可能会像神话般的创业者一样被描绘为一种标签

（见第 1 章），实际上，甚至连托马斯·爱迪生都需要与他公司内部的合作者以及公司外的工业合作伙伴进行广泛的合作，从而使他的创新"发光"。继续 GenShock 的例子，创业者面临的一个问题是从哪里开始。将坑洼变为能源的技术，对于汽车制造商、公共交通运营商、商业运输公司或政府和军队等都有用。通过让利益相关者进行自主选择而进入技术开发过程的方式，让研发与商业化联系起来。这增加了由过程中产生的技术远不止是发明的可能性——技术将成为能够被采用的有用的创新。

关于有效开发技术的最后一点注意事项：采用效果逻辑来组织和领导一家技术型公司也是有可能的。我们将这个话题放在了对 Guidewire 和戈尔公司的讨论中（见第 20 章），当你准备好将所有的部分组合在一起时，这便会引导你去了解那些故事和想法。

创业故事 22-2

燃料的证据

谷歌提供了一款名为"趋势"(Trends) 的工具，它可以为用户绘制出某个关键词按照时间被搜索次数的图线。2008 年 4 月 30 日是"生物燃料"这个词的搜索高峰期，巧合的是在同一天，一篇名为《科学家想要停止用食物制造生物燃料》的文章出现在新闻中。如果可将谷歌趋势视为普遍情绪的反映指标，那么自 2008 年春季以来，人们对生物燃料的兴趣减少了一半以上，甚至在全球金融危机之前急剧下降。不管政治、偏好或阴谋理论在其中起到什么样的作用，仍无法改变这样的事实：尽管生物燃料生产和食物价格之间存在历史关联，但基于玉米、大豆和油菜籽的第一代生物燃料已经失去了对公众的吸引力，并且产量可能不会扩大到超过今天的水平，也解决不了我们面临的能源困境。

故事就这么结束了？对诺维信公司首席科学家皮尔·法尔霍尔特来说，并非如此。如今，生物燃料是先对玉米进行物理研磨，将其中的淀粉用酶分解成糖，再将糖转化为含有微生物的乙醇，并进行蒸馏制成的。皮尔研究团队的 150 位科学家在世界各地的 7 个地点，设计了利用酶将玉米秸秆或木屑转化为清洁燃料的过程。从技术上来说，诺维信公司是成功的。诺维信公司处于整个过程的中心。根据专业知识，他们知道其他植物也能提供生产能量所必要的糖。他们一直在研究第二代酶，这种酶能够利用废弃物或种植在贫瘠土地上的柳枝稷等农作物，生产纤维素生物燃料，但这是有成本的。玉米含有丰富的糖，很容易转化为燃料，每加仑⊖转换成本约1.88美元。使用玉米秸秆则需要付出更多的努力，其转化成本更高，每加仑2.35美元左右。由于化石燃料价格低于100美元每桶，因此高转化成本使其不具备经济性。

皮尔和他的团队需要耐心地等待石油价格上升吗？不一定。科学家进行发明，创业者塑造、包装并提供有用且有价值的创新。对皮尔和他在诺维信的科学研究团队来说，这意味着他们要脱下白色实验室大褂，换上白色礼服衬衫，将第二代生物燃料技术转变为一门生意。他们的新任务如下。

重新建立合作关系

第一代生物燃料生产包含一个很长的合作伙伴"价值链"：农民、粮食加工厂、炼油厂、金融家和石油公司。但由于第二代生物燃料利用废弃物进行转换，现在造纸公司和市政当局也可能处于这条价值链当中，它们将支付处理玉米秸秆和木屑的费用，支付给无法通过耕作获利的贫瘠土地的所有者。这些合作伙伴中的任何一个，都可以通过与诺维信公司共同围绕第二代生物燃料设计的全新商业模式而获利。

重新考虑客户

如果你购买玉米来生产燃料，那么你可以建立大型工厂来降低批量生产的加工成本。如果你要帮助市政当局或相关公司节省废物处理的开销，那么在废弃物附近安置更小型的分布式设施可能更合适。虽然在第一代中，投入是一种成本，但在第二代中它可能是免费的，甚至能成为收入来源。合作伙伴也可以购买成品，因为像纸张加工这样的活动有着明显的能源需求。

⊖ 1美制加仑=3.785升，1英制加仑=4.546升。

重新权衡参与度

如今,诺维信仅为制造过程中的一个步骤提供技术。该公司依靠外部的创业者将其发明转化为创新产品。尽管控制了风险,但也限制了公司塑造市场的能力。在第二代,诺维信可能会超越现有的与谷物加工商和石油公司间的合作关系,转而为城市建立商业模式,甚至为工业设计加工厂,以确保其发明成为真正优秀创新的催化剂。

生物燃料显示了创业者可拥有的市场权力。第二代生物燃料的命运掌握在创业者及技术人员手中,并可能成为温室气体排放问题的一个重要解决方案。从互联网搜索引擎到混合动力汽车引擎,与所有这些技术性的东西一样,真正的创新在于创造机会。

从创业专家身上观察到的方法之一是扭转问题的能力,即使从不愉快的意外事件中,也能想象出它如何为新的机会提供基础。从气候变化到营养不良的问题,它们带来了既能产生影响又能创造财富的变革机会。

合作伙伴重于专利:开放式创新

开放式创新这一流行理念(Chesbrough,2006)鼓励创业者赋予技术广泛的易得性,以便客户、合作伙伴和供应商可以与创业者共同创造。

创业故事 22-3

从颠簸中寻找商机

来看一个快速数学测试:如果一辆普通乘用车使用一升燃料可以载客行驶约10公里并为汽车零配件供能,但其能源转化效率仅为15%,那么一辆百分之百能源转换的乘用车能以一升的燃料行驶多远?考虑到你手边没有计算器,问题的答案是:一升燃料可供其行驶60多公里。这听起来相当不错,那么之前剩下的85%的能量呢?有些通过热量散发出去,有些由于空气阻力而流失,而有些则为创业者寻找机会提供了契机。

有影响力的创意

作为马萨诸塞州剑桥市麻省理工学院的一名学生,沙基尔·阿凡海尼在波士顿地区拥堵的车流中有很多机会来考虑这些现实。但正是波士顿备受指责的坑洼路面使他走上了创业之路:创建黎凡特电力公司。在道路上经历了一阵颠簸之后,阿凡海尼意识到这些坑洼不仅会引起头痛,而且对于燃料也是一种极大的消耗。汽车减震器的振动导致燃料产生的能量以热量的形式散发。他的解决方案是:捕获能量。创造一个能发电以供蓄电池和汽车配件使用的减震器。

装备成果

如果阿凡海尼能够实现他所希望的平均1%～6%的转换效率,那么仅在美国,他的这一想法就可能每天节省25万桶以上的燃料消耗。更多的计算显示,如果世界上每辆车都配备了黎凡特的减震器GenShock,当油价为每桶40美元时,每年可为全球驾驶员节省150亿美元的燃油费。大问题的小解决方案可能产生巨大的机会。虽然黎凡特的规模仍然很小,但早期的结果是积极的。该公司已经在充满挑战的经济时期获得了两轮投资,它正在与美国军方签署为军用车辆提供GenShock的合同,阿凡海尼还获得了《大众科学》颁发的"年度创新奖"。

驱动合作伙伴

阿凡海尼无法在这条路上独自"行驶"。除了完善技术之外,他还与美国陆军建立了合作关系,使用军用车辆测试其技术的性能和耐久性,并与巴特尔实验室合作,探索利用他的技术获取海洋能源的可能性。结合这些资源,这些合作伙伴也都在引导他将其技术用于所需之处,同时有效地创造需求和产品。

开路者

如果将能源和汽车进行融合的创业想法能够激起你的兴趣,那么知道其余的机会在哪里，会是一件很有意思的事。如果能够被普遍采用的话，阿凡海尼的 GenShock 最多可以实现 6% 的转换效率，而剩下的 94% 将由其他拥有巧妙解决方案的创业者实现。颠簸在所难免，创业者的工作就是将其转化为机会。

一延一伸一阅一读一

科学发现与创新创业

在约尔·莫凯尔和罗伯特·弗里德尔等科技史学家的工作基础上，马特·里德利（2015）在《自下而上：万物进化简史》㊀中阐述了核心科学研究与商业创新或经济增长没有密切关联的观点。这本书回顾了科学发展的历史（例如亨利王子于15世纪在推动科学、航海技能和航行方面的投资）以及当前的科学发展（希格斯玻色子的鉴定）。里德利将这些努力与托马斯·爱迪生的"车库式"创新进行了比较。他的结论是，尽管在科学研究方面投入了大量资金，但技术创新的经济成果来自更接地气、离客户更近的努力，并且本质上其创业性大于科学性。

创业故事 22-4

国民健康

考虑一下当今世界的一些大趋势。医疗保健支出的增长速度显著超过通货膨胀或经济增长速度，全球 25% 的人口根本无法获得医疗保健。与此同时，世界上的手机数量比人类的数量还要多。将这些事实结合在

㊀ 本书中文版已由机械工业出版社出版。

一起，想象一个企业利用技术来提供更好、更便宜、更广泛易得的医疗保健服务，这并不难做到，甚至可能让你懊悔为什么自己没有去做这件事。

创业形态

原因是：你并不是保罗·梅耶。在巴尔干冲突结束后的几个星期内，梅耶创办了IPKO，这是科索沃第一个也是最大的一个互联网服务提供商。它为平民和援助工作者提供了重要的通信服务，并为梅耶带来了良好的回报。在此之前，梅耶在西非通过建立计算机系统帮助难民儿童与家人团聚。在崎岖的发展中地区，部署连接，配置计算机，了解信息在这些环境中的流动情况，并了解需要和使用信息的人，这些都是梅耶的特有资产。

关键的行动

确切地了解这种知识是如何帮助他的，才是重要的。想法廉价而且数量众多，是行动创造了机会。在三位联合创始人的协助下，梅耶于2001年3月成立了沃西瓦公司，其使命是创建一个利用技术提供更好、更便宜、更广泛易得的医疗保健服务的业务项目，其行动（这是最重要的部分）是将医疗保健服务提供过程的简单元素提炼成文本消息。无论是收集传染病传播数据，还是通过分娩前的准备来帮助怀孕的妇女，沃西瓦都可以将便宜的手机变成一位随时随地陪伴在身边的医生。

秘鲁。2002年在人口稀少的安第斯山脚下的第一个行动表明，沃西瓦使以往在报纸上每月才更新一次的传染病信息可以即刻在线获取，降低了40%的成本。

伊拉克。2003年，沃西瓦赢得了一份价值815 000欧元的合同，它提供一个系统，在人们正从战争中恢复时，监测全国范围内疾病的传播。

卢旺达。2004年春天，该公司关注艾滋病病毒和艾滋病，在全国部署了信息系统。这一举措非常成功，推动了公司在南非、尼日利亚、马达加斯加和乌干达的扩张，并得到了哥伦比亚大学的支持。

印度。2004年2月1日，沃西瓦启动了一项旨在监测流行性乙型脑炎在印度蔓延的计划。这一举措如此引人瞩目，以至于吸引了比尔及梅琳达·盖茨儿童疫苗计划印度项目主管马杜·克里希纳转而加入他们的新事业。

美国。新兴和饱受战火摧残的经济体不是更好、更便宜、更广泛易得的医疗保健服务的唯一受益者。沃西瓦的 Text4baby 是美国最大的移动医疗服务机构，每周为超过 15 万名母亲提供信息，并刚刚在俄罗斯成立相关部门。

墨西哥。Care4life 是沃西瓦提供的一项移动式糖尿病教育和管理服务。最初与 Carlos Slim de la Salud 研究所合作开发，目前正在美国推出。

创业环境

你必须成为保罗·梅耶才能获得这种影响力吗？答案是否定的，但你至少需要向他学习两件事。原本任何人都可以做沃西瓦 10 年前所做的事情。第一个需要学习的是行动的重要性。第二点没有那么明显，那就是学习行动（及成果）是怎样从践行它的人身上体现出来的。有大型制药公司工作经验的人，可能已经与企业的合作伙伴一同采取行动了。社会性更强的人可能已经启用了点对点支持，而不是信息传递和数据捕获。那么，你做了什么呢？

结语：作为技术的效果逻辑

当你开始考虑自己创业来提供星际飞行服务或提供手机的下一个巨大趋势时，请思考效果逻辑。在本书中，我们努力使效果逻辑成为一个普遍的过程，一个使共同创造全新的人造物成为可能的引擎。你可以选择将这种驱动力量应用于新企业、新技术，或者如我们将在第 23 章中所描述的，使其成为解决社会问题的工具。

现在怎么办

考虑下面两条不同的途径。

- 着眼于一系列现有的技术,并想象你怎样将每一项技术作为"工具"来使用,这是效果逻辑过程的起始点。
- 着眼于世界上现存的一系列问题,这些问题看似还没有引人注目的技术解决方案。想象你如何从效果逻辑开始,为每个问题提供解决方案。

金玉良言

无论效果逻辑被应用于技术开发中,还是被应用于那些通过比较偶然的研发方式创造出的技术商业化中,技术都是效果逻辑过程中一个富有价值的因素。

深入思考

对于新企业而言,技术只是其获得独特差异点的可用资源之一。本章提出了与此类资源有关的问题,这类资源包括从一个独特的商业模式到一片独一无二的土地的所有权。这些属于成果还是投入?依据你对这类资源的看法,谈谈你会如何管理它们?

第 23 章 创业作为社会变革的工具

正如科学方法能改变自然，创业方法也能改变社会。

:本章概要:

- 将社会变革与利润相结合
- 创业方法
- 既然能投资，为何要捐赠
- 既然创业者能创造市场，何不为人类希望开拓一片市场
- 为人类希望开拓市场的例子
- 结语：做该做之事，做能做之事

国际美慈组织致力于帮助人们摆脱困境。你也许会认为这的确是一个值得尊敬的非政府组织，但也无甚特别之处。不过，如果仔细观察一下，你也许会改变看法。美慈组织将自己的使命定义为："帮助世界范围内千千万万的民众化危机为机遇。"若你发现美慈组织的工作人员包括工程师、金融分析师、项目经理、公共卫生领域专家及物流专家，那么该组织收购一家商业银行的新闻（美慈组织曾于 2008 年收购印度尼西亚 Andara 银行）就会变得合情合理了。美慈组织模糊了慈善与商业之间的

界线，并由此引入了"社会创业"的概念。美慈组织的经费主要来源于为印度尼西亚改善小额信贷融资渠道获得的收益，而这一做法对于组织的使命没有任何影响。虽然这只是发生在炎热的印度尼西亚的一个案例，但这一小步也许能引领我们走向一场革命，并最终打破营利性企业与慈善组织之间那条人为的、毫无意义的分界线。如今，在金融服务业的每个角落都能看到创新者的影子，无论是格莱珉银行的创始人穆罕默德·尤努斯，还是个人小额贷款网站 Kiva 的运营团队。

本章主要介绍一场正在发生的革命的基础，这场革命不受地域及行业限制。当阅读本章内容时，请思考创业者应该怎样解决做该做之事和做能做之事的问题，以及应该将本书前面章节中所介绍的所有原则怎样运用到社会事业当中。

社会银行诞生记

如果能借到 27 美元，整个村子的经济就能发生翻天覆地的变化。格莱珉银行创始人穆罕默德·尤努斯发现，自己能付得起这笔"巨款"，于是他就真的把钱借了出去。后来，随着贷款范围扩展到其他几个村子，他打破了传统银行的基本原则——只贷款给那些有担保的人。现在，整个小额信贷业已经意识到应根据现金流放贷，而不是根据担保。Microrate 公司创始人达米安·冯·史陶芬伯格非常支持这一观点，他强调这一观点是传统贷款与小额信贷之间的主要差异，也是在小额信贷业中区别较好的机构与较差的机构的主要因素。

创业故事 23-1

医药行业创业者

下次当你拿到医院开的处方的时候，请看一看所列药品的价格——不是刨除保险后你需要支付的那部分，而是药品的实际价格，你就会明白药品有多贵。高昂的药价意味着医药行业巨大的商机。如今，医药行业的利润率在20%左右，随着人口老龄化日益加重，对药品的需求不断增加，全球医药零售额到2020年有望达到1.3万亿美元。

违背直觉

前景广阔的医药行业吸引了大批创业者。然而，没有任何一个人的想法跟维多利亚·希尔一样：生产不赚钱的药品。是的，你没有看错。她的公司——壹世界医药公司是一家非营利性制药企业。希尔发现，印度等多个国家的民众根本负担不起很多现代药物治疗，于是她创办了壹世界医药公司来解决这一问题。很显然，这一尝试很有意义，也值得我们去了解一下它的创立过程。

再循环科学

希尔对医药行业再熟悉不过。她毕业于加利福尼亚大学旧金山分校（该学校拥有美国顶尖的医学院），并取得药理学博士学位，毕业后曾在美国食品药品监督管理局及基因泰克公司工作。这些经历赋予她独到的眼光，别人看起来是垃圾的东西，她却能"变废为宝"。每天都会有一些营利药品的专利到期，之后任何人都可以生产和销售这些药品，无须支付专利费。另外，每天都会有一些研发项目被取消，因为研究成果无法找到利润丰厚的市场。虽然这些研究成果对大型医药公司没什么价值，却能为希尔的公司提供其所需的技术，并且价格是壹世界医药公司及其客户都可以承受的。

迈出第一步

内脏利什曼病又称黑热病，是一种通过沙蝇传播的疾病。如果不治疗，会造成严重的内脏器官损伤，致死率很高。每年，全世界范围内会新增约50万病例，大部分出现在印度、孟加拉国和尼泊尔。壹世界医药公司与其他商业公司、非营利机构及政府合作，从一种专利到期的抗生素入手，共同研制出了巴龙霉素。这是一种能够治愈黑热病的混合制剂，成本不到10美元。2007年，壹世界医药公司开始在印度出售巴龙霉素。

如果一切顺利，希尔和她的混合制剂完全能够消灭这种疾病。

创造机遇

人们常常使用"富于创造性"这个词来描述创业者。事实上，"创造者"或许更加贴切。如果希尔没有从制药公司的废弃物中找到解决办法，没有与合作伙伴一同创立一种新的商业模式，没有把价位低廉的疗法推向"无利可图"的市场，那么今天那些需要救助的人可能依然看不到任何希望。换句话说，当许多渴望创业的人还在苦苦寻觅那些等待被发现的机会时，真正的创业者已然挽起袖子自己创造机会，并用这些机会创造出了现在的美好世界。

壹世界医药公司的实践问题

- 有没有应用壹世界医药公司的模式但不能产生社会效益的行业？
- 营利性医药公司如何与壹世界医药公司合作并实现共赢？
- 壹世界医药公司会有怎样的竞争对手？

创业故事 23-2

强大的创业者

莱娜·切梅泰莉是三个孩子的妈妈，也是一位独立经营数码摄影公司 12 年的生意人，如今她的公司已经能够赚取丰厚的利润了。她拥有机械工程学士学位和工程管理硕士学位，也是黎巴嫩贝鲁特美国大学（American University of Beirut）的一名讲师。在你继续阅读之前，请闭上眼睛思考一下你将如何整合以上资源创立一家新企业。

设计起点

现在，带着你所想到的解决办法，来思考下面两个影响了莱娜想法的重要发现。第一个是她发现贝鲁特美国大学的学生通常尚未准备好他们的学业，并且对于毕业后如何应用所学的工程学知识感到很迷茫。第二个是她7岁的儿子被电子游戏所吸引，导致童年时期缺失了许多社交活动的经历。

原型设计过程

莱娜运用她的资源将这些发现转换为实际的项目，即"小工程师"项目。该项目在2009年落地于她的家乡，彼时，城市的其他地方正经历着烧轮胎等暴力乱象，而"小工程师"致力于为孩子们营造互动和积极的环境，培养他们运用科学技术的实践能力。放学后，该项目为有创造性的小工程师们提供了机器人、能源和工程领域的课程、挑战与比赛。

建立企业

经过短短3年时间，原来的那个小项目已经发展成一个成熟的企业。今天，"小工程师"为6～16岁的学生提供项目，并正在努力开发针对18岁学生的项目。现如今已成立了6个俱乐部分部，并计划今年在的黎波里、赛达和朱拜勒等地开设更多俱乐部分部。750名孩子已经参加了俱乐部，而公司也已推出了一个移动站——卡车里的俱乐部，将项目带到想要尝试开设俱乐部的学校和没有条件开设实体俱乐部的地区。

获得诸多荣誉

伴随着企业的壮大，莱娜也因为自身巨大的社会影响力而在国际上被认可。她被麻省理工学院认定为中东和北非地区最具潜力的创业者之一，还被一家知名机构授予创业荣誉，并获得了"卡地亚女性创业家奖"。

创造未来

在莱娜带给我们的启示中，至少有两项是关于如何理解创业逻辑的。第一项是，即使从较小的起点开始，也会存在很多种不同的可能性。对比一下你最初的观点和莱娜的实际做法。想想从同样的起点开始，如果你选择了另一个完全不同的方向会怎样。好的想法和可得的资源有很多，关键是创业者如何去利用它们。至于第二项，请思考一下莱娜所付出努力的长期影响。她以独特的方式，影响着工程教育的发展。那些政策制定者和管理者只能期盼着她为生活带来的变化。她主动创造新的、有形的和有价值的事物，并影响着那些规划未来的下一代工程师们。

将社会变革与利润相结合

是什么阻碍着更多的人获得像希尔和尤努斯那样的成功？我们应该怎样帮助更多的人认识到他们不需要在做对社会有意义的事与获取利润之间进行选择？

第一，修改税收政策。也许我们应该在法律法规层面上给予企业更大的帮助，以解决上面的问题，即为那些有益于社会的企业产品或服务减轻纳税负担。国家之间甚至地方政府之间，与税务有关的法规差别较大。但有一条规定是一致的：慈善组织与营利性企业所适用的税收制度有所不同。针对不同的商业模式，采用区别对待的征税办法，或许能鼓励更多的企业在赚取利润的同时为社会谋福利。

第二，政府采取行动。在政治层面上，社会变革与获取利润二者之间的分离被不断强化也许是毫无必要的。政府一方面通过税收增加财政收入，另一方面划拨大量资金支持社会公益项目。为何不能把这两方面相结合呢？如果政府建立一种机制，允许希尔和尤努斯这样的人在满足社会需求的同时获取应得的利润呢？

第三，教育和宣传。教育工作者可以极大地影响受教育者。他们有更多的机会与受教育者进行讨论，探讨如何打破慈善和利润之间的人为界线。无论采用苏格拉底式的对话，还是通过葛培理式的布道，教育宣传的机会总是存在的。

第四，创业。不过，"革新者"究竟在哪里？是不是只要实现了上述三点，并采用一种自上而下的方式，问题就会得到解决？不太可能。这也是我们寄希望于创业者的力量的原因。作为新世界的创造者，创业者不受诸如"为社会谋福利，就意味着无法获得利润"的古老假设的束缚。为什么不能同时实现这两点呢？只要对此有了兴趣，接下来创业者面对的唯一问题就是思考如何做了。

创业方法

为了弄清楚"创业者必须在社会变革与获取利润之间做出选择"的分离论断是否正确，我们来回顾一下 200 多年前乔赛亚·韦奇伍德的故事。韦奇伍德是著名的韦奇伍德陶瓷的创始人，拥有巨额财富。在那个年代，精品陶瓷的制作和运输都非易事。除了制造伊特鲁里亚陶瓷制品外，韦奇伍德还出资办学，向那些缺乏技术的工人传授精致的绘画工艺。他还承担了几个大型市政工程，包括连接特伦托河与默西河的运河项目。在这两件事上，韦奇伍德并不是没有任何私心杂念。为了满足社会对韦奇伍德陶瓷的需求，他需要更多技艺精巧的工匠。另外，当时的道路极不平坦，许多陶瓷在送达之前就已破碎。所以说，韦奇伍德在为社会谋福利的同时，自己也能从精美的陶瓷上获得利益。还有一件有意思的事值得我们注意，那就是韦奇伍德还曾资助他的外孙查尔斯·达尔文的航行，正是这次航行帮助达尔文提出了被后世科学家称为"千百年科学思想史上最伟大的进步"的理论。

从韦奇伍德的例子我们可以看到，对于很多创业者来说，营利性企业与社会性企业所做的事之间并非泾渭分明。许多创业企业能够在盈利的同时为社会谋福利（我们鼓励你翻阅本书最后的实例目录，寻找更多不同章节的社会性企业创业故事）。更为重要的一点是，我们发现相同的基本方法在这两种企业中均可使用。

创业方法与科学方法

所谓科学方法，即相信人类可以系统地研究、理解世界，不需要神明启示，不受神明干涉（Sagan，2002）。航海家、发明家和工匠的工作都可以作为学者的榜样（Bacon，1620）。科学方法的核心观点是，为了达成人类的目的，人们可以利用自然的力量。

创业方法与科学方法有相似之处，即相信人们可以系统地塑造和重建社会，而不需要剧烈的政治运动或政府调控。在这方面，教育工作者或政策制定者可以效仿创业者的做法。创业方法的核心观点是，人类可以充分发挥潜力，这样做并不只是为了达到社会目的，还为了让不同群体的人都能随时随地想象并改变新的生活目标。

许多杰出的科学家发现，社会科学在解释人类行为方面已发生了巨大的变化。人们不仅仅受内外环境的驱动，还可以根据自己的主动性、能动性和有意识的选择来构建人类的行为。弗朗西斯·培根曾说，人类不应止步于观察自然、被动预测自然发展的必然过程，而是要操控自然。这一论断在当时引发了巨大的震惊和疑虑。几个世纪以来，科技得到迅猛发展，数百万"普通"科学家所接受的教育都是要为那个项目做出自己的贡献。现在我们也应该能接受这一观点：通过积极干预，人类可以实现社会目标，改造社会环境。

培根认为，"实验法"作为人们有目的地干预自然的方法，是科学方法的一种普遍技巧，也是当今所有教育的重要部分。我们也希望效果逻辑不仅成为创业教学方法必不可少的一部分，也能成为基础教育的一部分。

社会创业的视角

一延一伸一阅一读一

社会创业有着悠久的历史，至少可追溯到19世纪维多利亚时代，实业家发现了经济成功与社会进步相结合的必要性。因此，早期典型的社会创业如美国巧克力生产商好时和英国贵格会吉百利公司（也是巧克力生产商），它们都试图将创造社会价值与商业成功相结合。

有关社会创业的研究强调，各种类型的社会创业的共同点在于以创造社会价值为驱动力，而不仅仅是为了个人或利益相关者的财富。社会创业者通常创造新的东西，不论偶然还是意外，也不论是否盈利。另一个值得关注的现象是，社会创业者总是满足那些被认为是商业市场无法满足的社会需求或解决政府无法解决的社会问题。

社会创业研究强调的一个重要问题是，为新的社会企业调动资源时所面临的挑战。当企业不以营利为目的时，其吸引风险投资的能力相比那些营利企业来说会受到诸多限制。这些企业可能在很大程度上还需要依靠员工的非金钱补偿的价值。营利性企业在这方面可以面临更少的限制。创业者因此面临着是追求非营利模式还是营利模式，以及哪一种方式最有利于实现企业最终社会使命的选择（Mair 和 Marti，2006）。

创业故事 23-3

聪明的创业者

20 世纪 90 年代末期，安迪·施勒特移居国外，在老挝的德国发展组织工作。他发现当地将近一半的人没有办法使用电，而且照明灯消耗的煤油费用又是一个家庭最高的支出项之一。于是，他想出了一个既能赚钱又能促进社会进步的商机。

创造改变

施勒特没有风险投资，也没有与众不同的技术解决方案。老挝正处在 20 年战乱后的恢复期，政府也无力促进创业。但是，施勒特并没有向大型非政府组织寻求慈善捐款或支持，而是在 2000 年的时候，用自己的财产创建了 Sunlabob。该企业的愿景延续到今天一直没有改变——成为向未被公共电网覆盖的偏远地区的人销售硬件以及提供能源服务的营利性、全方位的能源服务提供商。

简单的贸易

读到这里，你也许正期待着一个激动人心的创新故事——施勒特是如何为老挝的村民发明了稳定便宜的燃料电池，研发无线电能传输技术或冷聚变技术。然而，现实没有那么引人入胜，而是更为实际。实际上，他只是选择了国际市场上最适合的能源替代产品，对其进行改进，并在老挝安装。也就是说，他只是个中间商、资源整合者以及当地的经销商。这些商业创意像阳光一样普通，却能为他提供的大部分服务赋予足够的能量。

创业能量

虽然人们很容易将创业能量与全新的产品或技术发明联系起来，但是施勒特向我们展示了创业者真正该做的事情，即亲手创造一个市场机会。有人不得不早起去寻找能在老挝恶劣的环境中正常运作太阳能电池板、热虹吸管加热器和风力涡轮机的方法；有人构建经济模型，以确保人均年收入只有986美元的老挝人能真正负担得起他们的产品；有人雇用员工安装和维护系统；有人为这些员工安排赴越南的公司假期。施勒特的故事告诉我们，市场"看不见的手"是无法做到这些的，是创业者运用"看得见的手"造就了Sunlabob。

助力成长

随着Sunlabob的发展，创业者"看得见的手"仍然发挥着显著的作用。Sunlabob在商业上非常成功，已经在老挝450多个地点安装了10 000多个系统，它的社会影响也得到广泛认可，且公司自创建以来平均每年都会赢得一个国际奖项。比如，它在2010年度的世界经济论坛上被授予施瓦布基金会亚洲企业家年度奖，2009年度被授予国家能源地球奖，2008年度被授予科技奖，2007年度被授予阿什登奖。

真正的影响，真实的商业，真的简单

Sunlabob正在继续将这些使其获得成功的平常的技术应用到更多的方面。与它创建之初的朴素想法相一致，采用同样普通的手段，Sunlabob不断发展壮大。Sunlabob将服务范围扩大到老挝以外的国家，通过特许经营的方式在乌干达、柬埔寨和坦桑尼亚等地设立公司，并即将在阿富

汗设立公司。2010 年，它还在新加坡设立了 Sunlabob 国际公司，旨在为东南亚和非洲市场的客户提供更好的本地化服务。

> **不是所有的企业都归投资者所有，即使在美国也不例外**
>
> 1990 年，美国约 1 700 家消费者合作社的总营业额为 260 亿美元，这一数字占全部农产品支出的 27%（1973 年，这一比例为 23%）。
>
> 同期，非营利性医院占医院总数的 64%，非营利性儿童日托机构占儿童日托机构总数的 56%，非营利性高等院校占高等院校总数的 20%。在日本，非营利性高等院校的比例高达 75%。
>
> 在法国和意大利，有成千上万家归雇员所有的企业。即使在美国，雇员持股计划和归雇员所有的企业也在增多，美国西北地区胶合板产业的雇员集体企业就是一例（数据来源：Hansmann，2000）。

既然能投资，为何要捐赠

为什么我们投资于微软公司，却向红十字会或透明国际捐款？为何一家优秀的非营利性机构每募集 1 美元就要花费 43 美分，而一名平庸的银行家筹集 1 美元只需花费 5 美分，并且后者的生活水平要比非政府组织官员好得多？对这些问题的答案，人们一直众说纷纭。有人说，是因为非营利性机构受营利性机构资助；有人说，是因为非营利性机构效率不高且过于分散。当然，还有老生常谈，认为营利性机构有利可图，而非营利性机构无利可图。我们很难相信，投资软件企业有利可图，而投资帮助这家软件企业得以创立发展的人和组织却无利可图。如果投资驱动电子脉冲的代码可以带来财富，那么认为投资设计这组代码的头脑甚至投资帮助培养出这种头脑的社会却无法带来财富的想法则是十分荒唐的。我们可以另辟蹊径。

经过几千年的发展，人类刚刚明白如何控制与应用水流或原子运动及结构之中蕴藏的能量。今天，我们依然在探索如何有效利用太阳能、风能和生物能。同样地，我们还没能发现一种能够充分激发人类潜能的社会机制，从而实现"健康社会—健康孩童—美好未来"这一良性循环。一旦孩童长大成人，提供有价值的产品或服务，我们就能通过相对有效且有用的方式给这些产品或服务定价，将其卖给那些需要它们并愿意付钱的人。贷款的出现使我们能提前发现那些愿意付钱的人，并在一段合理的时间后获得全部收益。不过，信贷市场的发展历史还不长，我们还需要完成不少创造性的工作以有效拓宽信贷市场，进而促进人类和社会的全面协调发展。这项任务不应该留给未来的创新者或决策制定者。相反，我们发现如今的信贷市场已经出现大量的创新举措。另外，通过具有创业精神的行为，我们完全可以改变、优化这些创新举措。本章开篇所讲的小额信贷的故事足以证明我们可以做出有所回馈的改变。

既然创业者能创造市场，何不为人类希望开拓一片市场

在本书中，我们把创业者描述为创造企业、产品和市场的人。创业者创造市场这一点意义重大，因为这既是经济发展（和获取利润）的基础，又是社会变革的手段。我们认为，社会变革的推动者和以营利为目的的创业者所做的事情并无不同。所以，本书前面的所有内容对于法律形式为营利或非营利性的企业同样适用。

请思考以下问题：我们为什么不能购买"卢旺达繁荣"期货合约？或者买卖"巴西环境保护"的期权？或者进行"阿富汗女性解放"股票交易？如果想涉足发展势头良好的生物科技产业，鼠标点击几下，我们就可以买到健赞公司或生物科技共同基金的股票。然而，如果想参与到发展势头良好的刚果三角洲识字率普及项目或者洛杉矶青少年发展项目，我们还需要先仔细研究一下那些名不见经传的慈善机构，然后寄出支票，或许还要再填几张免税表格，最后双手合十，祈求捐出的钱能够得到有

效利用。在这类市场中，人们无法通过某种途径分析或选择竞争态势、监管自己的投资状况和交易以提高流动性或在获得一定收益后进行兑现。

为什么现在许多人都认为投资生物科技有利可图，而投资那些致力于消除人类苦难的事业就不能带来收益？他们甚至觉得，后者不能归为投资，只能称作捐献，只是通过牺牲个人利益来筹措资金，捐献者不要指望能得到回报。经济学家朱利安·西蒙始终坚信，人类才是终极性的资源。他所收集的数据不仅时间跨度长，而且很深入，所做的分析也很详细清楚。如果说经济价值归根结底都来源于人类，那么，投资那些致力于消除人类苦难的事业难道不应该既切实可行又很有价值吗？

本章所举的例子表明，这个问题既非不切实际，又非不合情理。现在，已经出现了服务于一些社会企业项目的私募股权市场。人们已经意识到，人类希望也具有自身价值，并开始探索如何从那些致力于消除人类苦难的事业中获得回馈。想要找到问题的答案，任重而道远，需要我们尤其是创业者和那些公共市场的从业者做出创造性的贡献。

> **新的公司形式：共益组织**
>
> 不久前，在美国注册公司还必须选择是要成为 C 类营利公司还是要成为 501（c）（3）非营利组织。然而今天，C 类营利公司可以把自己指定为共益组织（B-Corporation，B 为 Benefit）。它们在 www.bcorp.org 网站注册写明公司的使命，可能涉及如何对待员工，从哪里获得公司资源要素，为社会做出何种承诺等。这样，公司可以成为一种特殊形式的 C 类公司。如果这项运动不断发展壮大，甚至可能带来在美国正式注册公司的第三种选择。

为人类希望开拓市场的例子

2005 年，位于印度山区和巴基斯坦山区的克什米尔地区发生强震，

87 000 人在地震中丧生，300 万幸存者需重建家园。国际救援组织携带大量物资和食品赶赴灾区，许多创业者也纷纷前往。

马克·弗洛伊德维勒曾在瑞士创立了一家衍生品交易公司，名叫 Derilab。弗洛伊德维勒意识到，重建克什米尔地区既是人道主义需要，也能带来经济利益。地震发生前，克什米尔是一个经济较为发达的地区。修缮基础设施能帮助被地震摧毁的地区尽快恢复经济。在与联合国难民事务高级专员公署的工作人员交谈后，弗洛伊德维勒建立了克什米尔救济基金。

克什米尔救济基金可谓一项创举，它倡导公众投资于人道主义救援事业，并从中获得收益。克什米尔救济基金所筹措的资金一部分用于难民救援，另一部分则投资于那些在该地区经济恢复后可以升值的项目。这样一来，投资者既能为灾区救援提供资金，又能获得收益。所以说，做该做之事与做能做之事，二者并不背道而驰。

结语：做该做之事，做能做之事

我们衷心希望你在阅读完本章后能意识到，企业是营利性还是非营利性的，其决定权在你的手中。而且，不管是哪类企业，本书所讲的原则都同样适用。那么，接下来，你会怎么做？

改变世界？

获取利润？

为何不二者兼得？

现在怎么办

实现价值闭环

如果某事让你兴奋不已，如果你想改变社会不公现象，如果你想解决一个社会问题，请像一位追逐利益的创业者那样思考：

- 你的关键利益相关者是谁?
- 他们各自的价值主张是什么?
- 如何创造产品或服务才能吸引利益相关者?
- 如何让产品或服务受益人变成你的投资人?
- 当公司收入大于支出时你可以获得利益,甚至可以过上体面的生活。关键在于如何才能实现这一价值闭环?
- 简单来说,你的商业模式是怎样的?

金 玉 良 言

创业既能为解决社会问题提供可行方案,又能减少对筹集捐款或等待立法的需求。实现价值闭环以后,创业者可以在筹措资金的同时获取利润,而无须依靠个人慷慨捐款或政府征税流程。

深 入 思 考

- 通过何种途径可以使政府更具创业精神,从而更加支持创业者?
- 除非你是依靠救助维持生计的人,否则何不为了创造价值冒一次险呢?

结 束 语

亲爱的读者：

在本书的前言部分，我们曾承诺：通过阅读本书，你会了解到创业是一门科学，这是我们通过研究不同行业、不同地域及不同时期的创业专家所总结出来的普遍逻辑。一旦你开始着手创业，无论赢利与否，也无论是创建独立企业抑或公司内创业，就意味着你并不仅仅是为了谋生，而且致力于拓展宝贵的商机。无论从形式上还是内容上来讲，本书都体现了创业者的逻辑——大胆、系统、务实且始终充满活力和乐趣。

如果你认为我们已兑现承诺，作为回报，我们也想向你提出一个请求。毕竟，这就是创业——一切所得都要付出代价。现在，请你认真阅读下面的一段文字。

"旅行者"号飞船是第一艘（也是唯一一艘）飞离太阳系的人造飞船。它穿越茫茫宇宙，掉转相机镜头，在太阳系以外拍摄了一张地球的照片。卡尔·萨根看到这张照片后，动情地写下了这段话：

请再仔细看一下这个小点。那就是这里，那就是我们的家园，那就是我们。在这个小点上，有你爱的人、有你认识的人、有你听说过的人、有曾经存在于这个世界上的每一个人。他们生活于此！

这里汇聚了所有的欢乐与苦难、各种经济学说、猎人和觅食者、英雄和懦夫、文明的创造者与毁灭者、皇帝与农民、彼此相爱的年轻人、父亲和母亲、充满希望的孩童、发明家和探险家、传道授业解惑的教师、贪腐的政客、大明星、至高无上的领袖、人类史上的所有圣人与罪人。他们都在这里——一粒悬浮在阳光下的微尘上。

地球是我们目前知道的唯一能够孕育生命的星球。至少在可预见的未来，人类无法向任何一个星球移民。我们曾踏足其他星球，但还没有为定居做好准备。无论怎样，地球是目前人类施展抱负的唯一场所。

正如本书所讲，你无须等到拥有了理想的技术、充足的资源、政府机构的大力支持或赢得下次选举之后才开始重新规划你的人生，改变你所在的这个世界吧！你完全可以从今天开始——了解你是谁、你知道什么、你认识谁，只投资那些失败损失在你可承受范围内的事业，然后建立合作网络，让利益相关者可以自己选择进入你有价值的新企业。你们共同努力，必能创造一个更美好的世界，一个无论是你还是他们都完全无法想象的美好世界！

现在就请踏上征程，在这个淡蓝色的星球上尽情施展抱负吧。

祝你一帆风顺！

创业故事总览

标题	章节	国家	公司	绿色	技术	社会	商业客户	顾客	工具	可承受损失	合作伙伴	偶然事件	创造与发现
从塑料袋到财富	1	柬埔寨	Funky Junk										
"黑色的啤酒"	1	美国	星巴克										
人人都在这样做	2	美国	OPower										
将疾病问题变成创业机会	2	德国	Unsicht-Bar										
变废为宝	2	美国	阿吉莱克斯										
将爱好转变成企业	2	美国	大学高架床										
玖龙纸业女强人	3	中国	玖龙纸业公司										
去世的人带来的事业重振	3	美国	1-800-尸检										
坚持容易，掉头难	4	印度	捷运公司										
失败是成功之母	4	美国	MGA 娱乐公司										
投资于人，而不是冒险	4	全球	阿育王组织										
米尔顿·赫尔希	4	美国	好时公司										
苹果电脑的产品发布	4	美国	苹果公司										
关于人体模型的生意	5	美国	Mannequin Madness										
如何学会放手	5	美国	布朗宁·费里斯公司										

388 创业故事总览

(续)

标题	章节	国家	公司	绿色	技术	社会	商业客户	顾客	工具	可承受损失	合作伙伴	偶然事件	创造与发现
西尔斯百货的创建过程	5	美国	西尔斯										
持久创业	5	美国	eBay										
Boing-Boing	5	美国	Boing-Boing										
Freitag 公司的神话	6	瑞士	Freitag										
变不确定性为成功	6	美国	U-Haul										
铺就前方的道路	7	英国	气候汽车										
从一无所有开始	7	印度	Forsche										
咖喱店生意	7	全球	泰瑞环保										
笑话创造出来的市场	7	美国	宠物石										
控制的力量	8	印度	Husk 动力										
创业的态度	9	美国	健忘绅士										
寻找真药	9	加纳	mPedigree										
玻璃瓶里的偶然	9	苏格兰	Innis & Gunn										
从清点资源开始	9	爱沙尼亚	GoodKaarma										
完美的照片	10	美国	Photo Mambo										
从现有资源出发	10	美国	巴巴拉·科科伦										
餐厅创业密码	10	丹麦	克劳斯·麦尔										
无心插柳	10	美国	爱彼迎										
回收许多快乐	10	美国	EcoEnvelopes										
个性的力量	10	美国	雅诗·兰黛										
爬到墙上的玩具	10	美国	Wacky WallWalkers										

充电前沿	11	芬兰	Powerkiss						
巧克力魔法	11	比利时	曼农巧克力制造工厂						
尘土·汗水·创业	11	意大利	健乐士						
帮人跑腿的企业	12	肯尼亚	Petty Errands						
合伙人身可承受损失	12	罗马尼亚	Bacania Veche						
垃圾背后的商机	12	美国	RecycleMatch						
史黛西的皮塔薯片	13	美国	史黛西的皮塔薯片						
合作伙伴之山	14	尼泊尔	喜马拉雅卫生保健						
一个有关残留物的合作	14	西班牙	Alucha						
集体狩猎	14	肯尼亚和乌干达	巴鲁·帕特尔						
一次美好的合作	15	印度	Youshine						
难道成本永远是成本	15	美国	园艺师的伊甸园						
一波三折	16	美国	Contour						
于经济危机中创造价值	16	英国	Zopa						
打印惊喜	16	美国	史泰博						
橡皮泥惊喜	16	美国	橡皮泥						
蔬菜惊喜	16	美国	杰克·辛普劳						
10美元惊喜	16	美国	美国创业教育指导基金会						
铁路惊喜	16	美国	Railtex						
摩托惊喜	16	日本	本田						
冰人降临	17	瑞典	冰旅馆						

(续)

标题	章节	国家	公司	绿色	技术	社会	商业客户	顾客	工具	可承受损失	合作伙伴	偶然事件	创造与发现
投资于人	18	哥伦比亚	Lumni										
一块酸橙派	18	美国	Kenny's Great Pies										
与投资人风险共担	18	美国	Castor & Pollux										
健康转型的典范	19	印度	百康公司										
可支配收入	19	美国	gDiapers										
风能与计划	19	英国	Ecotricity										
计划之外的魔方	19	匈牙利	鲁比克魔方										
呼吸新鲜空气	20	美国	戈尔公司										
流程的引导	20	美国	Guidewire										
杜卡迪的全球形象	21	意大利	杜卡迪										
国民健康	22	全球	沃西瓦										
从颠簸中寻找商机	22	美国	黎凡特										
燃料的证据	22	丹麦	诺维信										
感谢你的音乐	22	全球	飞利浦、索尼、巴特尔										
聪明的创业者	23	老挝	Sunlabob										
强大的创业者	23	黎巴嫩	小工程师项目										
医药行业创业者	23	美国、印度	壹世界医药公司										

参 考 文 献

Ch.	Author(s)	Reference
1	Bhidé, A.	(2000) *The Origin and Evolution of New Businesses*. New York: Oxford University Press, USA.
1	Gartner, W. B.	(1988) Who is the entrepreneur? is the wrong question. *American Journal of Small Business*, 12, 11–32.
1	Gompers, Paul and Lerner, Josh	(2001) The venture capital revolution. *The Journal of Economic Perspectives*, 15(2), 145.
1	McClelland, D.C.	(1965) N achievement and entrepreneurship: a longitudinal study. *Journal of Personality and Social Psychology*, 1(4), 389.
1	Rauch, Andreas and Frese, Michael	(2007) Let's put the person back into entrepreneurship research: A meta-analysis on the relationship between business owners' personality traits, business creation, and success. *European Journal of Work and Organizational Psychology*, 16(4), 353–385.
1	SBA, 2015	Small Business Market Update, June 2015. Accessed online in March 2016 at: https://www.sba.gov/sites/default/files/Small_business_bulletin_June_2015.pdf.
1, 3	Scott, R. H.	(2009) *The Use of Credit Debt by New Firms*. The Ewing Marion Kauffman Foundation, August 2009, p. 2.
1, 5	PricewaterhouseCoopers	(2014) PricewaterhouseCoopers, National Venture Capital Association Money Tree™ Report Q4 2014/Full-year 2014. Accessed online in December 2015 at: https://www.pwcmoneytree.com/Reports/FullArchiveNational_2014-4.pdf.
2	Marmer, M. H., Bjoern, L., Dogrultan, E., and Berman, R.	(2011) Startup genome report. Berkeley University and Stanford University, Tech. Rep. Accessed online in December 2015 at: https://s3.amazonaws.com/startupcompass-public/StartupGenome Report1_Why_Startups_Succeed_v2.pdf.
2	Ries, Eric	(2011) *The Lean Startup: How Today's Entrepreneurs Use Continuous Innovation to Create Radically Successful Businesses*. New York: Crown Business.
2	Rogers, Everett	(2003) *Diffusion of Innovations* (5th ed.). New York: Free Press.
2	von Hippel, Eric	(1994) *The Sources of Innovation*. New York: Oxford University Press, USA.
3	Bartlett, Sara	(2002) *Seat of the Pants. Inc. Magazine*, October 15.
3	Bhidé, A.	(2000) *The Origin and Evolution of New Businesses*. New York: Oxford University Press, USA.
3	Dennis Jr., William J.	(1998) Wells Fargo/NFIB Series on Business Starts and Stops. Accessed online in December 2015 at: www.nfibonline.com.

Ch.	Author(s)	Reference
3	Gianforte, G. and Gibson, Marcus	(2007) *Bootstrapping Your Business: Start and Grow a Successful Company with Almost No Money.* Avon, MA: Adams Media.
3	Hurst, Erik and Lusardi, Annamaria	(2004) Liquidity constraints, household wealth, and entrepreneurship. *The Journal of Political Economy*, 112(2), 319.
3	Mollick, E.	(2014) The dynamics of crowdfunding: an exploratory study. *Journal of Business Venturing*, 29(1), 1–16.
4	Aldridge Foundation	(2009) Origins of an Entrepreneur. Aldridge Foundation. Accessed online on April 20, 2010 at: www.aldrigefoundation.com.
4	Canfield, Jack and Hansen, Mark Victor	(1993) *Chicken Soup for the Soul*. Florida: Heath Communications, Inc.
4	Communication from the Commission to the Council	(1998) *Fostering Entrepreneurship in Europe: Priorities for the Future*. COM (98) 222 final.
4	Headd, Brian	(2004) Redefining business success: distinguishing between closure and failure. *Journal Small Business Economics*, 1(1), 51–61.
4	Hershey Web Site	(2010) http://www.hersheys.com/discover/milton/milton.asp (accessed May 1, 2010).
4	Jarvis, P.	(2013) 8 out of 10 statistics are . . . totally made up. TNW News. Accessed online in December 2015 at: http://thenextweb.com/entrepreneur/2015/02/07/8-10-statistics-totally-made.
4	Kessler, G.	(2014) Do nine out of 10 new businesses fail, as Rand Paul claims? *Washington Post*, January 27. Accessed online in December 2015 at: https://www.washingtonpost.com/news/fact-checker/wp/2014/01/27/do-9-out-of-10-new-businesses-fail-as-rand-paul-claims.
4	Kirchhoff, B.A.	(1997) Entrepreneurship economics. In *The Portable MBA in Entrepreneurship*, ed. W.D Bygrave. New York, NY: John Wiley & Sons, Inc.
4	Knaup, Amy E.	(2005) Survival and longevity in the business employment dynamics data. *Monthly Labor Review*. Washington: May 2005, 128(5), 50.
4	Petroski, Henry	(2006) *Success through Failure: The Paradox of Design*. Princeton, NJ: Princeton University Press.
4	Pozin, I.	(2012). How to Avoid Being a Startup Failure. Forbes, November 28, 2012. Accessed online in December 2015 at: http://www.forbes.com/sites/ilyapozin/2012/11/28/how-to-avoid-being-a-startup-failure.
4	Sandage, Scott	(2006) *Born Losers: A History of Failure in America*. Boston: Harvard University Press.
4	Shepherd, Dean	(2003) Learning from business failure: propositions of grief recovery for the self-employed. *The Academy of Management Review*, 28(2), 318.
4	Shepherd, Dean	(2009) *From Lemons to Lemonade*. Wharton School Publishing. Upper Saddle River, NJ.
4	Twain, Mark	(1897) *Pudd'nhead Wilson's New Calendar, Following the Equator*. Hartford: American Publishing Company. p. 124.
4	US Small Business Administration	(2009) Frequently Asked Questions About Small Business. Accessed online, April 23, 2010: http://www.sba.gov/ADVO/stats/sbfaq.txt.

Ch.	Author(s)	Reference
4	Wagner, E.	(2013) Five Reasons 8 Out of 10 Businesses Fail. Forbes. September 12, 2013.
4		(2008) Fortune Magazine. March.
5	Benz, M. and Frey, B.	(2008) Being independent is a great thing. Working paper, Institute for Empirical Research in Economics.
5	Fatjo, Tom and Miller, Keith	(1981) *With No Fear of Failure: Recapturing Your Dreams through Creative Enterprise*. New York: Word Books.
5	Hsu, Caroline	(2005) Entrepreneur For Social Change. *US News and World Report*. November 31.
5	PricewaterhouseCoopers	(2013) *The Startup Economy*. Accessed online in December 2015 at: https://www.pwcaccelerator.com/pwcsaccelerator/docs/pwc-google-the-startup-economy-2013.pdf.
6	Cantillon, R.	(1755) Essai sur la nature du commerce. Accessed online in December 2015 at: http://oll.libertyfund.org/titles/285.
6	Christensen, Clayton M.	(1997) *The Innovator's Dilemma*. Boston: Harvard Business School Press.
6	Drucker, Peter	(1985) *Innovation and Entrepreneurship*. London: Collins.
6	Ellsberg, D.	(1961) Risk, ambiguity, and the savage axioms. *Quarterly Journal of Economics*, 75, 643–669.
6	Kim, W. Chan and Mauborgne, Renée	(2005) *Blue Ocean Strategy*. Boston: Harvard Business School Press.
6	Knight, Frank	(1921) *Risk, Uncertainty and Profit*. Boston, New York: Houghton Mifflin Company.
6	McGrath, R. G.	(1999) Falling forward: real options reasoning and entrepreneurial failure. *Academy of Management Review*, 24(1), 13–30.
6	Miner, J. B. and Raju, N. S.	(2004) Risk propensity differences between managers and entrepreneurs and between low-and high-growth entrepreneurs: a reply in a more conservative vein. *Journal of Applied Psychology*, 89(1), 3–13.
6	Smith, Adam	(1759) *The Theory of Moral Sentiments*. Millar, London.
6	Smith, Adam	(1776) *An Inquiry into the Nature and Causes of the Wealth of Nations*. W. Strahan and T. Cadell, London.
6	Taleb, Nassim Nicholas	(2007) You Can't Predict Who Will Change The World. Accessed online in December 2015 at: www.forbes.com.
6	Tetlock, P.	(2005) *Expert Political Judgment: How Good Is It? How Can We Know?* New Jersey: Princeton University Press.
7	Carroll, Lewis	(1874) *The Hunting of the Snark*. London: Macmillan.
7	Schumpeter, Joseph	(1934) *The Theory of Economic Development*. Cambridge: Harvard University Press. (New York: Oxford University Press, 1961.) First published in German, 1912.
8	Bandura, Albert and Cervone, Daniel	(1986) Differential engagement of self-reactive influences in cognitive motivation. *Organizational Behavior and Human Decision Processes*, 38(1), 92.
8	Moore, D.A. and Healy, P. J.	(2008) The Trouble with overconfidence. *Psychological Review*, 115(2), 502–517.

Ch.	Author(s)	Reference
8	Peterson, Christopher, Maier, Steven F., and Seligman, Martin E.P.	(1995) *Learned Helplessness: A Theory for the Age of Personal Control*. Oxford: Oxford University Press. p. 305.
8	Reeves, M., Haanaes, K., and Sinha, J.	(2015) *Your Strategy Needs a Strategy: How to Choose and Execute the Right Approach*. Cambridge, MA: Harvard Business Press.
9	Blauth, M., Mauer, R., and Brettel, M.	(2014) Fostering creativity in new product development through entrepreneurial decision-making. *Creativity and Innovation Management*, 23(4), 495–509. DOI: 10.1111/caim.12094.
9	Chandler, Gaylen N., DeTienne, Dawn R., McKelvie, Alexander, and Mumford, Troy V.	(2011) Causation and effectuation processes: a validation study. *Journal of Business Venturing*, 26(3), 375–390.
9	Colvin, Geoff	(2008) *Talent is Overrated*. New York: Portfolio.
9	Dew, N., Grichnik, D., Mayer-Haug, K., Read, S., and Brinckmann, J.	(2015) Situated entrepreneurial cognition. *International Journal of Management Reviews*, 17(2), 143–164.
9	Ericsson, K. A., Charness, N., Feltovich, P. J., and Hoffman, R. R. (Eds.).	(2006) *The Cambridge Handbook of Expertise and Expert Performance*. United Kingdom: Cambridge University Press.
9	Klein, G.	(2009) *Streetlights and Shadows: Searching for the Keys to Adaptive Decision Making*. Cambridge, MA: Bradford Books.
9	Wadhwa, V., Holly, K., Aggarwal, R., and Salkever, A.	(2009) *Anatomy of an Entrepreneur: Family Background and Motivation*. Kauffman Foundation Small Research Projects Research.
9	Werhahn, D., Mauer, R., Flatten, T., and Brettel, M.	(2015) Validating effectual orientation as strategic direction in the corporate context. *European Management Journal*. DOI:10.1016/j.emj.2015.03.002.
Part III	Goodman, Nelson	(1983) *Fact Fiction and Forecast*. Cambridge, MA: Harvard University Press.
10	Corcoran, Barbara and Littlefield, Bruce	(2003) *Use What You've Got, and Other Business Lessons I Learned from My Mom*. New York: Portfolio Hardcover. p. 6.
10	Hakuta, Ken	(1989) *How to Create Your Own Fad and Make a Million Dollars*. New York: Avon Books.
10	Karinthy, F.	(1929) *Chains. Everything is different*, Budapest.
10	Milgram, Stanley	(1967) The small world problem. *Psychology Today*, (May), 61–67.
10	Ronstadt, Robert	(1988) The corridor principle. *Journal of Business Venturing*, 3(1), Winter 1988, 31–40.
10	Shane, S.	(2000) Prior knowledge and the discovery of entrepreneurial opportunities. *Organization Science*, 11(4), 448–469.
11	Agogué, Marine, Lundqvist, Mats, and Middleton, Karen Williams	(2015) Mindful deviation through combining causation and effectuation: a design theory-based study of technology entrepreneurship. *Creativity and Innovation Management*, forthcoming.

Ch.	Author(s)	Reference
11	Amabile, T. M., Barsade, S. G., Mueller, J. S., and Staw, B. M.	(2005) Affect and creativity at work. *Administrative Science Quarterly*, 50(3), 367–403.
11	Ashton, Kevin	(2015) *How To Fly A Horse. The Secret History of Creation, Invention, and Discovery*. New York: Doubleday.
11	Goldenberg, Jacob, Mazursky, David, and Solomon, Sorin	(1999) Toward identifying the inventive templates of new products: a channeled ideation approach. *Journal of Marketing Research*, 36(2), 200.
11	Gould, S. and Vrba, Elizabeth	(1982) Exaptation—a missing term in the science of form. *Paleobiology*, 8(1), 4–15.
11	Knight, Frank	(1921) *Risk, Uncertainty and Profit*. Boston, New York: Houghton Mifflin Company.
11	Schumpeter, Joseph A.	(1942) *Capitalism, Socialism and Democracy*. New York: Harper and Row.
11	Schumpeter, Joseph A.	(1911) *Theory of Economic Development: An Inquiry into Profits, Capital, Credit, Interest, and the Business Cycle*. New Brunswick: Transaction Publishers.
11	Simon, H.	(1969) *The Sciences of the Artificial*. Cambridge, MA, MIT Press.
11	Smith, Adam	(1776) *An Inquiry into the Nature and Causes of the Wealth of Nations*. W. Strahan and T. Cadell, London.
11		TripAdvisor.com, Accessed online, December 2015.
12	Shackle, G. L. S.	(1966) *The Nature of Economic Thought*. Cambridge: Cambridge University Press, p. 765.
12	Thaler, Richard	(1985) Mental accounting and consumer choice. *Marketing Science*, 4(3), 199.
12	Thaler, Richard	(1999) Mental accounting matters. *Journal of Behavioral Decision Making*, 12(3), 183.
13	Joyce, James	(1922) *Ulysses*. Paris: Sylvia Beach.
13	Wiltbank, R., Dew, N., and Read, S.	(2015) Investment and returns in successful entrepreneurial sell-outs. *Journal of Business Venturing Insights*, 3, 16–23.
13		Cite Wiki http://en.wikipedia.org/wiki/ Bootstrapping
14	Davidson, D.	(2001) *Subjective, Intersubjective, Objective*. Oxford: Clarendon Press, pp. 43–45.
14	Fischer, Eileen and Rueber, Rebecca	(2011) Social interaction via new social media: (how) can interactions on Twitter affect effectual thinking and behavior? *Journal of Business Venturing*, 26(1), 1–18.
14	Vargo, Stephen and Lusch, Robert	(2004) Evolving to a new dominant logic for marketing. *Journal of Marketing*, 68(1), 1–17.
15	Cialdini, Robert	(2006) *Influence: The Psychology of Persuasion*. New York: Harper Paperbacks.
15	Flynn, F. J., and Lake, V. K.	(2008) If you need help, just ask: underestimating compliance with direct requests for help. *Journal of Personality and Social Psychology*, 95(1), 128.
15	Schotter, Andrew	(2003) Decision making with naïve advice. *American Economic Review*, 93(2), 196–201.
15	Smith, Adam	(1798) *Lectures on Jurisprudence*. Oxford: Oxford University Press, pp. 493–494.

Ch.	Author(s)	Reference
16	Austin, R. D., Devin, L., and Sullivan, E. E.	(2012) Accidental innovation: supporting valuable unpredictability in the creative process. *Organization Science*, 23(5), 1505–1522.
16	Harmeling, S. S. and Sarasvathy, S. D.	(2013) When contingency is a resource: Educating entrepreneurs in the Balkans, the Bronx, and beyond. *Entrepreneurship Theory and Practice*, 37(4), 713–744.
16	Silver, A. David	(1985) *Venture Capital—The Complete Guide for Investors*. New York: John Wiley.
Part IV	Knecht, G. Bruce	(2002) *The Proving Ground*. New York: Grand Central Publishing.
18	Hoffman, Auren	(2003) Going by the Board. Businessweek/Bloomberg. Accessed online in December 2015 at: http://www.bloomberg.com/news/articles/2003-08-05/going-by-the-board.
19	Bartlett, Sara	(2002) Seat of the Pants. *Inc. Magazine*, October 15.
19	Bhidé, A.	(2000) *The Origin and Evolution of New Businesses*. New York: Oxford University Press, USA.
19	Brinckmann, Jan, Grichnik, Dietmar, and Kapsa, Diana	(2010) Should entrepreneurs plan or just storm the castle? A meta-analysis on contextual factors impacting the business planning-performance relationship in small firms. *Journal of Business Venturing*, 25(1), 24.
19	Hall, R. E. and Woodward, S. E.	(2010) The burden of the nondiversifiable risk of entrepreneurship. *The American Economic Review*, 100(3), 1163–1194.
19	Nicolini, Davide, Mengis Jeanne, and Swan, Jacky	(2012) Understanding the role of objects in cross-disciplinary collaboration. *Organization Science*, 23(3), 612–629.
19	Osterwalder, Alexander and Pigneur, Yves	(2010) *Business Model Generation: A Handbook for Visionaries, Game Changers and Challengers*. New Jersey: John Wiley and Sons, Inc.
19	Sahlman, Bill	(1997) How to write a great business plan. *Harvard Business Review*, 75(4), 98.
20	Blekman, T.	(2011) *Corporate Effectuation: What Managers Should Learn from Entrepreneurs!* The Hague: Academic Service.
20	Blekman, T. and Konijnenburg, R.	(2012) Orkestratie van Effectuation: Het Organiseren van ondernemend gedrag. BIM Media BV. 288 pages. Ondernemend Gedrag. The Hague, The Netherlands: Academic Service.
20	Faschingbauer, M.	(2013) *Effectuation: Wie erfolgreiche Unternehmer denken, entscheiden und handeln*. Stuttgart: Schäffer-Poeschel Verlag für Wirtschaft Steuern Recht.
20	Mauer, R.	(2015) Thinking different. In: Baker, T. and Welter ,F., editors. *The Routledge Companion to Entrepreneurship*. New York: Routledge, pp. 116–130.
20	Mayer-Haug, K., Read, S., Brinckmann, J., Dew, N., and Grichnik, D.	(2013) Entrepreneurial talent and venture performance: a meta-analytic investigation of SMEs. *Research Policy*, 42(6), 1251–1273.
20	Read, S., P. Margery, and N. Dew	(2013) Innovation by design, the hybrid organization, *Kindai Management Review*, 1(1), 67–79.
20	Shane, Scott	(2008) *Illusions of Entrepreneurship*. Hartford, CT: Yale University Press.
20	Staw, B.M., Sandelands, L.E. and Dutton, J.E.	(1981) Threat rigidity effects in organizational behavior: a multilevel analysis. *Administrative Science Quarterly*, 26(4): 501–524.

Ch.	Author(s)	Reference
20	Wasserman, N.	(2015) *The Founder's Dilemmas: Anticipating and Avoiding the Pitfalls That Can Sink a Startup* (The Kauffman Foundation Series on Innovation and Entrepreneurship). New Jersey: Princeton University Press.
20	Whiffen, S.	(2015) Assets to Action. Working paper
21	Cervantes Saavedra, Miguel	(1605–1616) *El Quijote*. Madrid: Juan de la Cuesta.
21	Fauchart, E. and Gruber, M.	(2011) Darwinians, communitarians, and missionaries: the role of founder identity in entrepreneurship. *Academy of Management Journal*, 54(5), 935–957.
21	Heckler, Terry	(2010) http://www.hecklerassociates.com/blog (accessed online May 1, 2010).
21	Panera	(2010) www.panera.com (accessed online May 1, 2010).
21	Dumaine, Brian	(1993) Fortune Magazine, October 18.
22	Berends, H., Jelinek, M., Reymen, I., and Stultiëns, R.	(2014) Product innovation processes in small firms: combining entrepreneurial effectuation and managerial causation. *Journal of Product Innovation Management*, 313, 616–635.
22	Bhidé, Amar	(2008) *The Venturesome Economy: How Innovation Sustains Prosperity in a More Connected World*. Princeton, NJ: Princeton University Press, p. 429.
22	Brettel, M., Mauer, R., Engelen, A., and Küpper, D.	(2012) Corporate effectuation: entrepreneurial action and its impact on R&D project performance. *Journal of Business Venturing*, 27(2), 167–184.
22	Chesbrough, H.	(2006) *Open Innovation: The new imperative for creating and profiting from technology*. Cambridge, MA: Harvard Business Press.
22	Coviello, N. E. and Joseph, R. M.	(2012) Creating major innovations with customers: insights from small and young technology firms. *Journal of Marketing*, 76(6), 87–104.
22	Klein, Karen E.	(2005) Smart Answers, "Avoiding the Inventor's Lament," *Business Week*, November 9, 2005
22	Ridley, M.	(2015) *The Evolution of Everything: How New Ideas Emerge*. UK: Harper
22	von Hippel, Eric	(1986) Lead users: a source of novel product concepts. *Management Science*, 32(7), 791–805.
23	Bacon, Francis	(1620) *Novum Organum*. United Kingdom.
23	Hansmann, Henry	(2000) *The Ownership of Enterprise*. Cambridge, MA: Belknap Press of Harvard University Press.
23	Mair, Johanna and Marti, Ignasi	(2006) Social entrepreneurship research: a source of explanation, prediction, and delight. *Journal of World Business*, 41(1), 36–44.
23	Sagan, Carl	(2002) *Cosmos*. New York: Random House.
23	Simon, Julian	(1998) *The Ultimate Resource 2*. Princeton, NJ: Princeton University Press.

译者后记

《卓有成效的创业》（原书第 2 版）今天呈现给大家，我们希望本书能够成为大家深入认识效果逻辑理论的敲门砖，同时也为我们共同学习和实践创业开启一段新的旅程。

效果逻辑理论近年来在创业研究、教学和实践当中得到了广泛关注与应用。在研究方面，效果逻辑的理论框架已经成为创业研究领域的重要范式，突破了因果逻辑的分析脉络，在创业的决策、资源、认知、团队、领导和绩效等问题上，为许多有新意的科学发现提供了支撑和参考。在教学方面，效果逻辑的基本原则也已成为创新创业教育的关键依据，不仅在教学内容和知识结构的设计上，而且在教学方法和手段的创新上，特别是在创新创业人才的思维与行动导向以及人才培养的目标定位方面，效果逻辑的理念方法发挥了积极的作用。

在创新创业实践方面，效果逻辑也产生了重要影响。例如，它以简明清晰的原则强化了创业过程的科学性。创业有自身的独特性，但这并不意味着没有科学规律，效果逻辑用颠覆传统的原则框架解构了创业过程的内在机理，有助于创业者认识创业背后的底层逻辑。再如，它用开放创新的理念突出了创业过程的艺术性。科学性和艺术性是创业管理的一体两面，效果逻辑从不确定性情境的创业者个体决策出发，由小到大、由点及面，提供了鼓励创业者参与创造的开放创新的创业路线图，有助于创业者把握和驾驭创业行动的动态进程，不断推动创业活动向前进。

以精益创业与效果逻辑的关系为例,不难看出本书对创新创业实践的解释力和参考性。精益创业作为当前重要的创业模式,不仅强调计划方案的高效实施,还倡导对新用户和细分市场的学习挖掘与创新发现。而效果逻辑对探索性的开发活动更具积极作用,是创造机会并创新价值的重要推动力,有助于创业事业在实践过程中步步为营、循环迭代。

经过多年的创新创业研究和教学,特别是翻译这本书的经历,我们愈发感受到效果逻辑理论所支撑的卓有成效创业,对个人、组织乃至区域的永续成长具有启发和指导价值。创新要告别过去,但必须连接未来;创业关注启动那一刻,更关心成长这条路;成长要多快好省,更要健康持久。作为来自西方的经典理论框架,效果逻辑其实与中国传统文化智慧有不少相通之处,也因此能更好地与中国创新创业实践产生共振。

为此,我们从效果逻辑的基本原则、本书的整体架构、理论实践动态这三个角度,通过简要的图文分析,与你分享我们的一些心得体会,希望能对你阅读本书以及开展创业研究与实践有所帮助。

第一,效果逻辑的原则,体现了有无相生的关系,反映出创业成长的循环性(见图 P-1)。

图 P-1　有无相生与效果逻辑的原则

手中鸟原则,反映了从手边已有资源或工具出发,尚无既定的解决方案目标;可承受损失原则,强调了关注有标准的低损失,而非追逐无指定边界的高收益;柠檬水原则,倡导从意外事件中学有所获,而非固守成败得失的虚无判定；疯狂的被子原则，意味着有人则有料、无事却无妨，有合作伙伴为先，无确定方案不怕。作为这四个原则的合力点，核心议题飞行员原则认为创业的核心在于对不确定性的控制，而非定向竞争的预测。

当然，这里的"有"或"无"并不是绝对的，而是如"有生于无"的哲理所启示的，这些或有或无的要素与创业者行动相伴相生：资源手段和目标、风险收益和损失、意外事件和愿景方向、团队组建和机会开发、不确定性情境和竞争优势，在先后强弱的循环往复中，推动创业进程不断前行。

第二，本书五大部分及其章节安排，体现了知行合一的脉络，反映出创业成长的迭代性。效果逻辑理论根植于以赫伯特·西蒙为代表的决策理论，是决策科学在创业领域的创新应用和系统发展，而推动理论创新发展的正是丰富多彩的实践探索，同时，日臻成熟的理论体系又会反过来解释和解决新奇独特的实践问题。理论与实践之间知行合一的规律也体现在本书的内容安排上。

图 P-2 显示了知行合一与本书五大部分主题脉络。

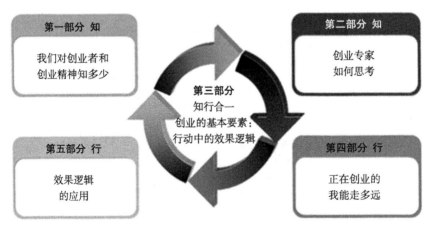

图 P-2　知行合一与本书五大部分主题脉络

在本书五个部分中，前两个部分侧重从"知"的角度探讨如何认识创业者、创业精神、创业专家，关注认知和思维层面的理论要点；后两个部分侧重从"行"的角度探讨如何应用和开拓效果逻辑理论,紧扣"正在创业的我"的现实和社会发展的趋势;而中间的第三部分作为本书的核心,解析效果逻辑基本原则之"知"及其创业行动应用之"行",各章之间知行安排错落有致。同时,第三部分又与前后四个部分相互贯通,使得全书既是效果逻辑的说明书,还能成为创业行动的路线图,更可以作为永远在路上的创业者的"青春修炼手册"。全书既有科学性和艺术性,还有指导思想和留白空间,从而让创业进程在知行迭代中前行。

第三,本书五处理论实践的动态,体现了义利兼顾的定位,反映出创业成长的价值性。机会是创业的种子,是点燃创业者的火苗,而机会开发却是利他和利己的结合体。因为他人的"痛点"是机会的"起点"、他人的需求"满足"方能让创业回报"满意",这么看来,创业维艰的创业者机会开发过程,就是把自我"痛苦"建立在用户和社会(即他人)"快乐"的基础之上。虽是笑谈,却也表明义利兼顾是创业的应有之意,创造价值是创业实现永续成长的原动力。

巧合的是,本书有五处理论实践动态也印证了这一点(见图 P-3)。

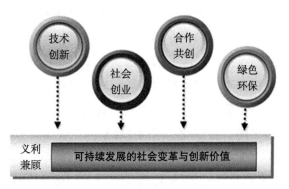

图 P-3 义利兼顾与效果逻辑五处理论实践动态

首先,本书最为明显和重要的新增主题是"技术创新"。无论是第22章的单独讨论,还是穿插各章的案例素材,都反映出新科学、新技术、新知识对创业当下和未来的影响,并且作者未将技术视为创业所处的外部环境条件,而是将其内化为创业的手段工具或结果,让创业因技术含量而具有更强的创造性和贡献力。其次,本书强调了社会创业和社会变革。作者呼吁创业者关注社会问题的解决，避免将创业等同于商业价值最大化的手段。再次，本书新增了"请求"（ask）章节作为疯狂的被子原则的应用指导。阅读这些内容不难发现，通过请求与他人建立创业合作关系，也是在利他利己中共谋成长。同时，本书延续并强化了第1版对绿色环保领域创业实践的关注，集中体现在书中诸多案例都来自节约能源和利用资源等可持续发展领域。最后，本书依然以"社会变革"主题收尾，最后一章看似没有变化，实则是在提醒读者：创业理论和实践要跟上社会发展、创造社会价值，从而在创业上义利兼顾。

上述图文分析，尝试从西方理论和中国思想、知识框架和行动规律、经典观点和新近动态相融合的视角，对效果逻辑理论进行进一步的探索。如同创业一样，我们的探索之路也是一个永续成长的进程，有循环、要迭代、创价值。虽然书稿出版了，但学习的脚步不会停止，特别是在创新驱动引领中国经济高质量发展的今天，我们期待能通过这本书与你成为创业伙伴，共同为中国创新创业高质量发展尽一份力。

本书第1版和第2版的翻译都得到了南开大学张玉利教授的悉心指导和帮助，中国科学技术大学方世建教授等专家还对第2版翻译提出了意见和建议，与不少学者和创业者的交流以及第1版的读者反馈也为我们完成第2版的翻译提供了启发和参考，感谢各位前辈、同人和创业者的关心指导和积极分享。本书得以出版，离不开机械工业出版社各位编辑的大力支持，感谢他们多年来付出的辛勤工作。本书能够成稿，还要感谢以下同学付出的辛苦劳动：顾楠（北京师范大学）、刘理花（北京师范大学）、吴斯雅（北京师范大学）、刘乐园（北京师范大学）、孟欣（北京师范大学）、王佳（北京师范大学）、李永慧（中国传媒大学）、樊菲（中国人民大学）、王祖祺（北京大学）、王纯（北京师范大学）、王雨琦（北京航空航天大学）、刘思彤（中国科学院大学）、郭一茹（北京理工大学）。在老师们的指导带领下，这些同学分别参与了初译和文字检查、材料整理和汇总、格式梳理和规范等前期环节的部分工作，有的博士生同学则作为阶段译稿的第一位读者，背对背阅读并反馈可能存在的理论和语言问题。历经数月的翻译过程、无数次的反复讨论和多轮修改，也印证了本书所提倡的循环、迭代和创造价值的创业逻辑与成长进程。欢迎大家就本书与我们交流你的体会和想法，我们将不断改进和完善。

  2020年是不平凡的一年，创业者在翻山越岭中迎接一次次的再出发，希望《卓有成效的创业》能为你的永续成长进程助力。

李华晶 赵向阳

《卓有成效的创业》翻译团队

2020年8月

推荐阅读

中文书名	作者	书号	定价
公司理财（原书第11版）	斯蒂芬 A. 罗斯（Stephen A. Ross）等	978-7-111-57415-6	119.00
财务管理（原书第14版）	尤金 F. 布里格姆（Eugene F. Brigham）等	978-7-111-58891-7	139.00
财务报表分析与证券估值（原书第5版）	斯蒂芬·佩因曼（Stephen Penman）等	978-7-111-55288-8	129.00
会计学：企业决策的基础（财务会计分册）（原书第17版）	简 R. 威廉姆斯（Jan R. Williams）等	978-7-111-56867-4	75.00
会计学：企业决策的基础（管理会计分册）（原书第17版）	简 R. 威廉姆斯（Jan R. Williams）等	978-7-111-57040-0	59.00
营销管理（原书第2版）	格雷格 W. 马歇尔（Greg W. Marshall）等	978-7-111-56906-0	89.00
市场营销学（原书第12版）	加里·阿姆斯特朗（Gary Armstrong），菲利普·科特勒（Philip Kotler）等	978-7-111-53640-6	79.00
运营管理（原书第12版）	威廉·史蒂文森（William J. Stevens）等	978-7-111-51636-1	69.00
运营管理（原书第14版）	理查德 B. 蔡斯（Richard B. Chase）等	978-7-111-49299-3	90.00
管理经济学（原书第12版）	S. 查尔斯·莫瑞斯（S. Charles Maurice）等	978-7-111-58696-8	89.00
战略管理：竞争与全球化（原书第12版）	迈克尔 A. 希特（Michael A. Hitt）等	978-7-111-61134-9	79.00
战略管理：概念与案例（原书第10版）	查尔斯 W. L. 希尔（Charles W. L. Hill）等	978-7-111-56580-2	79.00
组织行为学（原书第7版）	史蒂文 L. 麦克沙恩（Steven L. McShane）等	978-7-111-58271-7	65.00
组织行为学精要（原书第13版）	斯蒂芬 P. 罗宾斯（Stephen P. Robbins）等	978-7-111-55359-5	50.00
人力资源管理（原书第12版）（中国版）	约翰 M. 伊万切维奇（John M. Ivancevich）等	978-7-111-52023-8	55.00
人力资源管理（亚洲版·原书第2版）	加里·德斯勒（Gary Dessler）等	978-7-111-40189-6	65.00
数据、模型与决策（原书第14版）	戴维 R. 安德森（David R. Anderson）等	978-7-111-59356-0	109.00
数据、模型与决策：基于电子表格的建模和案例研究方法（原书第5版）	弗雷德里克 S. 希利尔（Frederick S. Hillier）等	978-7-111-49612-0	99.00
管理信息系统（原书第15版）	肯尼斯 C. 劳顿（Kenneth C. Laudon）等	978-7-111-60835-6	79.00
信息时代的管理信息系统（原书第9版）	斯蒂芬·哈格（Stephen Haag）等	978-7-111-55438-7	69.00
创业管理：成功创建新企业（原书第5版）	布鲁斯 R. 巴林格（Bruce R. Barringer）等	978-7-111-57109-4	79.00
创业学（原书第9版）	罗伯特 D. 赫里斯（Robert D. Hisrich）等	978-7-111-55405-9	59.00
领导学：在实践中提升领导力（原书第8版）	理查德·哈格斯（Richard L. Hughes）等	978-7-111-52837-1	69.00
企业伦理学（中国版）（原书第3版）	劳拉 P. 哈特曼（Laura P. Hartman）等	978-7-111-51101-4	45.00
公司治理	马克·格尔根（Marc Goergen）	978-7-111-45431-1	49.00
国际企业管理：文化、战略与行为（原书第8版）	弗雷德·卢森斯（Fred Luthans）等	978-7-111-48684-8	75.00
商务与管理沟通（原书第10版）	基蒂 O. 洛克（Kitty O. Locker）等	978-7-111-43944-8	75.00
管理学（原书第2版）	兰杰·古拉蒂（Ranjay Gulati）等	978-7-111-59524-3	79.00
管理学：原理与实践（原书第9版）	斯蒂芬 P. 罗宾斯（Stephen P. Robbins）等	978-7-111-50388-0	59.00
管理学原理（原书第10版）	理查德 L. 达夫特（Richard L. Daft）等	978-7-111-59992-0	79.00